que cette découverte a dû avoir sur le moral & sur le physique du genre humain. Le premier, sera décerné à la St. Louis 1782 ; le second, à la St. Louis 1783.

23 *Septembre.* On assure, & il est assez naturel de croire qu'on s'occupe en ce moment de la réforme des autres parties de la maison du roi, même de la chambre; mais c'est S. M. qui s'est chargée elle-même de cette partie : quoi qu'il en soit, suivant le critique attaché pas à pas à monsieur Necker, & balançant les avantages & les inconvénients de ses opérations, il est constant que:

En 1681, la chambre aux deniers ou dépense de la bouche coûtoit au trésor royal, suivant les états de M. de Forbonnais, . . . 1,562,956 l. 18 s.
Le comptant du roi étoit de 2,217,000
En 1699, la chambre aux deniers étoit de 2,779,225
Et le comptant du roi de . 1,763,414
Le prix des denrées a au moins doublé, comme tout le reste.
Cependant en 1740, la chambre aux deniers coûtoit 2,700,000
En 1774 elle n'étoit qu'à . 2,206,348
Et le comptant est de . . 1,200,000

Il résulte de cette comparaison que, malgré l'énorme différence d'un siècle & des valeurs, la dépense actuelle ordinaire, & regardée jusqu'ici comme essentielle pour la dignité royale, étoit moindre en 1780 qu'en 1699.

24 *Septembre.* On recherche beaucoup une brochure intitulée, *Essai sur le jugement qu'on peut porter sur Voltaire,* &c. depuis qu'elle a été

supprimée par arrêt du conseil, du 22 juillet 1780.

24 *Septembre*. On écrit d'Amiens qu'un M. de Ribeaucourt, âgé de neuf ans, y a obtenu l'*accessit* pour le prix de l'école de chimie. C'est un enfant que Baillet auroit mis dans son livre des enfants célebres par leur savoir.

25 *Septembre*. Pour entendre le dernier jugement concernant Mlle. d'Eon, il faut se rappeller que MM. de Carcado ne vouloient ni tenir aux Eon, ni figurer dans la généalogie de la chevaliere qui, dès qu'elle fut instruite de leur répugnance, ne fit aucune difficulté de déclarer qu'elle étoit bien résolue de faire disparoître de sa généalogie jusqu'à la trace du nom de *sénéchal*, lorsqu'elle seroit réimprimée dorénavant de son aveu. Cette déclaration termina la sentence du 27 août 1779.

Mlle. d'Eon est revenue sur cette sentence, 1°. en ce qu'on l'avoit imprimée, quoique l'impression n'eût pas été permise dans le prononcé: 2°. en ce qu'on y avoit ajouté les mots *de son consentement*, qui, quoique prononcés à l'audience, ne se trouvoient pas dans la minute.

Le 19 août dernier cette contestation a fini par un jugement mixte, qui fait défenses à MM. de Carcado & à l'imprimeur, d'imprimer à l'avenir & faire imprimer aucune sentence ou jugement, sans permission de la Justice & les condamne aux dépens à cet égard ; mais en même-temps déclare la chevaliere d'Eon non-recevable dans sa demande, afin de réformation de la sentence du 27 août 1779, la condamne aussi aux dépens à cet égard, &c. & met sur le surplus les parties hors de cour.

On ne s'eſt arrêté ſur cette affaire, peu importante en elle-même, qu'à raiſon de la demoiſelle d'Eon, qui intéreſſe dans toute ſes actions.

26 *Septembre*. Madame la marquiſe du Deffant vient de mourir dans un âge très-avancé. Elle étoit aveugle & a vu approcher ſa fin avec beaucoup de philoſophie. Peu de temps avant, elle fit venir ſon cuiſinier, elle lui dit qu'elle avoit beſoin de monde plus que jamais, qu'il eût à lui faire bonne chere ; & en effet ſes ſoupers étoient encore plus exquis & plus nombreux que de coutume. Elle étoit fort connue dans la littérature par ſes liaiſons avec de beaux eſprits & ſur-tout avec M. de Voltaire, qui lui écrivoit ſouvent, & lui adreſſoit différentes pieces de vers.

27 *Septembre*. *Erixene*, ou *l'Amour enfant*, eſt un petit acte, dont le ſujet eſt tiré du *Paſtor fido*. Le poëme a été trouvé dans les papiers d'un homme de lettres très-connu, mort depuis quelques années, ſous le titre du *Colin maillard*. Par le préjugé qui n'admet rien que de grave & de noble dans la ſcene lyrique, on a retiré ce titre pour y ſubſtituer l'autre, plus vague. Il manquoit à cette paſtorale pluſieurs ſcenes & quelques vers dans le dialogue ; elle a été confiée pour la terminer au jeune poëte, auteur de la tragédie lyrique d'*Iphigénie en Tauride*. La muſique eſt de M. Deſaugiers. On a donné dimanche la premiere repréſentation de cet acte, très-foible de toute maniere, & qui n'a eu aucun ſuccès.

28 *Septembre*. La reine auroit déſiré, pour mieux s'autoriſer à prendre le divertiſſement dont elle a la paſſion aujourd'hui, que *Madame* eût joué la comédie avec elle. Cette princeſſe, pour

se bien remettre avec sa belle-sœur, qui la boudoit depuis le petit différent survenu à l'occasion de Mad. de Balby, étoit assez disposée à y consentir ; mais *Monsieur* s'y est opposé : ce qui n'a pas rétabli l'union dans l'auguste famille.

On assure que S. M. ne joue pas bien ; ce que personne, excepté le roi, n'a osé lui dire : au contraire, on l'applaudit à tout rompre, on perpétue son illusion & sa passion de paroître sur la scene.

29 *Septembre*. Les éleves de monsieur le comte de Thélis, connus sous le nom de *l'Ecole nationale*, continuent leurs travaux avec succès : ils sont campés à Vaugirard. Le mois d'août dernier ils ont avancé dans la route du côté de Paris, & on fait 120 toises de chemin, dont la dépense ne s'est montée qu'à 813 livres 9 sous 6 deniers. Plusieurs de ces jeunes gens ont déjà pris parti dans les troupes, & l'on ne doute pas qu'ils ne fassent d'excellents soldats. Ce militaire ne pouvant suffire seul à un établissement aussi patriotique, reçoit les bienfaits de ceux qui veulent y contribuer, & il paroît que les fonds ne manquent pas.

29 *Septembre*. On parle beaucoup d'un poëme italien, jusqu'à présent peu connu, encore moins lu, intitulé : *Il Malmantile racquistato*, composé à l'inverse de la *Jérusalem délivrée*. Lippi, peintre & poëte, qui en est l'auteur, n'a rien voulu devoir à l'art ni au choix de l'expression. Le sujet est la conquête d'un vieux château appellé *Malmantile*, qui est à quelques milles de Florence, & toute l'histoire est racontée avec la plus grande simplicité. L'auteur n'y a fait qu'insérer quelques épisodes pour éviter la monotonie : la plupart

MÉMOIRES
SECRETS
POUR SERVIR A L'HISTOIRE
DE LA
RÉPUBLIQUE DES LETTRES
EN FRANCE,
DEPUIS MDCCLXII JUSQU'A NOS JOURS;
OU
JOURNAL
D'UN OBSERVATEUR,

CONTENANT les Analyses des Pieces de Théâtre qui ont paru durant cet intervalle; les Relations des Assemblées Littéraires; les notices des Livres nouveaux, clandestins, prohibés; les Pieces fugitives, rares ou manuscrites, en prose ou en vers; les Vaudevilles sur la Cour; les Anecdotes & Bons Mots; les Eloges des Savants, des Artistes, des Hommes de Lettres morts, &c. &c. &c.

TOME SEIZIEME.

. . . . *huc propius me,*
. . . . *vos ordine adite.*
Hor. L. II, Sat. 3, ℣. 81 & 82.

A LONDRES,
CHEZ JOHN ADAMSON.

MDCC. LXXXIV.

MÉMOIRES
SECRETS

Pour servir a l'Histoire de la République des Lettres en France, depuis MDCCLXII jusqu'a nos jours.

ANNÉE M. DCC. LXXX.

22 Septembre 1780. Il faut joindre aux *affiches* annoncées, celles de Meaux, de 8 pages in-4°. qui ne paroissent que tous les 15 jours, gros caractere. Elles sont aussi littéraires.

23 septembre. M. l'abbé Raynal a fait une fortune assez considérable aujourd'hui pour devenir un Mécene. On annonce deux prix extraordinaires à Lyon, dont il a proposé de faire les fonds. L'académie de cette ville en doit accorder un de 600 livres à un *mémoire relatif à son commerce & à ses manufactures*; l'autre plus fort, a pour objet, *la découverte de l'Amérique, & l'influence* font tirés des contes de Fées, ou d'histoires de Vieilles ; mais on assure que sous la plume de Lippi, elles acquierent un piquant & un intérêt, auquel on ne s'attendoit pas. L'ouvrage est écrit dans une espece de patois, tel que le peuple le parle à Florence, & semé de proverbes & de dictons pleins de sel & de gaieté. Un M. Guidi, censeur royal & très-versé dans la langue italienne, en a fait une traduction françoise, accompagnée de notes littéraires & grammaticales, qu'on annonce avec beaucoup d'éloges & qu'on le presse de faire imprimer, comme attendue avec impatience par tous les amateurs de cette langue.

29 *Septembre*. La dame Guedon, fille du sieur Carlin l'arlequin, le seul de la troupe italienne qu'on ait conservé, a débuté le samedi 23, dans le rôle d'*Hélene* du *Silvain*. La bienveillance du public pour son pere s'est manifestée dès qu'elle a paru. Elle a un chant fort agréable & une jolie voix, mais est très-neuve au théâtre comme actrice ; elle ne s'étoit pas même encore essayée sur la scene.

30 *Septembre*. Un partisan de l'abbé de Condillac, dévançant les éloges que doivent en faire à l'académie, & le récipiendaire son successeur, & le directeur de la séance, vient d'en publier un, qui éclaircit la vie & les ouvrages de ce savant peu connu.

Il étoit né en 1725, d'une famille noble de Dauphiné, & la petite fortune de ses parents les détermina à lui en chercher une dans l'église, ainsi qu'à son frere l'abbé de Mably ; mais se livrant plus à l'étude qu'à l'intrigue & au manege nécessaire pour réussir dans cet état, il n'avança point.

Son premier ouvrage fut une *Introduction à la connoissance de l'esprit humain*. C'est une exposition des idées de Locke, & sur-tout de sa méthode, avec de nouveaux développements & quelques idées nouvelles.

Il publia ensuite son *Traité des systêmes*, où il prouva que l'édifice des systêmes les plus célebres n'étoit fondé que sur une supposition, qu'on ne se donnoit pas la peine d'examiner ou plus souvent encore sur quelques équivoques de mots.

Vint son *Traité des sensations*, où il examinoit les idées que l'esprit peut devoir à chaque sens en particulier, & la maniere dont nos idées naissent de nos sensations. Une anecdote à l'égard du plan de cet ouvrage, où l'auteur suppose une statue, qui acquiert successivement toutes les sensations différentes, & qui s'organise comme nous, est oubliée par l'historien: c'est qu'il le devoit à Mlle. Ferant, & ne s'en cachoit point.

Parut enfin le *Traité des animaux*, où l'on trouve une critique sévere du systême de M. de Buffon, sur la nature des animaux, & de quelques morceaux de son *Histoire naturelle*.

Précepteur de l'infant duc de Parme, M. l'abbé de Condillac composa, pour l'éducation de ce prince, une *Grammaire philosophique*, *l'Analyse des principes de l'art d'écrire*, des *Eléments de méchanique, d'astronomie & de physique*, enfin une *Histoire ancienne & moderne*. Ce volumineux recueil n'est pas celui de l'auteur qui ait eu le plus de succès.

En 1776, il fit imprimer un ouvrage *sur le Commerce*, où il traita avec peu d'égards quelques écrivains, dont cependant il empruntoit les idées. Ce livre est rempli d'erreurs, & l'on voit que le spéculateur avoit négligé de consulter les gens du métier, qui auroient pu le redresser.

Son dernier livre a été une *Logique destinée aux écoles nationales de la Pologne*. On lui reproche d'y avoir parlé, au sujet des géometres, de ce qu'il n'entendoit pas.

En général, ses traités, tous d'une métaphysique profonde, sont clairs & faciles à lire. Il est peu de philosophes de sa classe où l'on trouve plus de vérités & moins d'erreurs. Il ne lui en coûtoit rien de se rétracter sur celles-ci.

L'abbé de Condillac, à sa mort, préparoit un dictionnaire, où chaque mot eût été suivi de l'analyse de l'idée dont il donne le signe; entreprise dont la vaste exécution avoit effrayé jusqu'à lui tous les philosophes.

1 *Octobre* 1780. Entre les singularités du château d'Ermenonville, qui continue à être l'objet des promenades des Parisiens & de leur admiration, le monument élevé à la philosophie est, après le tombeau de Jean-Jacques, ce qui fixe le plus l'attention.

C'est une moitié de temple découvert, construit sur le sommet d'une montagne, avec les six colonnes de son peristile.

Dans l'intérieur on lit cette inscription latine : *Templum inchoatum philosophiæ nondum perfectæ, Michaëli-Montagne, qui omnia dixit, dedicatum, sacrum esto.*

Sur chacune des six colonnes : *Newton, lucem: Descartes, nil in rebus inane: G. Penn, humanitatem: Montesquieu, justitiam: Jean-Jacques Rousseau, naturam: Voltaire, ridiculum.*

Au milieu est une colonne brisée, avec ces mots : *Quis hoc perficiet?* Au dessus de la porte on trouve cette devise : *Rerum cognoscere causas.*

A mi-côté est un hermitage, avec son enclos, dans le goût le plus propre au genre, des nattes & des meubles de bois le plus commun. La porte est tournée vers le temple, avec ces deux vers françois plus plats que simples :

Au Créateur j'éleve mon hommage,
En l'admirant dans son plus bel ouvrage.

Vient ensuite le désert, avec cette inscription : *Scriptorum chorus omnis amat nemus & fugit urbes.*

2 *Octobre.* Les comédiens françois, sachant que madame Mignot Duvivier, plus connue encore sous le nom de madame Denis, faisoit faire une statue de son oncle Voltaire, ont écrit une lettre à cette dame, pour lui proposer de la placer dans la nouvelle salle qu'on construit pour eux. Ils prétendent que ce grand homme les regardant de son vivant comme ses enfants, doit résider au milieu de la troupe. Ils prennent de là occasion de relever les efforts qu'il faisoit pour les tirer de leur infamie. On y trouve plusieurs anecdotes sur ce sujet : entre autres singularités, il avoit demandé aux supérieurs que sur l'affiche, au lieu de *Comédiens François,* on mît *au Théâtre François on donnera,* &c.

Par une réponse du 26 septembre, madame Mignot Duvivier a accédé aux désirs des comédiens.

2 *Octobre.* Le bruit général de Paris est que Me. Linguet est à la Bastille, cependant beaucoup de gens le nient. Ce qu'il y a de sûr, c'est

qu'il étoit venu à Paris, il y a dix à douze jours, avec le sieur Noverre, maître des ballets de l'opéra. Dès le mardi suivant la nouvelle de sa détention se répandit, en variant sur le motif. Le jeudi on assura savoir le fait du commissaire de cette prison, le sieur Chenon, qui l'avoit interrogé. Le sieur Noverre présent à cette assertion offrit de gager cent louis que c'étoit faux: il dit avoir logé chez lui ce célebre fugitif pendant quelques jours, & lui avoir encore parlé le matin même. Le sieur le Quesne, son correspondant, déclare que rien n'est plus controuvé. Cependant comme Me. Linguet ne se montre pas avec la publicité que sa justification sembleroit exiger, le bruit se soutient, & on parle plus que jamais de cet événement.

3 *Octobre*. Les comédiens italiens sont aujourd'hui le refuge de tous les auteurs comiques, craignant d'être refusés aux François, ou de n'avoir leur tour qu'après des siecles d'attente. L'espoir de jouir promptement de leur réputation, les fait passer par-dessus l'inconvénient du jeu médiocre des acteurs, & du peu de sensation que produisent sur cette scene les nouveautés trop multipliées. Quoi qu'il en soit, samedi 30 septembre, on y a joué la comédie des *deux Oncles*, en un acte & en vers. C'est l'essai d'un jeune homme, dont le talent mérite d'être encouragé. Elle est remplie de traits du meilleur comique: & si la plume de l'auteur n'a pas toujours été dirigée par le goût, du moins elle a tracé des portraits & des détails fort naturels & fort piquants. Il est fâcheux que la plupart des rôles aient été abandonnés aux doubles: bien d'autres pieces, inférieures à celle-ci, n'ont pas éprouvé tant de né-

gligence de la part du comité. On la dit de M. le baron d'Estate.

4 *Octobre.* Il paroît que l'acte d'*Erixene* est une production posthume de l'abbé de Voisenon, restée informe, & terminée par M. Guillard. L'on y retrouve encore, en quelques endroits, le style spirituel, mais maniéré du premier, très-déplacé, sur-tout dans une pastorale. Quand au fond, outre la scene de la *Ciecca* (du colin-maillard) dans le *Pastor fido*, on peut encore mieux remonter à l'ode d'Anacréon sur le même sujet. On reproche au musicien le même défaut qu'au poëte, c'est d'avoir mis trop de richesse dans les accompagnements; luxe qui n'est point dans le caractere de naïveté & de simplicité champêtre de l'ouvrage. Du reste, il n'a pas eu plus de succès à la seconde représentation.

5 *Octobre.* Les comédiens italiens ont donné avant-hier la *Veuve de Cancale*, parodie de la *Veuve du Malabar*, en cinq actes & en vers. Elle n'a pas réussi. Ce n'est pas qu'on n'y trouve de temps-en-temps, & principalement dans les premieres scenes, des allusions très-fines & des tirades fort plaisantes; mais le poëte oubliant les regles du genre, dégénere souvent en pédant; & au lieu de laisser reconnoître & sentir au spectateur la critique, en la mettant en action, la lui indique cruement & avec une méchanceté plate, qui prouve plus d'acharnement que de goût.

On dit que dans l'origine, cette facétie a été faite en prose par un M. Gouillard, docteur en droit, & mise en vers ensuite par M. Parisot, l'ancien directeur des éleves de l'opéra.

5 *Octobre.* Extrait d'une lettre de Bordeaux, du 3 octobre..... Depuis les lettres de cachet

qui ont retenu le parlement ici, tous les membres ont reçu un ordre de se rendre au palais le jeudi 21, pour y entendre les volontés du roi, que leur signifieroit le maréchal de Mouchy.

Dans cette séance, il a été enrégistré en conséquence, 1. la prorogation indéfinie du vingtieme; 2. la déclaration concernant les présidiaux & le grand-conseil; 3. des lettres-patentes pour la réception de M. Dupaty, en la place de président à mortier, & c'est le premier président, son plus grand ennemi, qui s'est trouvé obligé de le recevoir, après avoir déclaré qu'il donneroit plutôt sa démission. Il est vrai que le parlement n'a pas pu s'assembler depuis; le maréchal a fait enrégistrer sur le champ la chambre des vacations, & a séparé la compagnie, sans laisser le temps de délibérer.

Ce triomphe de M. Dupaty est en même-temps bien humiliant, & doit le bourreler de remords, car il ne peut se dissimuler que tout cela ne soit très-illégal.

6 octobre. C'est au parlement de Dijon qu'on veut que soit renvoyée la révision du procès du comte de Lally.

6 octobre. Derniérement la reine, lasse de jouer la comédie presque sans spectateurs, au moyen du peu d'éclat que doit avoir ce divertissement, a fait entrer les gardes-du-corps de service, en exigeant que les Suisses les remplissent dans cet intervalle. Après le spectacle, sa majesté leur a dit: *Messieurs, j'ai fait ce que j'ai pu pour vous amuser; j'aurois voulu mieux jouer, afin de vous donner plus de plaisir.*

Les femmes de la reine sont enchantées de ce goût de leur maîtresse, parce que cela entraîne une dépense d'habillements & autres suites, qui leur donnent des revenant-bons considérables.

6 Octobre. Il paroît une nouvelle lettre contre M. Necker, plus méchante que les précédentes, plus directe, plus personnelle, où l'on suit sa conduite depuis 1758, qu'il étoit commis à 600 livres chez le banquier Isaac Vernet, jusqu'à ce moment-ci, & l'on démasque son hypocrisie soutenue. On l'attaque principalement à l'occasion de la compagnie des Indes, dont il a été le véritable destructeur, en affectant d'en vouloir être le restaurateur.

C'est sur-tout cet écrit qui avoit donné lieu au bruit de l'exil de M. Cromo. On a remarqué que M. le directeur-général des finances en avoit été très-affecté.

6 Octobre. La détention de Me. Linguet, si long-temps problématique, n'est plus enfin douteuse. C'est le mardi 26 qu'il a été arrêté dans une voiture, au moment où il alloit dîner à Fontenay-sous-Bois, accompagné du sieur le Quesne & d'un autre convive. Un exempt a monté à la botte du carrosse, a demandé à lui parler, l'a fait descendre; & comme le journaliste se disposoit à s'enfuir, un autre exempt lui a serré les côtés, vingt mouches l'ont entouré, & il a été conduit à la Bastille, à la porte de laquelle il se trouvoit.

Quand aux motifs, il y en a tant, qu'on ne sait auquel imputer sa captivité; d'autant qu'étant venu plusieurs fois à Paris avec tolérance, ayant même été chez les ministres, on ne peut se persuader, honnêtes comme ils sont, qu'ils aient eu la lâcheté de manquer ainsi à leur parole. Il faut donc croire qu'il y ait quelque nouveau grief. On dit ce fameux prisonnier transféré à Pierre-Scize.

7 *Octobre.* Le docteur Deflon, membre de la faculté de médecine, & partifan du docteur Mefmer, inventeur du fyftême du magnétifme animal, a fait à l'affemblée de ce corps des propofitions de la part de ce dernier, pour conftater authentiquement l'efficacité & la fupériorité de fa méthode; elles ont été rejetées dans l'affemblée du 18 feptembre.

8 *Octobre.* Il paffe pour certain que le roi vient de payer les dettes du comte d'Artois, montant à plufieurs millions. En conféquence, ce prince a donné mardi à Bagatelle une fête au roi, revenant de la chaffe, entre hommes feulement, où fa majefté a été fort gaie: ils étoient trente convives.

Il paroît que M. Necker, pour fe concilier cette alteffe royale, s'eft prêté de bonne grace à l'arrangement.

8 *Octobre.* Me. Linguet s'attendoit d'autant moins à fa détention, qu'avant de partir de Bruxelles il avoit écrit au *comte de Vergennes* & au comte de Maurepas, pour leur demander fi les nouveaux ennemis que fon zele pour la vérité lui avoit pu faire depuis fon dernier féjour en cette capitale, n'auroient pas affez de crédit pour l'empêcher d'y reparoître avec fécurité. Ces miniftres lui avoient répondu refpectivement & favorablement. Il appelloit ces écrits des *Lettres de fûreté,* & le fieur Noverre, avant de partir, lui ayant témoigné fes inquiétudes à cet égard, Me. Linguet les lui fit lire.

Il faut donc, encore un coup, qu'un nouveau grief ait excité cet orage. On parle beaucoup d'une lettre manufcrite au maréchal duc de Duras, très-offenfante, qui commence par cette phrafe: *Qui êtes-vous pour avoir le droit de m'interroger,* &c. ?
Mais

Mais, comme personne ne dit l'avoir lue, & qu'elle ne perce point dans le public, on peut toujours révoquer le fait en doute.

Au reste, le sieur le Quesne, sans doute endoctriné par son maître, depuis les diverses suspensions, retards, suppressions qu'il a éprouvés, console ceux qui paroissent inquiets de leur argent : il leur répond que Me. Linguet n'écrit point des nouvelles, mais des choses utiles & bonnes pour tous les temps ; qu'ainsi l'on peut attendre ; qu'il continuera sûrement plutôt ou plus tard, & en conséquence il ne fait aucune difficulté de prendre l'argent des dupes qui viennent lui en apporter encore : il déclare avoir reçu de la sorte plusieurs souscriptions, même depuis les bruits sinistres répandus sur le compte de l'auteur.

Les premiers jours de sa détention, on rapporte que Me. Linguet ne vouloit pas manger, craignant d'être empoisonné.

9 Octobre. Les propositions faites par le docteur Mesmer à la faculté, ne sentoient nullement le charlatan & semblent fort raisonnables. Il demandoit que sous les auspices du gouvernement on fît choix de vingt-quatre malades, dont douze seroient réservés par la faculté pour être traités suivant ses méthodes ordinaires, & les autres remis entre ses mains & soumis à sa méthode particuliere.

Il excluoit de ce nombre toutes maladies vénériennes, & ne faisoit pas d'autre exception.

Il proposoit, pour éviter toute discussion & exception, que le choix fût tiré par la voie du sort.

Il demandoit que les personnes préposées par le gouvernement pour assister à chaque examen comparatif des malades & en signer les procès-verbaux, fussent exemptes de partialité, ou du moins n'en pussent être soupçonnées ; en conséquence il désiroit qu'elles ne fussent prises dans aucun corps de médecine.

Sa méthode exigeant peu de frais, M. Mesmer ne demandoit aucune récompense de ses soins pour les douze malades ; mais seulement que le gouvernement fît les dépenses relatives à leur entretien, & qu'ils ne fussent pas à sa charge.

On ne sait pourquoi la faculté s'est refusée à cette concurrence ; mais afin de donner à son défi toute l'authencité qu'il mérite, M. Mesmer a rendu ses propositions publiques par la voie du *Journal de Paris*.

9 *Octobre*. Madame le Paute, femme de l'artiste si renommé dans l'horlogerie, n'est pas moins célèbre elle-même par ses connoissances en astronomie & l'utilité dont elle est à l'académie des sciences en ce genre. Elle a écrit depuis peu à madame Necker, pour l'engager à lui faire obtenir de M. l'administrateur-général des finances une pension qu'elle croyoit mériter, & par ses services, & par la singularité d'une femme livrée aux hautes spéculations. Madame Necker lui a répondu très-honnêtement ; mais lui a ajouté que son mari avoit exigé qu'elle ne sollicitât jamais aucune grace de sa tendresse pour elle ; qu'au surplus, elle ne doutoit pas qu'en s'adressant directement à lui elle ne réussît.

Madame le Paute a donc eu recours à M. Necker, dont elle a reçu une réponse non moins flatteuse, où il l'assure qu'il est trop tard cette année pour faire aucun changement à l'état arrêté ; mais qu'il s'occupera d'elle l'année prochaine, & que même s'il survient d'ici là dans son travail avec le roi quelque changement, il ne la perdra pas de vue.

10 *Octobre*. Il nous tombe sous la main un avertissement des libraires Divillard fils & Nouffer de Geneve, en date du 30 avril 1780, par lequel ils annoncent qu'ils font une nouvelle édition des *Mémoires secrets*, &c. qu'elle contiendra quatorze volumes grand in-12., imprimés avec tout le soin possible; qu'elle sera parfaitement correcte, surpassera de beaucoup, à tous égards, l'édition originale, &c. Ils ont écrit, en outre, aux divers libraires étrangers une espece de lettre circulaire, datée de Geneve, juin 1780, où, en répétant les mêmes éloges de leur édition, ils ajoutent, pour la faire valoir, que l'original fourmille de fautes très-grossieres, &c.

Quand il seroit vrai qu'ils tinssent les conditions qu'ils promettent, on pourroit toujours reprocher à ces pirates, 1°. de s'emparer d'un bien étranger, avant de savoir si la premiere édition est épuisée, & sans le consentement des propriétaires véritables; 2°. d'ajouter à cette malhonnêteté, l'infamie plus grande de la décrier pour donner plus de cours à la leur. Mais ce qui est à craindre pour les acquéreurs, c'est que les libraires ayant voulu corriger les fautes de l'édition originale, sans avoir recours aux éditeurs, ne les aient changées seulement en d'autres & n'en aient ajouté de nouvelles. Ainsi nous ne pouvons avouer cette édition furtive, d'autant plus que l'édition originale vient d'être réimprimée avec des augmentations très-considérables, formant environ mille articles.

10 *Octobre*. On se rappelle les tours de force que faisoient les gens de lettres à la renaissance de celles-ci, les poëmes entiers, dont chaque vers

commençoit par une même lettre. Un auteur aimable vient de les imiter & de vaincre une difficulté pareille avec tout le succès possible.

10 *Octobre*. Un anonyme ayant mis au bas du portrait de l'impératrice-reine ce vers latin, superbe par sa vérité & sa précision :

Fœmina fronte patet, vir pectore, diva decore.

M. de Sancy, garde des livres du cabinet du roi, secrétaire-général de la librairie, désespérant d'en rendre le laconisme & forcé de le traduire pour l'intelligence de la reine, a été obligé de l'affoiblir dans le quatrain suivant :

Cette merveille de notre âge,
A de son sexe la beauté ;
Du nôtre elle a tout le courage ;
Elle a des dieux la majesté.

10 *Octobre*. Ce qui contribueroit à faire croire que Me. Linguet est traité en criminel d'état, c'est une circonstance qu'on ajoute & qu'on certifie ; savoir, qu'un exempt de police s'est rendu sur le champ à Bruxelles, où, avec l'acquiescement de l'impératrice-reine, il a dû faire perquisition dans la maison de Me. Linguet, y prendre tous ses papiers, y faire apposer les scellés par la justice du lieu & les apporter ici. Les détails, les interrogatoires & les délais que doit entraîner cette procédure ministérielle, font regarder comme prématurée sa translation à Pierre-Scize, qui pourra dépendre de la vérification des choses qu'on lui impute.

Une circonstance fort singuliere dans cet événement, c'est que la police qui agit ordinairement avec tant de mystere, qui n'exerce ses terribles fonctions que dans la nuit, qui enleve toujours l'accusé chez lui, avec un tel secret que les voisins même sont souvent plusieurs jours après à l'ignorer encore, ait apporté le plus grand éclat à l'enlevement du journaliste, fait en plein jour, à midi, dans la rue, en présence des amis de Me. Linguet & d'un peuple immense. On a vérifié que son laquais & son cocher de remise, car il étoit dans son carrosse, étoient des espions; & le dernier instruit de ce qu'il devoit faire, au lieu d'enfiler droit la porte Saint-Antoine, s'est détourné au coude qu'elle fait & est allé s'arrêter devant le fiacre où étoient les deux exempts. Pressé ensuite de continuer sa route par les convives restants, il a déclaré que sa mission étoit remplie, qu'il n'iroit pas plus loin: ils ont été forcés de prendre un fiacre.

11 *Octobre*. Tous les musiciens de ce pays-ci sont jaloux de l'honneur que vient de recevoir le sieur Gretry. Son buste, sculpté par le sieur Everard, a été placé le 23 septembre au théâtre de la ville de Liege, sa patrie. On le dit parfaitement exécuté d'après le modele du sieur Pajou. Il est du plus beau marbre d'Italie, blanc. Le piédestal est en partie de marbre noir, avec l'inscription:

Gretry Leodius, *sub consulatu de Vivario & de Fossoal.*

Cet hommage est le premier de ce genre dont on ait honoré un artiste: au moment où la toile levée montra le buste aux spectateurs, les acclamations réitérées & les applaudissements les plus vifs ont eu lieu.

Entre les deux pieces représentées par les comédiens, M. Fabre d'Eglantine a lu un poëme de sa composition, intitulé *triomphe de Gretry* : entre autres beaux vers on y a remarqué celui-ci, servant d'épigraphe :

Le cri d'un peuple libre est le cri de la gloire.

12 *Octobre*. Extrait d'une lettre d'Amiens, du 7 octobre..... Il vient de se former ici en petit un établissement pareil à celui que M. de la Blancherie avoit institué à Paris; c'est un *sallon des arts* : il est sous la protection de la ville, & se tient dans son hôtel. Les artistes & les artisans, en y exposant leurs ouvrages, leurs chef-d'œuvres, placés à côté des productions de leurs émules, reconnoissent la place qu'ils doivent occuper & le chemin qu'ils ont encore à faire pour arriver à la perfection; ils l'indiquent aux éleves, & font l'éloge de leur maître, M. Sellier, directeur de ce sallon.

12 *Octobre*. Extrait d'une lettre de Dunkerque, du 10 octobre..... Nous venons de perdre le brave Ducasson, capitaine du corsaire *la Charlotte*, mort en Angleterre de ses blessures. Il avoit été pris le 15 septembre & a expiré le 22. Dès le 16 il avoit été mis à terre, mais dans une prison infame, où il étoit resté 48 heures, sans qu'on lui donnât autre chose que de la biere & du mauvais bouillon de mouton. Transféré en ville, à force d'instances de deux de ses officiers, un colonel vint le voir & le fit panser par son chirurgien. Il étoit trop tard; la plaie, faute de soins, étoit devenue mortelle. Peu d'heures avant son trépas, tourmenté des dou-

leurs les plus aiguës & dans le délire, il s'écrioit : « Courage, amis ; ils ne nous prendront pas ; » ils sont à nous ; ajustez vos canons..... Malheu- » reux, lâches ! vous m'abandonnez ! » Le soir même il fut enterré avec les honneurs de la guerre. Telle a été la déplorable fin de ce brave capitaine, qui méritoit d'autant moins d'être aussi inhumainement traité par nos ennemis, que depuis les hostilités il n'avoit cessé d'avoir pour eux des procédés de générosité & de bienfaisance.

M. Ducasson, originaire de Bayonne, n'étoit âgé que de 43 ans, & il en avoit passé vingt prisonnier en Angleterre. Il connoissoit parfaitement les côtes de ce royaume, & parloit diverses langues étrangeres, particuliérement l'Angloise. Cette croisiere étoit déjà la quatrieme. —— Dès 1778 le roi l'avoit gratifié d'une épée, pour avoir enlevé le paquebot du Sénégal. Indépendamment des autres prises qu'il avoit faites dans le cours de trois ans, il s'étoit encore emparé du *Hope*, qui transportoit une garnison à l'isle de Jersey.

13 *Octobre*. Non-seulement la faculté n'a point accepté le défi que lui portoit le docteur Mesmer, mais a trouvé très-mauvais qu'un de ses membres en fût l'organe & se rendît l'apologiste d'un charlatan ! en conséquence il est question de l'interdire.

13 *Octobre*. La rivalité élevée entre les trois actrices ambitionnant le premier rôle du *bon Seigneur*, n'ayant pu être encore accomodée, le comité du théâtre lyrique s'occupe de l'opéra de *Persée*, remis en musique par M. Philidor, & l'on en fait à présent les répétitions.

14 *Octobre*. On avoit été fort surpris de voir l'abbé Aubert, le rédacteur des *petites affiches*,

après avoir rendu le compte le plus défavorable de *Nadir* ou *Thamas-Kouli-Kan*, chanter tout-à-coup la palinodie & rejeter sur l'infidélité d'un adjoint, & sa partialité, & son erreur. On sait aujourd'hui que cette rétractation a été forcée ; que M. Dubuisson l'est allé trouver & l'a menacé du traitement le plus dur & le plus injurieux, s'il ne se démentoit. On peut juger par cette anecdote certaine quel fond il faut faire sur les jugements des journalistes.

15 *Octobre.* On continue à s'entretenir de Me. Linguet. On se rappelle que le bruit a couru pendant long-temps qu'il avoit deux mille écus de pension du ministere. Il est éclairci aujourd'hui que le comte de Vergennes les lui avoit offerts en effet, s'il vouloit s'abstenir de parler de nouvelles de guerre & de politique : condition à laquelle il s'est refusé, ces nouvelles étant l'aliment de ses annales. Le sieur Noverre & autres François revenus de Bruxelles avec lui & fêtés par lui, attestent qu'il y tenoit le plus grand état ; que son journal lui rendoit environ 80,000 livres de rentes, dont il mangeoit ainsi la plus grande partie avec une femme qu'il avoit enlevée & qui tenoit sa maison.

Cette femme étoit l'épouse d'un homme de province, ayant une manufacture à Nogent-le-Rotrou & des filles déjà très-nubiles. On avoit cru pendant long-temps que Me. Linguet en vouloit épouser une ; mais ce n'étoit qu'une tournure pour abuser le mari qui, sous ce prétexte, laissoit venir sa femme à Paris loger chez Me. Linguet. Son évasion du royaume a fait éclater ses amours par celle de sa concubine. Cet adultere public étoit un des griefs de l'archevêque de Malines,

lorsqu'il

lorsqu'il l'a obligé de quitter le château où le journaliste résidoit.

Me. Linguet devoit partir le jour même où il a été arrêté, & n'avoit différé qu'aux instances du sieur Memin, marchand de soie, qui vouloit lui rendre la fête qu'il en evoit reçue à Bruxelles, & il avoit en effet ordonné à sa maison de Fontenay le dîner le plus splendide. Me. Linguet avoit désiré être en petit comité avec ses amis & avoit en conséquence nommé les convives.

Lorsque Me. Linguet fut arrêté & mis dans le fiacre, le sieur le Quesne y monta & s'entretint avec son maître un demi-quart d'heure environ, sans doute sur ce qu'il diroit aux souscripteurs qui viendroient le tourmenter.

16 Octobre. Les procès-verbaux des différentes séances tenues respectivement par les nouvelles assemblées provinciales, depuis leur établissement, ont donné lieu à l'entreprise d'un ouvrage important, ayant pour titre : *Loix municipales & économiques du Languedoc, ou Recueil des ordonnances, déclarations, lettres-patentes, arrêts du conseil, du parlement de Toulouse, & de la cour des aides de Montpellier : actes, titres & mémoires, concernant la constitution politique de cette province, son administration municipale & économique ; ses privileges & usages particuliers relativement à ses impositions, ses ouvrages publics, son agriculture, son commerce, ses manufactures, ses loix civiles, &c. &c.*

C'est M. Dillon, archevêque de Narbonne & primat, & en cette qualité président né des états, qui a le premier provoqué cette entreprise. Son administration formera une époque mémorable dans les annales du Languedoc. Le desséchement des marais; l'ouverture de plusieurs canaux, qui procurent des débouchés à l'agriculture & au commerce, & qui établiront une communication libre & sûre depuis Lyon jusqu'à Toulouse; la multiplication des haras; la liberté des manufactures; les progrès rapides de l'industrie & des arts, y consacreront son nom à la reconnoissance des peuples, dont il a augmenté le bonheur.

Il en a reçu en dernier lieu les témoignages les plus éclatants, dans tout le cours du voyage qu'il vient de faire dans les montagnes des Cevenes, du Gévaudan, du Velay & du Vivarais, pour s'instruire par lui-même de l'état de ces différents pays, de leurs besoins & de leurs ressources.

16 *Octobre.* Monsieur Parisot a resserré sa *Veuve de Cancale* en trois actes, & au lieu des duretés qu'il disoit à l'auteur de l'ouvrage parodié, il lui fait aujourd'hui des compliments. La seconde représentation de vendredi a eu un plein succès.

17 *Octobre.* On sait que Me. Linguet est toujours à la Bastille, parce que l'on reçoit non pas tout-à-fait de ses lettres, mais des fragments concernant les articles des choses qu'il demande pour son usage ou ses besoins au sieur le Quesne; vraisemblablement il est même encore très-indiscret dans ce qu'il écrit de cette prison, en sorte que l'on n'en laisse passer que des extraits & que les originaux ne parviennent point.

On ajoute que le ministere de Vienne a bien consenti à ce qu'on mît les scellés chez ce François fugitif, avec l'inscription *Gouvernement de France*, mais qu'il y a eu des difficultés pour la levée &

sur-tout pour le transport : on ne sait pas si elles sont terminées.

17 *Octobre*. Depuis la réforme de la bouche, l'usage de nourrir tout le monde à Marly, ainsi que dans les autres petits voyages, devoit être aboli ; mais la chambre de S. M. ayant représenté que la nouvelle maniere de vivre ne pouvoit avoir lieu à son égard, en ce qu'elle seroit, vu l'éloignement des auberges, dans l'impossibilité de remplir avec exactitude son service, il a déjà été dérogé à la loi pour elle.

Du reste, des inspecteurs visitent les tables nécessaires avec la plus grande sévérité, & en expulsent & les maîtres & les valets surnuméraires qu'ils y trouvent.

18 *Octobre*. Le sieur Parisot, ci-devant directeur des éleves de l'opéra, auteur & acteur, a un ordre de début pour les Italiens. Lorsqu'il s'est présenté à l'assemblée pour se faire agréer des comédiens, le sieur Michu a témoigné de l'humeur & s'est écrié : « Je crois qu'on veut nous infecter de ,, tous les farceurs des boulevards. ,, Le sieur Volange présent, humilié de la réflexion, lui a dit : « M. *Michu, si je ne respectois votre sexe, vous* ,, *auriez affaire à moi*; ,, & toute la troupe de rire. Il a en effet la réputation d'un bardache & d'appartenir au plus vilain B.... de France, à un Juif nommé Peixotto, très-riche & qui l'entretient comme sa maîtresse.

18 *Octobre*. Le sieur de Beaumarchais, lieutenant-général des bailliage & capitainerie royale des chasses de la Varenne du Louvre, grande vénerie & fauconnerie de France, suspendu encore, même depuis la cassation de l'arrêt, en ce qu'il restoit dans un état de décret d'ajournement

personnel, n'ayant pas fait juger le fond, a cependant pour la premiere fois repris lundi ses fonctions, sans qu'on sache s'il a purgé son décret, ce qui est tout-à-fait illégal.

19 *Octobre.* M. de Girardin, chevalier de Saint-Louis, brigadier des armées du roi, si connu par ses fameux jardins d'Ermenonville & par l'asile qu'il a donné à Rousseau vivant & mort, se distingue aujourd'hui par ses sentiments patriotiques & son zele pour la défense de ses vassaux. C'est ce qu'on voit dans son *Mémoire en réponse à celui publié par le sieur Jean-Louis Cancel, receveur des impositions de l'élection de Senlis.* Il s'agit de vingtiemes, qu'a forcé arbitrairement ce préposé, se prévalant de l'enrégistrement de continuation fait en 1772 par le tribunal Maupeou, sans y opposer les modifications que les parlements avoient toujours eu soin d'y mettre, & qu'en rentrant le parlement de Paris a eu la lâcheté de reconnoître implicitement & tacitement. M. de Girardin s'éleve avec force contre une innovation aussi arbitraire, aussi illégale & invoque la véritable loi. Il est fâcheux que tant de zele n'ait pas eu le succès qu'il méritoit. On sait, en général, que cet excellent citoyen a succombé à la cour des aides, revenue sans doute depuis la retraite de M. de Malesherbes à son génie de fiscalité.

20 *Octobre.* Il ne faut pas confondre M. Dubuisson, l'auteur de *Nadir*, avec un autre Américain du même nom, qui passé de la Martinique à la Dominique, alors appartenant aux Anglois, désoloit de-là ses concitoyens & sur-tout M. le comte de Nauzieres, le commandant de l'Isle, par des feuilles satiriques en forme de gazettes,

qu'il composoit & envoyoit périodiquement. On dit ce libelliste mort.

20 *Octobre*. *L'Opéra de Province*, parodie d'*Armide*, joué aux Italiens en 1777., & arrêté durant le cours de ses représentations sur les plaintes du chevalier Gluck, peu ménagé dans cette satire, a été remis avant-hier. Les comédiens ont profité de l'absence de ce musicien pour en obtenir la reprise. Cette anecdote ne continuera pas peu à lui donner une vogue qu'il ne mérite guere par lui-même.

20 *Octobre*. C'est le sieur Michu, de la comédie Italienne, qui a eu l'honneur de donner des leçons à la reine pour les opéra comiques qu'elle joue spécialement.

S. M. a l'attention de faire inviter à son spectacle l'auteur ou les auteurs des pieces qu'elle joue. Ce qui fait qu'on peut prononcer plus en connoissance de cause sur les talents de cette souveraine, jusqu'à présent très-appréciés par son auguste époux.

21 *Octobre*. Il a été fait le lundi 25 septembre, à la *loge de l'Amitié*, une répétition par des virtuoses & amateurs seulement, du drame lyrique de M. Rochon de Chabannes, intitulé *le bon Seigneur* : presque tous les franc-maçons de cette loge ont profité de la circonstance pour y assister ; en sorte que la résolution des auteurs des paroles & de la musique, d'apporter beaucoup de mystere à cet essai, n'a pu avoir lieu. Une telle publicité n'a fait qu'augmenter leur triomphe. La répétition dont il s'agit a eu le plus grand succès. Toutes les difficultés sont levées ; le rôle de force est donné à Mlle. Duranci, & Mlle. Beaumesnil ayant bien voulu par arrangement

céder le sien à Mlle. la Guerre, Mlle. le Vasseur, la seule qui se trouve ainsi avoir à se plaindre d'avoir été jouée, a reçu les excuses du musicien : en sorte que les vraies répétitions doivent commencer dès mercredi, le lendemain de la premiere représentation de *Persée*.

22 *Octobre*. Rien n'est plus vrai que la faculté, sachant très-mauvais gré au docteur Deslon d'avoir pris la défense du sieur Mesmer, veut l'expulser de son sein : ce qui a déjà eu lieu dans deux assemblées, & sera vraisemblablement confirmé dans la troisième.

23 *Octobre*. M. de Sancy sentant la foiblesse de son quatrain, a voulu le resserrer & a fait ce seul vers pour rendre le latin sur l'impératrice-reine :

Traits de femme, cœur d'homme, air de divinité

Il est plus précis, mais sans élégance, sans noblesse & paroît trivial.

* Ce traducteur, au reste, a découvert que l'auteur du vers latin, mort en 1754, étoit un M. de Lastre, qui d'avocat au parlement s'étoit rendu commerçant : son inscription fut trouvée si belle que le graveur Petit la fit ajouter sur sa planche, avec le nom du poëte.

On conçoit que ce vers composé à l'époque dont il s'agit, avoit encore plus de vérité.

23 *Octobre*. On a parlé tous ces jours-ci de l'élargissement de Me. Linguet, comme effectué très-clandestinement, à la charge de sortir sur le champ du royaume : mais c'est le désir qu'en ont ses amis qui donne lieu à ce bruit. On sait, au contraire, par gens qui s'intéressent

à ce fameux prisonnier, qu'un ministre porté pour lui & qu'on sollicite d'agir, a déclaré que le moment n'étoit pas favorable & qu'il falloit attendre. On croit que ce ministre est le prince de Montbarrey.

Il passe en outre pour constant, qu'on a vendu à Bruxelles les effets de Me. Linguet par autorité de justice, sans doute d'après l'évasion de madame Linguet, c'est-à-dire, de sa concubine, que par honnêteté on y appelloit ainsi: il résulte de ce fait, que la levée des scellés est faite, que les difficultés sont arrangées & que vraisemblablement ses papiers sont arrivés ici : ce qui doit occasionner un examen long & une discussion détaillée.

24 *Octobre*. Extrait d'une lettre de Bruxelles, du 18 octobre. Rien de plus vrai que le ministere de France a eu recours à celui de Vienne au sujet de l'enlevement qu'il vouloit faire faire des papiers de Me. Linguet. Mais il paroît que vous ignorez une anecdote non moins certaine à cet égard, que voici. Le sieur le Quesne, instruit très-promptement de la détention de son maître, puisqu'elle a eu lieu en sa présence, n'a pas perdu la tête, a expédié sur le champ un courrier à madame Linguet, c'est-à-dire, à une maîtresse de ce journaliste qui vivoit chez lui & faisoit les honneurs de sa maison. Par ce courier il l'avertissoit du triste événement qui venoit d'arriver & l'engageoit à ne pas perdre un instant pour soustraire tous les papiers du prisonnier. Ce qui a été pratiqué heureusement : on ne sait positivement si elle les a brûlés ou fait passer en lieu sûr. Quoi qu'il en soit, lorsqu'on est venu pour mettre les scellés, on a trouvé la

plupart des serrures forcées, parce qu'elle avoit été obligée de se servir d'un serrurier pour ouvrir le secrétaire & autres armoires, dont Me. Linguet avoit emporté les clefs. Deux fois vingt-quatre heures de retard ont produit cet effet salutaire. On croit bien aussi que le comte de Nenin, président du conseil, & M. le prince de Staremberg, gouverneur de cette ville, protégeant le journaliste, n'ont pas peu contribué à laisser le temps à madame Linguet de gagner de primauté.

Les habitants de cette ville, en général, sont bien aises que M. Lamau, le lieutenant de police de la ville, ait manqué son coup : ils regardent cette expédition comme une violation du droit de bourgeoisie qu'avoit acquis le François refugié. Du reste, ils estimoient peu Me. Linguet, & l'adultère public dans lequel il vivoit, ainsi que son différent avec l'archevêque de Malines, ne leur avoient pas donné bonne opinion ni de ses mœurs ni de sa catholicité; ce qui jette bien de l'odieux sur un homme dans ce pays-ci....

24 *Octobre. Lettre des auteurs des Mémoires secrets, &c. à l'imprimeur de cet ouvrage.*

Nous ne finirions pas, Monsieur, si pour nous conformer à votre sensibilité, nous répondions à toutes les injures que vomit contre nous l'amour-propre ulcéré des auteurs & qui réjaillissent en partie sur vous. N'étant pas méritées, elle ne nous affectent point, & nous vous exhortons à nous imiter. Quant à la déclamation calomnieuse dont vous nous parlez, & qui se trouve insérée dans les suppléments satiriques dont on renforce en Hollande le *Mercure de France*, pour lui donner de la vogue chez l'étranger, nous l'avons prévenue d'avance, & l'on peut lire à cet égard notre avertissement placé à la tête du neuvieme volume. Nous aurions cependant beau jeu à réfuter l'écrivain forcéné & à nous défendre avec ses propres armes qu'il nous fournit mal-adroitement contre lui-même ; mais il faudroit disserter, nous pourrions ennuyer, & c'est ce que nous voulons éviter.

Ce qui nous console & nous rassure, c'est que nous n'avons encore entendu personne se plaindre à juste titre. Nous redoublerons d'attention sur notre choix dans cette foule considérable de gazettes, journaux & feuilles imprimées ou manuscrites de toutes espèces, que nous parcourons & que l'insatiable avidité du public rend chaque année plus multipliées & plus curieuses. Nous nous croyons d'ailleurs aussi sûrs qu'on peut l'être de nos divers correspondants, auxquels nous recommandons de ne recueillir que les faits certains & dignes de nos lecteurs. Nous n'adoptons pas même indistinctement ce qu'ils nous envoient, & avant de classer leurs jugements ou anecdotes, nous apportons tout l'examen de la critique, toute l'impartialité de l'historien. Bien éloignés de la méchanceté noire qu'on nous reproche, nous briserions notre plume pour ne la reprendre jamais, si, contre notre gré, elle avoit blessé cruellement quelque victime innocente. Nous ne nous permettons sur les articles de chronique scandaleuse que ce dont ne pourroit nous refuser l'absolution à confesse le directeur le plus rigoureux. On sait que les casuistes ne regardent comme médisance que les révélations qui peuvent, par leur publicité, nuire à la réputation du prochain : mais toutes les fois que les faits sont de notoriété publique, ils peuvent devenir, sans scrupule, l'aliment des conversations.

Nous ne traduisons en scène que des personnages déjà couverts du ridicule, ou qui font trophée de leurs vices ; & en consignant à la postérité, pour son instruction, leurs folies ou leurs atrocités, nous ne faisons que servir leur désir extrême, ce semble, d'exciter du bruit, de faire la matiere des entretiens, d'être les héros du jour, en un mot, de devenir fameux, n'importe de quelle maniere & à quelque prix que ce soit. Au reste, en nous efforçant d'acquérir le talent de nos prédécesseurs pour lancer le sarcasme sur les uns, ou montrer aux autres la haine vigoureuse de l'*Alceste* de *Moliere*, ceux qui nous liront, remarqueront aisément que nous ne nous passionnons pas moins aussi que ces illustres journalistes, pour le beau, pour les actions honnêtes, pour les hommes vertueux : avec quel enthousiasme on trouvera célébrés les *Rousseau*, les *Voltaire*, les *Buffon*, les *Turgot*, les *Malesherbes*, les *Vergennes* ! & ne nous arrêtant qu'à ce qui concerne les mœurs, est-ce notre faute, si des personnages tels que ces derniers sont trop rares ? il faut s'en prendre à la dépravation du siecle : pourquoi y a-t-il si peu de bien & tant de mal dans ce monde pervers ?

Le reproche vraiment fondé, en apparence qu'on pourroit nous faire, c'est, dans la distance où nous sommes des lieux, de ne juger des choses & des hommes que sur parole & d'après le rapport d'autrui : nous croyons ce désavantage à l'égard de nos prédécesseurs, avec les précautions que nous avons indiquées plus haut, compensé en partie par l'obscurité de notre retraite. Nous nous trouvons ainsi dans le point de vue nécessaire pour être impartiaux, pour n'être accessibles, ni à la séduction, ni aux menaces: l'espoir ne peut nous ouvrir, ni la crainte nous fermer la bouche.

Nous pensons, Monsieur, par cette explication avoir suffisamment résolu vos doutes & vous pourrez, si vous voulez, imprimer notre lettre.

Nous avons l'honneur d'être, &c. Lausanne le 10 octobre 1780.

25 *Octobre*. Indépendamment du bouleversement que la construction de la nouvelle salle de comédie françoise occasionne dans le quartier où elle s'éleve, il y a des projets d'embellissement & d'utilité encore plus beaux du côté de Saint-Sulpice: 1°. Il est décidé de transporter hors de Paris le cimétiere de cette paroisse, suivant le réglement général décidé à cet égard: 2°. On doit abattre le séminaire & autres lieux adjacents, pour former la place arrêtée devant le portail de Saint-Sulpice: 3°. On doit y bâtir spécialement un hôtel pour le clergé, un palais où il tiendra désormais ses assemblées. Voilà les points sur lesquels on est assez d'accord quant à l'exécution.

On spécule encore sur un plan plus dispendieux & plus magnifique, donné il y a long-temps, celui de prolonger la rue de Tournon jusqu'à la rue de Seine; & en abattant la portion des Quatre-Nations qui masque l'extrémité de celle-ci, de découvrir la riviere & le Louvre, de façon que les deux palais se regardent.

26 *Octobre*. On assure que c'est un M. Laus de Boissy, qui a remplacé de toute maniere Dorat chez madame la comtesse de Beauharnois: s'il n'est pas aussi bon poëte, s'il n'a pas les agrémens & les gentillesses de son esprit, il a des talents

secrets, qui valent bien les autres auprès du *sexe*. Cette préférence excite la jalousie des divers gens de lettres, qui avoient des prétentions soit sur le cœur de cette dame, soit sur la présidence de son bureau de bel esprit, auquel M. le chevalier de Cubieres sembloit avoir plus de droit que tout autre. Il en résulte une guerre d'épigrammes qui amuse le public ; on cite M. Guinguené, comme brillant sur-tout dans cet assaut de pointes, de sarcasmes, de saillies vives & piquantes.

27 *Octobre*. C'est un M. Brebion qui est nommé décidément pour suivre les travaux de l'église de Sainte-Genevieve depuis la mort de Soufflot. On a affecté de choisir cet architecte médiocre, pour qu'il ne voulût pas s'évertuer & mêler du sien aux plans de son prédécesseur. Il en aura tous les émoluments, à condition de les suivre strictement, c'est-à dire, à condition de ne rien faire.

27 *Octobre*. Une madame Falconet, ayant exécuté le buste de la chevaliere d'Eon, M. Blin de Sainmore a fait le quatrain suivant :

Ce marbre, où de d'Eon le buste est retracé,
A deux femmes assure une gloire immortelle ;
Et par elles vaincu, l'autre sexe est forcé
D'envier à la fois l'artiste & le modele.

27 *Octobre*. Ces jours derniers on jouoit au sallon de Marly un petit jeu de société, fait pour occuper beaucoup de monde, qu'on appelle *la peur* & qui amuse assez la reine. M. le prince de Montbarrey en étoit : il faut savoir qu'on y meurt & qu'on y revit : les acteurs & sur-tout les dames faisant allusion à ces trois mots de *peur*, de *mort*, de *résurrection* & aux circonstances critiques où se trouve ce ministre, le désolerent de tant de mauvaises plaisanteries, qu'il fut obligé de quitter, ne pouvant y tenir. Le public spectateur de cette hardiesse des courtisans a inféré que sa catastrophe n'étoit pas éloignée.

Il n'est personne, jusqu'aux filles, qui ne pronostiquent la disgrace de M. le prince de Montbarrey. Il a pris le parti de rompre avec Mlle. Renard, cette courtisane qui faisoit crier si fort les militaires & mettoient à l'encan toutes les graces à la disposition de son amant. Ces jours derniers quelqu'un ayant rencontré Mlle. Renard en deuil chez M. le lieutenant de police, lui a demandé la raison de cette décoration lugubre? Elle a répondu qu'elle étoit en deuil du prince de Montbarrey.

27 *Octobre*. Extrait d'une lettre de Strasbourg, le 15 octobre 1780..... Vous êtes curieux de savoir comment a pris ici le sieur S*** de J***, associé de M. Gerard à la place de syndic de notre ville. Il étoit d'abord arrivé avec de grandes prétentions, autorisées par la lettre du ministre, qui lui donnoit le droit de présider le corps municipal : comme ce corps municipal est composé en partie de noblesse très-haute, ainsi que toute celle d'Allemagne, il a eu la prudence de sonder le terrein & prévoyant qu'il alloit exciter une querelle & compromettre son protecteur, ce qu'il étoit dangereux de faire, sur-tout dans ce moment critique, il a eu la finesse de déclarer qu'il se désistoit de la prérogative qu'on lui accordoit. Cette modestie, jointe à l'esprit conciliant qu'il a, à son art de prendre le génie, la tournure & les mœurs de ses compatriotes, l'a rendu assez agréable. D'ailleurs, comme il avoit

déjà paru ici avec la princesse de Montbarrey, qui lui témoignoit une grande bienveillance, il en a résulté pour lui une sorte de considération extérieure, qui subsistera aussi long-temps que sa faveur.

28 *Octobre.* Entre les diverses épigrammes lancées par les deux adversaires dont on a parlé, voici la plus saillante. Elle est de M. Guiguené & intitulée *Testament de Dorat* :

Dorat mourant dit à sa belle amie :
Point ne souffrez quand je n'y serai plus,
Auprès de vous quelque brillant génie,
Aimable, gai, galant, tel que je fus ;
Vous l'aimeriez : car votre sexe oublie,
Et m'oublier ce seroit perfidie.
Choisissez donc quelque esprit bien obtus,
Un pédant froid jouant l'étourderie,
Un plat rimeur aux sifflets endurci,
Un sot enfin. . . . La belle a pris Boissy.

29 *Octobre.* M. l'abbé Raynal montre une lettre en date du 14 juin, qu'il a reçue de Philadelphie, où, après un grand éloge de son ouvrage si célebre, M. Jos. Reed qui l'écrit, ajoute : « Au milieu de la confusion que la guerre
„ entraîne dans nos climats, au milieu des soins
„ qu'exige le gouvernement civil après une révo-
„ lution si importante, nos regards se tournent
„ vers vous, Monsieur ; un penchant irrésistible
„ nous force de lire & d'admirer, de respecter
„ & d'aimer l'homme, dont le génie vaste saisit,
„ développe & trace avec tant d'énergie les droits
„ du genre humain. Je ne puis mieux recon-
„ noître, Monsieur, le plaisir que j'ai éprouvé,

„ qu'en vous priant d'accepter deux actes émanés
„ du conseil suprême de Philadelphie. En vertu
„ de l'un, désormais la servitude est abolie &
„ entiérement détruite. L'autre a pour objet la
„ création d'une université, qui, établie sur les
„ principes du tolérantisme, admet également
„ toutes les religions chrétiennes que nous voyons
„ fleurir parmi nous, & dans laquelle on cultive
„ les langues, les arts & les sciences, qui font
„ partie essentielle de l'éducation.

29 *Octobre.* Un officier général désirant être compris dans la promotion des premiers cordons rouges & craignant de n'en pas être, s'étoit servi de la voie ordinaire & avoit donné 50,000 livres à Mlle. Renard pour être plus certain de cette grace. Il étoit sur la liste en effet ; mais le roi l'a rayé. Il est revenu furieux réclamer ses 50,000 livres. La courtisane n'a pas voulu les rendre, disant que toutes les conditions du marché avoient été remplies, qu'elle l'avoit proposé à son amant, qu'en conséquence il avoit été proposé à S. M., qu'elle ne lui avoit pas répondu de la volonté du monarque.

L'officier général encore plus outré est allé lui-même révéler sa turpitude au comte de Maurepas, qui en a parlé au prince de Montbarrey, & lui a dit qu'il falloit ou donner sa démission, ou renvoyer sa princesse. Voilà l'origine de la disgrace de Mlle. Renard, qui est même dans une sorte d'exil & va voyager. On la dit à Bruxelles. On assure qu'elle se faisoit plus de 100,000 livres de rentes, & elle déclare qu'elle en rendoit encore plus à son amant.

29 *Octobre.* Extrait d'une lettre de Metz, du 16 octobre..... En 1779, il y a eu dans la

province des Trois-Evêchés, 13433 naissances, 2773 mariages, 11710 morts.

30 *Octobre*. Vendredi dernier on a enfin donné la premiere représentation de *Persée*. C'est M. Marmontel qui a réduit le Poëme de cinq actes en trois, & suivant son usage, l'a gâté. Il a voulu en faire une piece reguliere & a totalement dénaturé le sujet, pas intéressant, il est vrai; mais noble & pittoresque, choisi par Quinault. S'il a imaginé que le cinquieme acte fût un hors-d'œuvre, puisqu'il l'a entiérement dénaturé, pourquoi a-t-il donc conservé *Phinée* & ses menaces & ses jaloux transports? C'est tout au moins un personnage inutile, dès qu'il n'est plus l'objet de la vengeance éclatante de *Persée*, ni la victime des terribles regards de *Méduse*. Suivant les paroles imprimées, il devoit se noyer; mais à la représentation il a disparu & le spectateur ne s'est pas apperçu qu'il manquât.

Si les détails ou les vers du nouveau lyrique compensoient au moins ceux de Quinault qu'il a supprimés ou travestis, alors son travail pourroit être de quelque prix; mais sa versification est toujours dure, lâche ou diffuse. Il court sans cesse après une ariette ou un duo. *Persée* va-t-il combattre *Méduse*, il l'arrête pour lui faire chanter un air de triomphe. Les Tritons attendent, pour enchaîner *Andromede*, que sa mere ait exhalé sa fureur dans une longue ariette, & se gardent bien d'interrompre les adieux éternels de la princesse. Tout cela n'est que risible. Une faute plus grave, qu'on a laissé subsister dans le poëme & qu'on a eu le bon esprit de supprimer à la représentation, c'est de faire annoncer par *Orias* l'apparition du monstre, que tout le peuple doit avoir vu, vu, & de faire fuccéder à cette cruelle nouvelle un divertiffement pour la victoire que *Perſée* a remportée fur les *Gorgones*. Aſſurément Quinault n'avoit pas imaginé de faire danſer tous ces gens-là pendant ce deuil univerſel.

Le combat de *Perſée* contre le monſtre n'a produit qu'un effet ridicule, en ce que ce dernier, bien loin de lutter contre les efforts du héros, a été à peine apperçu de quelques ſpectateurs ; ce qui a fait dire à de mauvais plaiſants, qu'ils ne voyoient-là de monſtre que les vers de Marmontel.

La baſe de ce poëme étant le merveilleux, il a fallu ſuppléer au défaut d'intérêt du ſujet par tous les acceſſoires qui ſont du reſſort de la muſique, de la danſe & des décorations. La derniere de celles-ci ſur-tout, qui repréſente le palais de Vénus, & eſt celle ſi renommée en diamans des Menus dont l'opéra peut diſpoſer aujourd'hui, avoit attiré beaucoup de monde, mais n'a produit de loin aucun effet, parce qu'elle n'étoit pas aſſez éclairée en proportion de la ſalle.

Quant à la muſique du célebre Philidor, elle a reçu peu d'applaudiſſements & n'a excité que des critiques. Elle paroît ſavante & deſtinée ſimplement pour les connoiſſeurs, plus curieux d'admirer que d'être émus.

31 *Octobre*. On ne fait rien de nouveau ſur Me. Linguet, ſinon qu'il a la liberté de lire & qu'il a demandé en conſéquence qu'on lui envoyât l'hiſtoire eccléſiaſtique de l'abbé de Fleury. Ses partiſans répandent avec affectation cette nouvelle, pour lui concilier de plus en plus la bienveillance du clergé, en faiſant entendre que le priſonnier s'occupe d'études graves & religieuſes,

& en lui donnant l'espoir qu'il compose quelque bon ouvrage pour la défense de cette cause, qui en a grand besoin.

1 *Novembre* 1780. Les demoiselles Dumoulin & Viriville sont deux impures fort insolentes & fort bêtes. De jeunes gens ont imaginé de les mystifier : on leur a fait accroire que le Grand-Seigneur avoit envoyé ici un bostangi pour recruter son serrail, & qu'on les avoit mises sur les rangs : on les a éblouies par les promesses d'une fortune considérable, dont elles pourroient jouir après trois ans de séjour à Constantinople, terme de l'engagement. Elles n'ont pas manqué d'accepter l'invitation, de se trouver au lieu du rendez-vous, & de subir les épreuves par où elles devoient passer. Les sieurs Musson & Dugazon, les deux farceurs les plus renommés de cette capitale, se sont sur-tout distingués dans cette scene comique; l'un jouoit le rôle de médecin, l'autre celui de l'essayeur de sa hautesse. On juge où peut aller une pareille plaisanterie. Les deux courtisanes se sont prêtées à tout ce qu'on a voulu, & quand toute la société entiere en a été rassasiée, on les a reconduites chez elles, toujours persuadées de l'heureux sort dont elles alloient jouir. Elles n'ont été détrompées que le lendemain, où, dès qu'elles ont paru au Palais-Royal, elles sont devenues la risée de toutes leurs camarades, enchantées de se voir ainsi débarrassées de ces deux concurrentes, qui n'osent plus se montrer.

2 *Novembre*. On peut se rappeller les fâcheuses aventures que procura l'année derniere à M. Gaze sa passion aveugle pour madame Dugazon, de la comédie italienne. Il paroît qu'il n'en est pas guéri. Depuis peu ce jeune maître

des requêtes étant à ce spectacle, a trouvé mauvais qu'un M. Dulau, officier aux gardes, critiquât durement l'actrice dont il s'agit, & il en est résulté une rixe, dans laquelle le magistrat a reçu un coup d'épée si grave qu'il a fallu le saigner onze fois. Il va mieux, se soutenant à peine, & à l'aide de deux écuyers, il sembloit par sa sortie prématurée se faire un triomphe de sa blessure dans le public, qui l'entouroit en effet comme un héros d'amour fort rare aujourd'hui.

3 Novembre. La santé délicate de la reine exigeant des ménagements, a déterminé la faculté de conseiller à S. M. de s'abstenir de jouer la comédie, ce qui met en déroute la troupe royale. On assure que le comte d'Artois jouoit très-bien; mais à l'égard de la reine, outre ce qu'on en a dit, on rapporte une ingénuité d'un subalterne qui, assez heureux pour assister à une représentation de cette espèce, & interrogé par un de ses camarades sur ce qui en étoit, lui dit en confidence: « Il » faut avouer que c'est *royalement mal joué.* »

3 Novembre. On parle d'une nouvelle division survenue dans la maison de Condé: on rapporte que le duc de Bourbon, avant de faire le voyage de Chantilly avec son pere, a écrit à madame la duchesse, qu'elle lui feroit plaisir & à M. le prince de Condé de n'en pas être. On ne dit aucun motif de cette espèce d'exil; mais l'on veut que la princesse ait porté ses plaintes au duc d'Orléans & au duc de Chartres, & qu'elle soit sur le point de se retirer au Palais-Royal, si cela ne s'accommode pas. On croit que madame de Monaco est pour beaucoup dans cette brouillerie.

3 Novembre. On ne croit pas que *Persée se*

releve : on ne dit pas aujourd'hui plus de bien de la musique que des paroles : on reproche au sieur Philidor d'avoir pillé cinq ou six auteurs, de s'être pillé lui-même, & de n'avoir tiré encore aucun bon parti de tous ces larcins : en un mot, on ne reconnoît nullement dans cet ouvrage l'auteur du *Carmen Sæculare*.

4 Novembre. Le concert spirituel du jour de la Toussaint fut fort intéressant pour les amateurs & encore plus pour les maîtres de l'art, qui trouvent dans la prose *des morts* de M. Gossec tout ce que l'harmonie a de plus imposant, avec ce que les chants religieux offrent de plus touchant & de plus majestueux. Ce *Dies iræ* n'avoit encore été donné que dans différentes églises : ce sont les sieurs le Gros, Cheron & madame Saint-Huberti qui l'ont rendu & en ont augmenté le mérite par leur goût & leur précision. Ce grand succès doit décider M. Gossec à se renfermer dans un pareil genre.

L'hiérodrame sacré, dont les paroles de M. de Voltaire & la musique de M. Cambini, est ce qui a produit le moins de sensation.

On connoissoit le talent de M. Sallantin pour la flûte ; mais on ne s'attendoit pas à lui voir tirer un si grand parti du haut-bois : il excita les plus vifs applaudissements : il joua son concerto avec tout le goût & toute la grace imaginable. Le son de son instrument est pur, son exécution est sûre & facile, & si elle avoit été plus animée, plus variée & plus expressive, il se seroit placé, dès son début, à côté des plus grands maîtres.

Le jeune Vernier a intéressé par son âge d'onze ans dans un concerto de violon du sieur Jaron-Wick. Les connoisseurs ont admiré & les différentes positions & l'adresse avec laquelle il se tire des difficultés : c'est un vrai phénomene.

Voilà les différentes nouveautés qui ont attiré l'affluence à ce spectacle, & prouvé le zele des directeurs pour satisfaire le public.

5 Novembre. Les comédiens françois ont donné hier la premiere représentation du *Bon ami*, comédie nouvelle en un acte & en prose. Malgré son peu d'étendue, malgré des traits de temps en temps assez gais, des scenes même assez plaisantes, il n'étoit guere possible que le public supportât jusqu'à la fin sans ennui & sans murmurer une piece dénuée d'action, de mouvement, dont les personnages sont d'une bizarrerie choquante & ont souvent un ton qui n'est pas celui de la bonne compagnie.

Le sieur Molé, faisant le rôle du *Bon ami*, n'a pas peu contribué à soutenir l'ouvrage ; dans un endroit où dépeignant son caractere, il parle des différents personnages qu'il sait également remplir, soit enjoués, soit tristes, soit tendres, soit séveres, soit étourdis, soit réfléchis, &c. le parterre par une allusion flatteuse à son talent, l'a applaudi à tout rompre, & il étoit aisé de juger que ces battements de mains étoient pour l'acteur seul.

Cette comédie est d'un M. Grand, docteur de la faculté de Montpellier, qui n'exerce point & qui débute ainsi au théâtre.

6 Novembre. Les comédiens françois ont aujourd'hui à l'étude une tragédie de M. Desfontaines, dont le sujet intéressant est la *Réduction de Paris sous Henri IV*.

6 Novembre. Les comédiens italiens, toujours féconds, annoncent pour demain la premiere représentation des *Vendangeurs*, divertissement nouveau en un acte & en vaudevilles.

7 Novembre. Depuis quelque temps le gouvernement semble prendre plaisir à fomenter au sein des compagnies les troubles qu'y excitent des membres turbulents. On a vu ce qui s'est passé à Grenoble, à Bordeaux. On auroit pu rendre compte de faits semblables arrivés au conseil de Colmar; aujourd'hui c'est le procureur-général de la cour des monnoies qui lutte contre son corps & en triomphe.

Le sieur de Gouve, c'est son nom, passe dans la société pour un assez mauvais sujet, & le désir extrême de sa compagnie de se purger d'un pareil membre, semble confirmer l'opinion injurieuse qu'en a le public; mais, comme tous les roués, il a de l'esprit, des connoissances, de l'intrigue; il capte la bienveillance des ministres, & il rend bien à son corps les persécutions que celui-ci lui a suscitées.

Cette affaire remonte à 1773, où sur la dénonciation d'un magistrat, le procureur-général fut suspendu de ses fonctions le 19 Juin. Il paroît que l'abbé Terrai le protégeoit fort. Le 4 septembre cet arrêté fût cassé par un arrêt du conseil.

Le 10 Janvier 1774, sur de nouvelles imputations très-graves, sur la dénonciation de faits très-scandaleux, parmi lesquels il étoit même question de concussion, le sieur de Gouve fut interdit pour un an.

Les sieurs Courte & Bertin, deux conseillers du parti de ce magistrat, furent les seuls qui n'adhérerent pas à la délibération, & en conséquence le 6 août ils furent exclus des délibérations secretes de la compagnie.

Tout cela fut cassé encore au conseil des dépêches.

Enfin le 10 juillet de cette année, pour les cas résultants du procès, il a été ordonné par la cour des monnoies, que Charles-Antoine de Gouve seroit tenu de se défaire de son office de procureur-général, &c.

C'est cet arrêt qui a encore été cassé le 18 septembre, ainsi que tout ce qui a précédé. Le procès a été renvoyé au parlement de Paris, sauf au procureur-général à former après le jugement sa demande en prise à partie.

8 *Novembre*. On ne sauroit croire quels ressorts secrets & de toute espece font mouvoir aujourd'hui les philosophes démasqués par Jean-Jacques Rousseau dans ses mémoires, à dessein de noircir ce grand homme, de le décréditer, de le faire passer pour un menteur, pour un impudent, un plagiaire. Il y a grande apparence que c'est quelque animosité de la même espece qui pousse l'auteur du Journal Encyclopédique à faire ligue avec eux & à devenir l'organe de leurs calomnies. Voici une prétendue anecdote qu'il révele avec beaucoup de modération apparente, mais en même temps de la maniere la plus injurieuse à la mémoire du grand homme qu'il attaque.

« En 1750, dit-il dans le volume d'octobre,
» M. Pierre Rousseau reçut de Lyon une lettre,
» qui étoit adressée tout simplement à *M. Rous-*
» *seau, auteur à Paris*. M. Jean-Jacques Rousseau
» n'avoit pas encore cette grande & juste célébrité
» dont il a joui depuis cette époque : M. Pierre
» Rousseau avoit déjà donné des pieces à trois
» théâtres, & il étoit chargé d'un ouvrage pu-
» blic. Le facteur crut naturellement qu'elle étoit

» pour celui-ci, qui en recevoit beaucoup. La
» lettre étoit conçue à peu près en ces termes : »
Monsieur, je vous ai envoyé la musique du *Devin de Village*, dont vous ne m'avez pas accusé la réception : vous m'avez promis d'autres paroles ; je voudrois bien les avoir, parce que je vais passer quelque temps à la campagne, où je travaillerai, quoique ma santé soit toujours chancelante.
« Cette lettre étoit signée *Grenet* ou *Garnier*, au-
» tant que nous pouvons nous en souvenir. Nous
» répondîmes tout de suite à ce musicien que sans
» doute, il s'étoit trompé....... Comme nous
» ne pouvions pas présumer que cette lettre dût
» tirer à conséquence, nous négligeâmes de la
» garder.... Quand on donna en 1753 le *Devin*
» *de Village*, nous fîmes part de cette anecdote
» à M. Duclos, de l'académie françoise, qui s'étoit
» déclaré ouvertement l'admirateur de cet inter-
» mede ; il parut en désirer quelque preuve : nous
» écrivîmes à Lyon, d'où l'on nous répondit que
» le musicien dont nous demandions des nouvelles,
» étoit mort depuis deux ans.... »

Le journaliste ajoute ensuite, que depuis il avoit osé élever des doutes contre la propriété de Jean-Jacques, quant à la musique de cet intermede ; qu'il lui envoya le journal où il l'attaquoit ; que peu après il s'est expliqué plus clairement, à quoi le philosophe n'a répondu que par le silence.... Il tire enfin un argument nouveau des morceaux de musique que Jean-Jacques Rousseau a voulu substituer depuis aux anciens, & qui ont été trouvés si médiocres qu'il a fallu les faire disparoître à jamais.

9 *Novembre*. Monsieur Arthur Dillon, appellé le *beau* à la cour, singuliérement protégé de la
reine

reine, a eu le malheur de se casser encore une fois le bras. C'est le jour de la Saint-Hubert à la chasse avec le roi, que cet accident lui est arrivé. Si quelque chose a pu calmer ses douleurs, c'est le spectacle de leurs majestés présentes au pansement, qui a eu lieu sur-le-champ, & lui prodiguant les plus tendres soins.

9 *Novembre*. On se croit transporté au milieu des orgies des vendangeurs, on jouit de leur bonheur, en voyant le divertissement donné mardi sous ce titre. L'action n'en est ni fort recherchée, ni fort compliquée : elle consiste à faire révoquer à deux baillis sottement amoureux, la défense qu'ils viennent de faire, *de danser davantage*, item *de boire & de se balancer*. Pour cela, l'un est retenu dans une taverne, d'où il ne sort qu'en voyant *en rond danser les ormes*, & il est le premier à enfreindre la loi. L'autre, qui n'est pas plus sage, se mêle avec les jeunes filles; l'amour qu'il a pour *Lucette*, l'engage à prendre part à leurs jeux. On le place sur la balançoire & on l'enleve à quinze pieds de terre : il n'obtient la permission de descendre, qu'après avoir, de concert avec son imbécille confrere, révoqué sa pancarte ridicule.

La gaieté des couplets, la simplicité, le naturel des personnages, ont fait le succès de ce divertissement, un peu trop long & trop ordurier. Il est étonnant que la police ait toléré la licence de cette farce. Elle est de MM. Auguste de Piis & Barré. On ne connoissoit point encore dans la littérature ce dernier, greffier au parlement, & qui, quoiqu'ayant eu part à *Aristote amoureux* & à *Cassandre oculiste*, ne s'étoit pas fait connoître à cause de la gravité de son état.

10 *Novembre* 1780. La reine a en effet profité

de l'absence du roi, qui est allé chasser à Fontainebleau, pour se rendre à Clayes chez sa favorite, madame la duchesse Jules. S. M. a fait vingt lieues ce même jour, car elle ne voulut pas découcher. Elle recommencera ce voyage chaque jour jusqu'au retour de S. M. On ne peut donner à une sujette une marque de confiance & d'attachement plus grand.

10 *Novembre*. On prépare à Brunoy de grandes fêtes pour le raccommodement de la reine & de *madame*.

On a parlé de deux causes de cette division, dont la principale étoit le refus fait par *madame* de jouer la comédie. On a su depuis d'autres détails concernant la querelle des deux augustes belles-sœurs, à laquelle étoit présent le comte d'Artois, venu aussi pour déterminer *madame*. Cette princesse ayant rejeté bien loin la proposition comme indigne d'elle, la reine lui avoit répondu : « Mais, dès que moi, reine de France, je » la joue, vous ne devriez pas avoir de scru- » pule. » A quoi *madame* avoit repliqué : « Mais, » si je ne suis pas reine, je suis du bois dont on » les fait. » Sa majesté trouvant ce parallele mauvais, étoit parti de là pour faire sentir à sa belle-sœur combien elle regardoit au-dessus de la maison de Savoie, la maison d'Autriche, qui ne le cédoit, avoit-elle ajouté, pas même à celle de Bourbon. M. le comte d'Artois resté muet jusqu'alors, avoit pris la parole, & dit en riant : « Jusqu'ici, Madame, j'ai craint de me mêler de » la contestation vous croyant fâchée, mais pour » le coup, je vois bien que vous plaisantez. » Sarcasme qui avoit terminé la scene. Toute cette pique, du genre de celles qu'il est difficile de ne pas voir élever dans les familles de temps-en-temps, est heureusement terminée, & n'a influé en rien, même sur l'union de la maison royale, qui n'en a jamais paru troublée à l'extérieur.

10 *Novembre.* Extrait d'une lettre de Rennes, du 2 novembre. . . . Les membres des trois ordres, qui composent l'assemblée de cette province, ayant reçu les lettres de convocation qui leur sont adressées, suivant l'usage, se sont assemblés dans leur salle, au couvent des cordeliers, lundi 30 octobre, vers six heures du soir.

MM. l'évêque de Rennes, le comte de Boisgelin, & le sénéchal de Rennes, présidents de l'assemblée, ont nommé la députation, composée dans l'ordre de l'église, de messieurs les évêques de Quimper & de Tréguier, des abbés de Bonrepos & de Saint-Maurice, des députés des chapitres de Rennes & de Nantes: dans l'ordre de la noblesse, de messieurs de Langourla, de la Bedoyere, de Trolong de Boisguehenneuc, Desgrée du Lou, & du Vauferier; & dans l'ordre du tiers, de MM. le premier député de Rennes, le second député de Nantes, les députés de Quimper, du Port-Louis, de Redon & de Montcontour.

MM. les commissaires du roi étant entrés à sept heures, M. le marquis d'Aubeterre & M. le premier président du parlement, ont fait chacun un discours, lesquels ont eu pour objet les besoins de l'état occasionnés par la guerre, & la gloire que s'y est acquise la noblesse Bretonne: celui prononcé par M. de Robien, procureur-général syndic, a été, entre autres choses, relatif aux besoins des peuples & aux privileges de la province.

L'assemblée s'est séparée, après avoir ordonné, suivant l'usage, la messe du Saint-Esprit.

Mardi 31 octobre.... Les trois ordres s'étant rassemblés au théâtre, après la messe du Saint-Esprit, & messieurs les commissaires du roi entrés, l'intendant à la fin du discours, dans lequel il a indiqué plusieurs objets d'améliorations & d'embellissements dans la province, a demandé un don gratuit de 1,999,999 livres 19 sous 11 deniers. M. de la Bourdonnaye, procureur-général syndic, a aussi fait un discours, dans lequel il a représenté entr'autres choses, les besoins des peuples, par le défaut de commerce & de bras pour la culture des terres sur les côtes, depuis les hostilités; après quoi les états ont délibéré aux chambres & ont accordé le don gratuit demandé.

Ils ont ensuite ordonné le fonds de 6000 livres pour la pauvre noblesse, & de 1200 livres pour les pauvres mendiants de la ville de Rennes.

Ils ont nommé deux députations pour complimenter madame la marquise d'Aubeterre & madame la comtesse de Boisgelin.

Après avoir continué les pouvoirs de la commission intermédiaire, ils ont nommé des commissaires pour l'examen de la commission générale & des membres des états & pour la chiffrature du registre.

Un membre de l'ordre de la noblesse a demandé, que les états eussent à charger un de leurs procureurs-généraux-syndics de leur communiquer les lettres-patentes qui constituent la nouvelle formation de la multiplicité de Rennes, pour en être délibéré dans l'assemblée. Cette représentation a été suivie d'une charge au procureur-général-syndic de se procurer ces lettres-patentes, & de rendre compte du tout aux états. Après quoi l'assemblée a été remise au jeudi 2 novembre.

11 *Novembre*. Une circonstance nouvelle concernant Me. Linguet, sa détention & les suites qu'elle a eues, mais qu'on n'a voulu rapporter qu'après l'avoir bien constatée par des recherches exactes, c'est que depuis le moment qu'il a été arrêté, & pendant environ une quinzaine de jours; le ministre des affaires étrangeres, car on ne peut croire que la chose ait eu lieu sans son ordre, a cru devoir faire arrêter & ouvrir les lettres allant à Bruxelles, ou passant sur cette route : quelques unes ont été retenues & ne sont parvenues à leur destination qu'ensemble & au bout de plusieurs ordinaires. Ce qui fortifie l'opinion de ceux qui croient que quelque raison d'état seule a déterminé la catastrophe de ce fameux journaliste.

Cette manœuvre n'auroit pas étonné sur la fin du regne de Louis XV, ou elle avoit souvent lieu & au gré de ceux qui avoient quelque crédit auprès des roués qui étoient alors à la tête des affaires : au lieu que l'honnêteté du comte de Vergennes ne permet pas de douter que cette infidélité n'ait été nécessaire en politique.

11 *Novembre*. Il paroît que le grand nombre des sectaires attachés au parti de Voltaire, comme leur chef, s'est rangé sous les drapeaux de monsieur d'Alembert, & le reconnoissent pour son successeur, non à raison de son mérite, mais de ses dignités littéraires, de son talent pour l'intrigue, de sa consistance, de son crédit auprès des grands & de ses correspondances avec différents souverains du Nord. Il a trois fois par semaine des assemblées sous le nom de *conversations*, & tout ce qu'il y a de plus illustre s'y rend. Il n'est pas rare de voir

25 à 30 carrosses à sa porte. Jeudi 2 novembre son amour-propre reçut une petite mortification en si bonne compagnie. M. le comte d'Arenda étoit chez lui, M. d'Alembert lui demande s'il connoît le nouveau dictionnaire de l'académie de Madrid. L'ambassadeur d'Espagne répond que non; & paroit douter de son existence. Le secrétaire de l'académie françoise lui dit qu'il l'a reçu de la part de cette compagnie, le fait apporter & le montre à l'assemblée. « Mais, » réplique le seigneur étranger » vous avez donc une lettre d'envoie ? Non, » „ ajoute M. d'Alembert, c'est un tel qui me l'a „ adressé de sa part. » Il nomme en même temps „ un nom Espagnol : » je connois fort cet „ homme, » repart en riant le comte d'Aranda ; » „ mais ce n'est ni un académicien, ni la compa- „ gnie; c'est son relieur, qui, pour vous engager „ à dire du bien de l'ouvrage qu'elle n'avoue pas, „ vous l'aura adressé » ..... Et M. d'Alembert de rester un peu confus, & les spectateurs de rire sous cap.

12 *Novembre.* Il est grandement question du mariage de M. André de Morville, jeune poëte déjà connu pour avoir couru dans la lice académique, avec une fille de Mlle. Arnoux : il est si épris de sa future, d'une figure commune & même laide, qu'il la croit une Vénus & lui a adressé le quatrain suivant, d'un ridicule rare aux yeux de ceux qui connoissent l'héroïne :

Celle dont le portrait ici n'est point flatté,
Digne des chants d'Ovide & du pinceau d'Apelle,
N'a rien vu sous les cieux d'égal à sa beauté,
Rien, si ce n'est l'amour que je ressens pour elle.

13 *Novembre*. On a fait sur l'expulsion de M. de Sartines l'épigramme suivante, très-peu piquante & bonne seulement à conserver comme historique & constatant l'idée qu'avoit le public de ce ministre à cette époque.

Sartines, qui long-temps nous balaya les rues,
 Et les filles d'honneur perdues,
Les voleurs, les escrocs & les mauvais sujets,
 Par une audace trop extrême,
Des mers voulut aussi balayer les Anglois ;
Mais pour avoir trop cher fait payer ses balais,
 Il s'est vu balayer lui-même.

13 *Novembre*. Le dernier écrit annoncé contre M. Necker a pour titre, *Lettre à M. Necker directeur-général des finances*. Elle est datée du 12 septembre, & contient 66 pages très-petit in-12. : mauvais caractères, mauvais papier, fautes de correction nombreuses ; tout indique le mystere avec lequel elle a été imprimée furtivement dans quelque coin du royaume ou du voisinage.

L'auteur se désigne lui-même, sinon comme ayant été en quelque sorte le collegue de M. Necker dans l'administration de la compagnie des Indes, comme y tenant de très-près du moins & très-au fait des secrets d'alors. Il développe de grandes connoissances dans le calcul, dans les revirements de banque, dans les principes du gouvernement. Il s'annonce sur-tout comme très-au fait de la vie, du caractere, de la façon de penser, des vues, des astuces du ministre Genevois, & d'après les données qu'il pose, il démontre l'impossibilité en morale & à moins d'un prodige qu'un tel personnage ait changé au point d'avoir le défintéreſſement, le patriotiſme, l'humanité, la droiture, la candeur qu'il affiche; il met enfin ſon ame à nu & démaſque ſon hypocriſie. Il témoigne ſon regret d'être forcé à l'*incognito*, & promet de le quitter, dès que M. Necker ne ſera plus en place.

Après les opérations de M. Necker concernant la compagnie des Indes, diſcutées dans le plus grand détail, mais en notes ſeulement, les deux ſeules qu'il examine, ſont *l'édit des hôpitaux* & *les lettres-patentes concernant le droit annuel des offices*. Il ne trouve dans l'un que l'ignorance la plus profonde des principes élémentaires de l'économie politique, & ſa charlatanerie accoutumée un peu plus à découvert; & dans l'autre, qu'un emprunt uſuraire à 8 pour cent, un impôt forcé ſur les malheureux titulaires, & une violation deſpotique des propriétés. Tout cela eſt traité d'une manière ſi ſavante & ſi lumineuſe, qu'elle porte la conviction avec elle, & déſabuſe néceſſairement ceux à qui les préambules illuſoires de ces deux pièces auroient pu en impoſer.

Le redoutable adverſaire finit cet examen par plaiſanter M. Necker, & après avoir parlé légèrement de l'extrême dureté avec laquelle il s'eſt ménagé un emprunt de 25 millions à cinq pour cent ſur les employés des fermes, qu'il a forcés de donner l'année derniere des ſuppléments de cautionnement en argent, à peine d'être renvoyés, il lui propoſe un beau coup de filet: ce ſeroit d'ordonner un appel ſur tous les créanciers de l'état, d'un dixieme de leur capital, à peine de n'être plus payés; ce qui, ſur deux milliards de la dette nationales des rentes, lui fourniroit tout de ſuite une reſſource de deux cents millions.

14 *Novembre*. Extrait d'une lettre de Montpellier, du 6 novembre.... Cette ville est la seule de province, je crois, qui ait une bibliotheque publique. Elle a été fondée par M. Haguenot, conseiller en la cour des comptes, aides & finances de cette ville, & professeur en médecine. Elle est principalement à l'usage des étudiants en médecine & en chirurgie à l'hôpital de Saint-Eloy, où elle s'ouvre aujourd'hui dans un nouvel ordre. Cette bibliotheque doit s'augmenter par la suite avec des fonds destinés à cet objet par le même bienfaiteur.

M. Eufroy, médecin de Cette, & M. Rast, médecin à Lyon, y ont joint des dons considérables.

Le buste de M. Haguenot, avec des inscriptions contenant en abrégé l'histoire de sa vie, est dans le fond de la nouvelle salle. Les armes de ce bienfaiteur, accollées à celles de la ville, sont au-dessus de la porte en dedans, avec ce vers d'Horace :

Quos legeret, tereretque viritim publicus usus.

On voit dans la même salle le portrait de M. Eufroy ; on se flatte que M. Rast voudra bien consentir qu'on y place aussi le sien.

Quoique les livres de médecine fassent le fonds de cette bibliotheque, on y a cependant rassemblé des ouvrages sur d'autres sciences & sur différentes parties de la littérature.

15 *Novembre*. Malgré le froid accueil que l'on fait à la refonte du poëme de *Persée*, malgré la force avec laquelle on s'est élevé dans le plus grand nombre des papiers publics contre

la témérité de M. Marmontel, de profaner par ses mutilations & interpollations notre prince des poëtes lyriques; malgré les éloges ironiques des autres ; malgré les calembours de toute espece, les épigrammes qui l'accablent de toutes parts ; le savetier de l'opéra soutient tout cela avec une insolence sans exemple : il répond que s'il y a de mauvais vers dans *Persée*, ce sont ceux de Quinault, qu'il a conservés. Entre diverses plaisanteries qu'occasionne la guerre qu'on lui fait, voici la plus saillante ?

Quinault par la douceur de ses aimables vers,
Suspendoit le tourment des ombres malheureuses :
Cherchons, pour l'en punir, des peines rigoureuses,
  S'écria le Dieu des Enfers !
Il invente aussi-tôt le mal le plus horrible,
Dont au Tartare même on se fût avisé ;
Je veux faire dit-il un exemple terrible,
J'ordonne que Quinault soit Marmontélisé.

16 *Novembre.* On trouve dans la derniere lettre à M. Necker deux anecdotes, dont la révélation ne lui fera pas plaisir : l'une annonce qu'il y a une bouderie entre le comte de Maurepas & le directeur-général des finances, à l'occasion de la réforme de la maison du roi; que ce dernier mettant à son ordinaire le marché à la main, & ayant menacé le vieux Mentor de prendre des chevaux de poste pour retourner à Geneve, celui-ci l'avoit averti qu'on n'en donnoit aux étrangers qui avoient administré les finances que sur un ordre exprès du roi. L'autre plus atroce mériteroit d'être prouvée, avant qu'on se permît de pareilles insinuations ; c'est que M. Necker a eu d'anciennes

liaisons avec le lord Stormont ; qu'il déclamoit dans le commencement contre la guerre présente ; qu'il avoit rendu de fâcheux pronostics sur ses succès ; qu'il avoit des principes tout-à-fait opposés à ceux du gouvernement à l'occasion du commerce avec les Américains ; qu'enfin on lui avoit confié sur la même matiere des projets importants, à l'exécution desquels il avoit refusé son concours d'argent.

16 *Novembre.* On connoît depuis long-temps la Dlle. Michelot de l'opéra, pour appartenir au duc de Bourbon. Elle vient d'accoucher, & il a voulu que l'enfant fût baptisé sous son nom. Cette nouvelle anecdote éclaircit davantage la rupture entre ce prince & sa femme.

17 *Novembre.* Il est déclaré que la comédie italienne aura sa nouvelle salle construite sur le terrain de l'hôtel de Choiseul. On en a tracé le plan ces jours-ci : C'est un M. Heurtier, architecte du roi, qui en est chargé, & l'on convient déjà que ce monument sera très-mesquin. Les comédiens de cette troupe craignant d'être assimilés aux acteurs des Boulevarts, n'ont point voulu avoir d'entrée de ce côté ; ce qui oblige de masquer la salle par une maison. Il est inconcevable qu'on ait eu égard à une petite délicatesse comme celle-là.

17 *Novembre.* Depuis que le college royal est établi dans toute sa splendeur, la rentrée des exercices s'y fait avec beaucoup d'apparat. C'est le 13 de ce mois qu'elle a eu lieu par une assemblée publique.

M. le Monnier a commencé la séance par un mémoire sur le baromêtre. Il a donné l'histoire de la découverte de cet instrument si important pour la physique, & des regles par lesquelles on l'emploie à la mesure des hauteurs. Il a fait voir l'insuffisance des méthodes que plusieurs physiciens en ont données à cet égard, & l'erreur des mesures que l'on avoit fixées en dernier lieu sur la pente de la Seine, en faisant voir, par ses propres observations, qu'elle est réelement telle que M. Picard l'avoit trouvée il y a un siecle, de 110 pieds jusqu'à la mer.

M. de Vauvilliers a lu une tradition libre, d'après Thucidide, de l'oraion funebre que Périclès prononça devant les Athéniens, à l'honneur des citoyens morts dans la premiere campagne de la guerre du Péloponese; ce discours, qui contient aussi l'éloge & la peinture du caractere & des mœurs des Athéniens, a été rendu par l'orateur françois avec une force & une éloquence dignes de l'auteur & du sujet : on y a d'ailleurs trouvé des allusions avec la guerre actuelle, que le public a saisies avec avidité & transport.

M. de la Lande a lu l'abregé d'un grand traité qu'il fait imprimer, sur le flux & le reflux de la mer, qui contient l'histoire, la théorie & les observations, avec les conséquences qu'on en tire, & la maniere de déduire de l'attraction du soleil & de la lune, la hauteur de la mer en tout temps & dans tous les pays de la terre.

M. l'abbé de Lille a terminé la séance par la lecture d'une épître de 600 vers, sur la maniere dont on doit peindre en vers la nature & les campagnes; il a joint des préceptes pleins de finesse & de goût, le modele de tous les genres de beauté que l'on peut désirer dans de pareilles descriptions; il a peint avec force les grands phénomenes de la nature; avec douceur & avec grace les objets agréables ; avec une énergie pleine de sentiment les choses capables d'intéresser le cœur. On a sur-tout admiré la peinture qu'il fait de son retour dans sa patrie, à la fin de la premiere éducation, & une invocation à Virgile, par laquelle ce beau poëme est terminé. Il n'a cessé d'être interrompu par les acclamations du public.

Le temps a manqué pour la lecture d'un mémoire intéressant de M. Portal sur les causes de l'apoplexie, & pour des mémoires de MM. Bouchaud & Mauduit; on peut juger par là de l'activité & de l'émulation qui regne parmi MM. les professeurs royaux, & des avantages que l'on doit attendre de la restauration de ce bel établissement littéraire.

17 *Novembre.* Dans ce pays-ci un projet n'est pas échoué, qu'il en renaît un autre. Depuis la cessation des assemblées de M. de la Blancherie, quelques savants & gens de lettres ont imaginé de les reprendre sous une forme plus brillante & sous le nom de *Société Apollonienne* : ils prétendent que non-seulement ils rempliront le même plan, mais qu'ils l'étendront beaucoup : Ils se réunissent aujourd'hui entre eux pour se recorder, & c'est jeudi prochain que la premiere séance publique aura lieu. Ils n'ont pas encore répandu leur *prospectus*, & l'on ne connoît pas au juste leurs vues.

18 *Novembre.* Extrait d'une lettre de Rennes, du 9 novembre.... Jeudi 2, les présidents des ordres chargés d'annoncer l'accord du don gratuit aux commissaires du roi, on dit que le marquis d'Aubeterre avoit répondu qu'il feroit valoir auprès de S. M. l'empressement & le zele des états.

Les deux députations chargées de complimenter mesdames la marquise d'Aubeterre & la comtesse de Boisgelin, ont fait part à l'assemblée des témoignages de leur sensibilité & remercîments.

Sur la représentation de M. de Langourla, les états ont, unanimement, remercié M. l'évêque de Rennes de l'achat qu'il a fait de ses deniers, de l'ancien hôtel de la Chasse, pour y établir les pauvres demoiselles nobles de la province. D'après cet arrangement il résulte quatre places de 10,000 livres chacune à sa nomination & à celle de ses successeurs, dont l'une sera affectée aux neuf diocèses indistinctement, les trois autres à l'évêché de Rennes.

M. de la Chasse d'Audigné a été également remercié pour la place qu'il a fondée, ainsi que les bienfaiteurs & bienfaitrices dudit hôtel, que leur modestie empêche de connoître.

Après la lecture de la tenue derniere on a entendu le rapport des députés en cour, fait par le comte de Boisgelin, en l'absence de l'évêque de Léon, tant sur le cahier des Remontrances au roi, que sur les mémoires dont ils avoient été chargés.

Vendredi 3 novembre, à l'ouverture de la séance, un membre de l'ordre de la noblesse a demandé que, conformément à la délibération du 31 octobre, le P. G. S. eût rendu compte des lettres-patentes qui constituent la nouvelle formation de la communauté de la ville de Rennes & de ses conclusions. M. de la Bourdonnaye a, en conséquence, fait rapport de son examen & de ses conclusions; sur-tout quoi les ordres se sont retirés aux chambres pour en délibérer, & se sont séparés à deux heures, chambres tenantes.

18 Novembre. On parle d'une cinquieme brochure contre M. Necker. Celle-ci est relative à la disgrace de M. de Sartines, dit-on, dont on l'inculpe, & on y décharge pleinement ce ministre de ses accusations.

19 Novembre. Extrait d'une lettre de Rennes, du 11 novembre.... Les ordres retournés aux chambres après la messe, celui du tiers a envoyé son avis, portant qu'après avoir examiné les lettres-patentes pour la municipalité de la ville de Rennes, l'enrégistrement qui en a été fait au parlement, & les conclusions du P. G. S. des états, il étoit d'avis que cette affaire n'étoit pas de sa compétence.

L'ordre de la noblesse a été d'avis de faire au roi de très-humbles remontrances, tendantes à supplier S. M. de rétablir les habitants de Rennes dans le droit de nommer leurs maire, échevins & représentants en tout lieux; de permettre que l'assemblée générale, avouée par les habitants, se réunisse incessamment pour y procéder, & que les députés de la ville de Rennes ne pussent avoir voix délibérative aux états, qu'en représentant une procuration réguliere d'une assemblée avouée des habitants de ladite ville.

L'ordre de l'église, vu l'importance de cette affaire, qui ne peut être approfondie dans un délai aussi court, a été d'avis de renvoyer le tout à une commission.

Les ordres étant rentrés au théâtre, les avis ont été énoncés, & l'affaire a été discutée dans le plus grand ordre. La noblesse étant revenue à l'avis de l'église, les états ont nommé une commission de trois de chaque ordre, pour prendre connoissance, tant sur le fond que sur la forme, des lettres-patentes & conclusions du P. G. S., ensemble des différents édits, arrêts & délibérations des états relatifs à la municipalité de la ville de Rennes, pour en rendre compte sous huit jours à l'assemblée, remise au six.

Lundi 6, après la lecture du registre, les états ont renvoyé à la commission de la liste & du commerce, une requête présentée par les habitants de la ville & communauté de Dol, se plaignant d'avoir été gênés dans leur élection du maire de cette ville pour député aux états, & demandant au surplus des secours pour la ville.

On a entendu la lecture de la liste de la noblesse, composée de 470 membres environ, laquelle a été arrêtée & signée.

On a ensuite entendu la continuation du rapport des députés & P. G. S. en cour, qui, après avoir rendu compte de l'affaire de la députation en cour, & à la chambre, dont le jugement étoit encore en instance au conseil, & ne doit pas tarder à le rendre, ont donné lecture du mémoire présenté au roi sur cet objet. Il a mérité les suffrages de l'assemblée & des remercîments à leurs auteurs, & été déposé au greffe & l'impression en a été ordonnée. On a également déposé au greffe le discours de l'évêque de Léon, député en cour, au duc de Penthievre, sur l'affaire de la députation en cour, & les états l'en ont remercié.

19 Novembre. M. le duc de la Valliere vient de mourir; c'étoit un des seigneurs les plus corrompus de la vieille cour, ami du feu roi & voué à toutes ses maîtresses. Il mérite cependant qu'on conserve son nom à la postérité, comme amateur distingué, comme protecteur des lettres, & même comme faiseur. Il avoit vendu une fois

sa bibliotheque très-renommée alors pour les manuscrits. Il s'en étoit composé une autre d'un nouveau genre, fort précieuse encore : il avoit des tableaux, & moderne Lucullus, il possédoit des jardins délicieux, comme ce Romain.

20 *Novembre*. *L'orme Saint-Gervais, ou Lettre d'un domicilié de la rue du Monceau Saint-Gervais, à Mrs. les curés, marguillers, principaux habitants de cette paroisse, & à M. le lieutenant-général de police*. L'objet de cette facétie datée de Paris le 20 mai, & qui ne paroît que depuis peu, est de faire abattre un arbre antique situé au carrefour Saint-Gervais & masquant le portail de cette église, morceau d'architecture renommé. L'amateur, que son zele excite, lance par occasion divers brocards qui rendent piquant son pamphlet, n'ayant, au surplus, que dix pages.

20 *Novembre*. Le spectacle des variétés amusantes étant absolument tombé depuis la retraite du sieur Volange, & celui-ci, de son côté, n'ayant aucun succès aux Italiens, il revient à son premier metier & a recommencé de jouer hier à son ancien spectacle; mais il est à craindre qu'il n'y produise plus la même sensation.

21 *Novembre*. Ce qu'on avoit prévu à l'égard de Me. Linguet est arrivé, & le bruit général est aujourd'hui qu'il est transféré depuis mardi 14 de ce mois à Pierre-Scise. On a voulu mettre une sorte de forme légale à son procès, & cette prison semble être le terme de sa condamnation. Soit qu'on ait trouvé des papiers, soit qu'on n'en ait pas trouvé, il y a eu accusation, production de griefs, interrogatoire, confrontation, &c. mais quels sont les chefs de délit ? Il le sait, sans doute ; & c'est toujours le même mystere pour le pu-

blic. On continue à dire vaguement que ce sont tous ses ouvrages : cependant quand on fait attention aux deux lettres ministérielles dont il étoit pourvu, on est toujours obligé de croire qu'il s'est rendu coupable de quelque chose de plus grave, de quelque crime d'état. Sur quoi chacun s'accorde, c'est que cette tournure annonce qu'il y a tout à craindre que sa détention ne soit longue.

21 *Novembre*. Le nouvel écrit contre monsieur Necker fait plus de bruit que les précédents, en ce qu'il semble émané de quelqu'un ayant les liaisons les plus intimes avec le dernier ministre disgracié. L'auteur produit des pieces & réleve des anecdotes qu'il ne peut guere tenir que de lui. Au reste, on n'en juge encore que sur parole.

Ce qu'on sait plus positivement, c'est que M. le directeur-général des finances en est très-intrigué ; c'est qu'il est revenu dimanche de Versailles avec beaucoup d'humeur ; c'est qu'il a annoncé à sa femme que pour le coup l'orage grossissoit tellement qu'il doutoit de pouvoir y tenir ; c'est que son emprunt, auquel on avoit couru avec empressement, ne va plus que très-lentement ; c'est que M. de Maurepas est contre lui, & lui taille de furieuses croupieres. Au reste, ce seroit dans le moment une catastrophe terrible pour le royaume, & tout l'édifice factice du crédit de la France s'écrouleroit avec lui.

21 *Novembre*. Il y a eu mardi dernier au château d'Alfort, hôtel de l'école Vétérinaire, un concours, qui s'est fait avec le plus grand éclat. M Necker, qui a succédé à M. Bertin, fondateur de cette école, y apporte le même zele ; il vient d'y placer M. Chabert, avec le titre de directeur-général des écoles vétérinaires du royaume : son

directorat s'étend en quelque sorte sur celles des nations étrangeres, toutes fondées sur le modele de celle-ci, & qui la consultent souvent sur leur régime & sur les points importants de doctrine.

M. Necker présidoit lui-même au concours. Il étoit assisté de M. Guerrier de Bezance, maître des requêtes, honoré de ce département, & de plusieurs membres de la société royale de médecine, qui, comme chargé des épizooties, a un rapport direct avec cette école.

Le concours avoit pour objet la pratique, partie essentielle dans tous les arts & sur-tout dans l'art vétérinaire.

Les opérations faites par les éleves étoient au nombre de vingt-six.

Les prix sont une médaille attachée par trois brins de chaîne, que les éleves ont droit de porter par la suite.

Il y a eu six prix de distribués de cette espece.

22 *Novembre*. Les comédiens italiens non-seulement ne se sont pas opposés à ce que le sieur Volange les quittât, mais trop heureux de se voir promptement débarrassés d'un histrion qui les déshonoroit, ils lui ont avancé le paiement de tout ce qui lui seroit dû jusqu'à pâques, terme de son engagement, en le rendant libre dès ce moment-ci. Il s'étoit d'abord lié avec Nicolet. M. le Noir qui favorise les variétés amusantes, s'y est opposé. En effet, ce spectacle absolument tombé depuis qu'il avoit perdu son soutien, a voulu le r'avoir: on lui fait un meilleur sort que ci-devant, & Jeannot a recommencé d'y paroître samedi. Ce qu'on ne s'imagineroit pas, c'est que la foule y est revenue aussi immense que de coutume, & que ne produisant plus aucune sensation sur le théâtre plus noble

qu'il avoit adopté, il a repris tout son lustre sur les treteaux, auxquels il est destiné par essence.

23 *Novembre*. Un crime unique en physique, à raison de ses circonstances, attestées par le coupable & par la malheureuse qui en a été la victime, mérite qu'on en fasse la remarque. Un garçon perruquier chez une fille de la rue Jean-Saint-Denis, tenté de voler une montre qu'il voyoit, au milieu du coït, a pris un rasoir qu'il avoit préparé & lui a coupé la gorge : par bonheur, un mouchoir qu'elle avoit autour du cou a empêché que le coup ne fût mortel. Elle en réchappera. Le scélerat a été arrêté & est convenu des faits.

23 *Novembre*. M. Gilbert est mort le 16 de ce mois, âgé de 29 ans & quelques mois. Ce jeune poëte donnoit les plus grandes espérances. Son génie tourné à la satire lui avoit fait beaucoup d'ennemis. Né sans fortune, il cherchoit à se faire des protecteurs. Le clergé l'ayant accueilli à cause de la guerre qu'il avoit déclarée au parti des philosophes modernes, il avoit obtenu plusieurs pensions & en avoit même une du roi. Il est rare que les hommes marqués par un talent de cette espece n'aient pas quelques écarts dans l'esprit. Celui-ci étoit devenu comme fou : instruit de la haine que lui rendoit avec usure le parti adverse, & redoutant la vengeance de quelques grands qu'il avoit voués trop publiquement à l'exécration des honnêtes gens, son imagination s'étoit noircie au point de faire croire que l'univers entier conspiroit contre sa personne. Cette terreur insurmontable a desséché sa vie & l'a conduit au tombeau ; mais en revanche il est mort très chrétiennement, les paroles de l'écriture à la bouche : ce qui donneroit lieu de présumer qu'il étoit créant véritablement. On

n'a de lui que des satires & quelques odes ; on ignore s'il laisse quelque ouvrage plus considérable ébauché.

24 Novembre. On a fait sur M. & Mad. Necker le quatrain suivant, à l'occasion des édits de suppression du premier, mettant beaucoup de monde à la besace ; & du zele de la seconde à purifier, améliorer, bâtir des hôpitaux, pour loger, ce semble, ceux que son mari y envoie :

De ce couple admirez la rare intelligence :
Dans leur zele, l'une établit
Par-tout des hôpitaux en France ;
L'autre d'habitants les remplit.

25 Novembre. Le nouvel écrit cotre M. Necker a pour titre *Seconde suite des observations du citoyen*, &c. On ne doute pas qu'il ne vienne de quelque partisan de M. de Sartines ; car il passe pour constant que M. le lieutenant de police, dont la fonction naturelle seroit d'empêcher la circulation de ce pamphlet, en a envoyé & donné des exemplaires à des magistrats de confiance ; quant à M. Necker, il l'a reçu étant à table.

Ce qui contribue encore à fortifier ce soupçon, c'est qu'on y trouve un fragment de la *justification de M. de Sartines* : mémoire secret & envoyé au comte de Maurepas par ce ministre, au moment de la disgrace. Voici l'étrange anecdote qu'on y lit. La marine, l'année courante à coûté 110 millions, auxquels elle avoit été fixée, indépendamment de 16 millions d'extraordinaire ; ce qui donne un total de 126 millions. En outre, il a été mis, à l'insçu de M. Necker, 17 millions sur la place en papier, ce qui l'accroît jusqu'à un capital de 143 millions

C'est à cette nouvelle que M. Necker jeta les hauts cris, fut au roi, dit que l'état ne pouvoit y tenir : offrit l'alternative, ou de quitter, ou de renvoyer M. de Sartines : pour que rien n'embarrassât le roi, il suggéra tout de suite M. le marquis de Castries : il savoit que M. de Maurepas étoit dans son lit pris de la fievre & de la goutte ; il mit toutes ces circonstances à profit & l'emporta.

M. de Sartines se défend sur le silence qu'il a gardé concernant ces 17 millions : il lui suffit qu'il n'ait ordonné aucune dépense dans son département, sans les bons du roi, arrêtés au conseil, ou dans des comités particuliers : il auroit été dans le cas de trahir le secret de l'état, s'il en eût donné avis à M. Necker, étranger, protestant, non-sermenté nulle part, & connu *pour ses raisons avec le lord Stormont*. C'est ce reproche de liaisons avec un ministre ennemi, qui cause le plus grand étonnement.

26 *Novembre.* Les fêtes de Brunoy ont eu lieu mercredi & jeudi. Le premier jour s'est fait l'inauguration de la salle, & le lendemain le roi & le comte d'Artois y ont assisté. La reine a affecté ce jour-là de venir à l'opéra, avec *Madame*, la comtesse d'Artois & madame Elisabeth. Il y avoit cependant dans cette fête, censée donnée entre hommes, des femmes, mais si suspectes, que le sieur Chalgrain, l'architecte du prince & l'auteur de la salle, n'a osé y mener sa femme, comme il l'en avoit prévenue. Il lui a écrit qu'il n'étoit pas possible qu'elle y assistât, elle & les autres dames qu'elle avoit flattées de ce spectacle.

27 *Novembre.* M. le comte d'Artois fait imprimer au Louvre un *Sottisier*, ou recueil de toutes les pieces grivoises en prose & en vers, que

les amateurs avoient jusqu'ici gardées dans leur porte-feuille. On invite en même-temps de sa part les auteurs modernes, qui ont de ces sortes de morceaux non-imprimés, de contribuer en les livrant au grand jour aux plaisirs de son altesse royale. M. Robé est sollicité de confier son poëme *de la Vérole*, M. Marmontel sa *Neuvaine*; M. Guichard ses *Contes*, &c. Il ne sera tiré que soixante exemplaires de cette collection, qui n'a point de censeur & au bas de laquelle on lit *par ordre*. Il faut qu'on ait surpris la religion du roi, qui ne se seroit pas prêté à cette impression. Il y a apparence qu'un tel recueil, qui pourra se grossir chaque année, est pour orner la bibliotheque de *bagatelle* & en faire la base.

On croit que cette collection s'étendra aux pieces satiriques & politiques concernant les anecdotes de la cour.

17 *Novembre*. M. de Montdenoix, aujourd'hui intendant de la marine à la Guadeloupe, & qui depuis le commencement de la guerre a fait à la Martinique les fonctions d'intendant avec le plus grand zele & la plus rare intelligence, vient d'envoyer à M. le comte de Maurepas une *médaille Caraïbe*, frappée à Londres en 1773, pour l'isle de Saint-Vincent, dont la possession devient depuis la conquête de cette isle un trophée pour les armes du roi.

Sur cette médaille on voit d'un côté la figure de George III, roi d'Angleterre : sur le revers, un Caraïbe, dans une posture humble & soumise, ses armes aux pieds de Minerve, qui lui présente une branche d'olivier, avec ces mots anglois : *Peace and Prosperity To Saint-Vincentz* 1773.

On vient de répandre en profusion, on ne sait

pourquoi des programmes imprimés de cette médaille, avec ces vers d'une adulation assez plate, & qu'on ne conserve que comme historiques :

> A l'ombre des lauriers de France
> Saint-Vincent, grace à nos exploits,
> Goûte le calme & l'abondance
> Qu'on lui promit sous d'autres loix.
> De cet ordre de destinée
> L'Angleterre eut pressentiment,
> On s'en convaincra par l'année
> De ce fastueux monument.

27 *Novembre.* La *réduction de Paris*, piece héroïque nouvelle, en trois actes & en prose, de M. Desfontaines, jouée avant hier à la comédie françoise, n'est qu'un cadre historique de bons mots, de traits de bonté, de loyauté, de Henri IV & des divers héros ses compagnons d'armes. Il n'y a aucune intrigue ; c'est un drame à tiroir, un pur spectacle, qui ne vaut pas le fameux *siege* de Nicolet & *les quatre fils Aimon* d'Audinot.

27 *Novembre.* On parle beaucoup d'un manuscrit cacheté, confié par Rousseau à M. l'abbé de Condillac. On lit, sur l'enveloppe, quelques lignes, datées du 1 janvier 1776, de la main du dernier, où il déclare que la volonté de l'auteur est que le paquet ne soit ouvert qu'après ce siecle révolu.

Ce manuscrit, depuis la mort de l'académicien, a passé entre les mains de l'abbé de Reyrac & va être remis à l'abbé Mably, frere du défunt. Il est épais tout au plus d'un pouce, de la grandeur du papier à lettres ordinaire ; ainsi l'on ne peut soupçonner

çonner que ce soient les fameuses *confessions* de ce singulier personnage.

Au reste, Rousseau aimoit à faire de ces mysteres. Il avoit remis autrefois à madame de la Live un pareil dépôt. Cette dame, dont il avoit été amoureux fou, s'étant brouillée avec lui, voulut lui rendre le paquet; il lui répondit qu'il lui avoit ôté son amour, mais non son estime, & qu'elle pouvoit le garder: à la mort de Rousseau, comme il n'a été question en rien de l'ouverture de ce paquet, devant avoir lieu à cette époque, & que depuis quinze ans on n'a pas suivi l'anecdote, on ne peut dire ce qu'il est devenu.

27 Novembre. Extrait d'une lettre de Versailles, du 25 novembre. J'ai questionné les bureaux de M. le garde des sceaux; la nouvelle de l'exil du parlement de Bordeaux est prématurée, mais cela pourra venir & sa conduite n'a pas été approuvée ici. On m'a promis de me faire lire les deux procès-verbaux qui ont été faits, l'un à la messe rouge, l'autre dans la chambre. En voici quelques particularités.

Il n'a été rien dit sur l'enrégistrement du vingtieme. Quant à celui sur la réception de M. Dupaty, on a délibéré, sans prendre un avis fixe. Le greffier est dans l'usage à la rentrée de nommer les morts, les absents & les présents. En parlant de ces derniers, du nombre desquels étoit M. Dupaty, il l'a omis: M. Dupaty a protesté & il n'a été fait aucun cas de ses protestations.

28 Novembre. Suivant le rapport de tous ceux qui ont assisté aux fêtes de Brunoy, *Monsieur*, mécontent de n'y point voir venir la reine, a tenu parole en effet, & il n'y avoit que des filles, sauf deux bourgeoises très-honteuses d'y être; & madame de Montesson en femme de cour. Entre autres courtisanes on y remarquoit une madame de Saint-Alban, maîtresse du sieur Radix de Sainte-Foy, laquelle Monsieur & le comte d'Artois ont fait beaucoup remarquer au roi. Les pieces ont répondu à la compagnie. On a d'abord joué l'*Amant statue* du sieur Desfontaines, comédie si ordurière que les filles même se cachoient de leur éventail : à celle-ci a succédé un proverbe intitulé *A trompeur, trompeur & demi*, où ont brillé les sieurs Desessarts, Dazincour, Dugazon & Musson, les quatre plus grands farceurs de Paris : enfin, on a exécuté *Cassandre astrologue*, du sieur Auguste de Piis, commandé exprès & d'un genre plus agréable : on doit le donner incessamment aux Italiens. Le tout a été terminé par un ballet. Le roi, qui aime assez les pieces grivoises, étoit, sans doute prévenu, & a paru s'amuser beaucoup.

La veille on avoit joué la *Réduction de Paris*, qui se donne actuellement aux François. Telles sont les nouveautés par où l'on a ouvert le théâtre de Brunoy.

29 *Novembre*. Mlle. Moulinghen, actrice des Italiens, vient de mourir. C'est une vraie perte pour eux. Ses camarades ayant appris cette nouvelle au moment de jouer *les Vendangeurs*, en ont été si affectés, qu'ils n'ont pu y mettre leur gaieté ordinaire & que le public s'en est apperçu.

Mlle. Moulinghen, à ce théâtre depuis 1770, avoit remplacé Mlle. Deschamps, &, avec une voix plus agréable, avoit plus de jeu, de gaieté, de vérité.

29 *Novembre*. Extrait d'une lettre de Rennes, du vingt-six novembre...... L'affaire du comte

Desgrée a été terminée d'une maniere plus prompte & plus flatteuse encore qu'il n'auroit osé l'espérer. Son projet étoit, n'étant pas satisfait de l'arrêt du parlement, de se soumettre à la décision des états. En conséquence, dès l'ouverture il s'est présenté, & le comte de Boisgelin qui le favorisoit dans son dessein, l'a fait nommer de la premiere commission, ainsi que vous l'avez pu voir dans le journal des états.

M. de Tremerga, l'adversaire accoutumé de M. Desgrée, s'est levé & a prétendu qu'avant de passer outre, il falloit voir si certaines personnes n'étoient pas dans le cas d'être rejetées. M. Desgrée ne lui a pas donné le temps de s'expliquer davantage ; il lui a dit qu'il prenoit pour lui ce qu'il venoit d'annoncer, qu'en conséquence il avoit un mémoire justificatif à lire à l'assemblée ; alors on s'est écrié presque unanimement : *Point de mémoire, point de mémoire !* le tumulte a été si grand, que la séance n'a pu se terminer autrement.

M. Desgrée n'a pas manqué d'aller trouver M. le marquis d'Aubeterre & de lui rendre compte de tout ce qui s'étoit passé, ainsi que de son désir de ne laisser aucun louche sur sa conduite : ce commandant lui a déclaré qu'il n'avoit aucun ordre de la cour de s'y opposer & qu'il feroit là-dessus tout ce qu'il voudroit.

En conséquence, dès le lendemain l'affaire a été agitée de nouveau ; les mêmes acclamations *Point de mémoire !* ayant continué, & M. de Tremerga ne se désistant pas de son opposition, on a imposé silence, on a mis la matiere en délibération, on a été aux voix, & à 26 voix près, l'unanimité a été pour regarder M. Desgrée comme parfaitement innocent ; en forte que fon mémoire eft refté inutile.

29 *Novembre.* La *réduction de Paris par Henri IV, le 22 mars* 1594, eft un événement très-intéreffant dans notre hiftoire. M. Desfontaines a cru qu'en le repréfentant fur le théâtre il pourroit produire le même effet. Il a eu raifon, quant aux perfonnages qu'il met en fcene ; la nation aimera toujours à entendre rappeller les beaux traits qui caractérifent Henri IV, Crillon & tous ces héros compagnons de fes victoires. Mais, quant aux qualités qui conftituent un ouvrage dramatique, il s'eft trompé & bien trompé. Celui-ci n'eft qu'un recueil tout fimple de ces mêmes traits, quelquefois défigurés. Par exemple, y a-t-il rien de plus plat que de prétendre que Henri IV n'avoit pas fait marcher fes troupes un certain jour à caufe de la pluie ? Quoi qu'il en foit, autant auroit-il valu lire quelques pages de l'hiftorien Mathieu, de Dupleix, ou des *Economies royales de Sully*. En vain l'auteur a-t-il cru fuppléer au défaut d'intrigue & d'action, par des marches, des contremarches, un affaut, un orage & tous ces grands moyens des petits génies de nos jours, capables d'amufer feulement les enfants & les badauds ; fa piece ne pourra jamais figurer au rang des véritables tragédies, ou drames héroïques. Elle va pourtant, au moyen du fpectacle exécuté par les comédiens françois, cependant pas auffi-bien qu'à l'opéra, à caufe du local plus refferré.

30 *Novembre.* Les comédiens italiens ont joué mardi une comédie nouvelle en un acte & en vers, intitulée *le Somnambule*. C'eft une mau-

vaise copie de ce même sujet traité aux François. La jeunesse & l'inexpérience de l'auteur peuvent faire excuser les défauts de sa production, chargée de détails étrangers, de longueurs & de lieux communs ; mais rien n'excuse les acteurs de n'être pas plus difficiles, & d'agréer ainsi indistinctement tout ce qui se présente.

Cette piece est d'un baron d'Estate, le fils de cette madame d'Estate, si renommée pour avoir été successivement la maîtresse de l'avocat-général Seguier & du Fleuri Maubeuge. On ajoute aujourd'hui qu'il est aussi auteur des *deux Oncles*, comédie qui promettoit plus que celle-ci.

1 *Décembre* 1780. Extrait d'une lettre de Versailles, du 28 novembre.... J'ai lu en effet les deux procès-verbaux envoyés par M. Dupaty à M. le garde-des-sceaux, dont l'un dressé à la messe rouge & l'autre à la chambre ; ils sont très-volumineux & contiennent dans le plus grand détail toutes les insultes, avanies, injures, que ce magistrat a éprouvées de la part du premier président, de son fils, de son gendre, de tous les partisans de cette cabale ; cela fait hausser les épaules. Cependant il paroît que ces messieurs mettront de l'eau dans leur vin ; car on écrit de Bordeaux qu'ils vont prendre la voie des remontrances.

M. Dufaur de la Jarte, l'avocat-général, interdit par cette cour à l'occasion de son discours en faveur de M. Dupaty, est aussi pour beaucoup dans tout cela. Le parlement ne peut digérer que la cour lui ait enjoint dans la derniere séance du maréchal de Mouchy, non-seulement de lui laisser continuer ses fonctions, mais lui ait appris qu'il n'avoit aucune correction à exercer contre eux ; que c'étoit à S. M. qu'il devoit porter ses plaintes, pour qu'elle les punît, si elle le jugeoit à propos.

Cette sorte de discipline, que ne connoissent point les parlements, ne fournira pas un petit article aux remontrances.

1 *Décembre*. La premiere séance de la *Société Apollonienne*, tenue jeudi 23, étoit nombreuse & composée de spectateurs choisis. M. de Gebelin l'a ouverte par un discours *sur la nécessité où est l'homme de vivre en société*, discours vague & dans lequel on n'a pas trouvé ce qu'on espéroit de relatif au projet & aux vues de ces messieurs. Un M. le Fevre de Villebrune a montré son érudition par la traduction d'une ode ou hymne d'Homere : M. l'abbé Rosier, M. de la Dixmerie, M. Fontane & autres membres de la nouvelle compagnie, ont aussi lu différents morceaux en prose & en vers. Mais l'on est sorti de là sans être plus instruit de ce que ces messieurs se proposoient & sans y remarquer rien autre chose qu'une réunion très-ordinaire de gens de lettres faisant admirer leurs productions à qui veut les entendre.

1 *Décembre*. Il passe pour constant non-seulement que l'enfant de Mlle. Michelot a été baptisé sous le nom du duc de Bourbon, mais tenu par procuration au nom de mademoiselle de Condé, sa sœur, & du comte d'Artois. On dit que la princesse y a été forcée ; tout cela n'a pu se faire sans l'agrément du roi : ce qui rend l'événement encore plus incompréhensible.

Le roi s'est si bien trouvé de la premiere fête de Brunoy, que S. M. y est retournée hier.

1 *Décembre*. Il passe pour constant que l'élec-

tion des deux nouveaux académiciens a dû avoir lieu hier, & que c'est le comte de Treffan & M. le Mierre qui ont été les heureux.

2 *Décembre.* C'est M. le Mierre qui a été élu le premier, jeudi, à la place de l'abbé Batteux ; & M. le comte de Treffan le second, à la place de l'abbé de Condillac. M. de Chamfort, malgré toutes ses intrigues, a été exclu cette fois, mais a de grandes prétentions pour la premiere vacance.

2 *Décembre.* L'académie royale des inscriptions & belles-lettres, outre le sujet du prix annoncé pour la Saint-Martin 1781, propose encore pour celui qu'elle distribuera à pâque en 1782, d'examiner *l'état des lettres, sciences & arts, sous les Kalifats de Haroun Arraschid, & de son fils Al-Mamoun, comparé à celui où ils étoient alors dans l'Occident.* Le prix sera une médaille d'or de 400 livres.

2 *Décembre.* Extrait d'une lettre de Strasbourg, du 10 novembre..... M. le cardinal, notre évêque, au retour d'un voyage qu'il a fait dans ses domaines de l'autre côté du Rhin, s'est rendu le 3 à Salsbach, pour voir l'endroit où Turenne a été tué. Il a acheté cet emplacement. On y construira une maison avec un jardin. Elle sera toujours habitée par un soldat invalide François, du régiment de *Turenne* ; & s'il se trouve dans le corps un Alsacien, il sera préféré. Cet invalide sera chargé d'accompagner les étrangers. On lui donnera l'histoire du maréchal & l'on fera traduire en allemand les détails de la campagne dans laquelle il a été tué : on y joindra les cartes les plus exactes de ses marches, avec l'ordre de bataille du jour. A l'endroit où Turenne est tombé,

on formera une enceinte de 39 à 40 pieds de circonférence, fermée par une grille de fer. Il y aura dans le milieu un piedestal de quatre pieds, sur lequel sera élevé à la hauteur de 16, une pyramide, symbole de l'immortalité. Les armes de Turenne seront suspendues à une branche de laurier, à l'un des côtés de cette pyramide, qui sera terminée par une fleur-de-lys environnée d'un cyprès; sur trois des côtés du piedestal sera écrit que c'est-là que Turenne a expiré; & au quatrieme on remarquera que l'armée impériale étoit commandée par Montécuculi. Des lauriers seront cultivés dans l'espace entre le piedestal & la grille, & l'on ne laissera croître que des ronces dans l'endroit où sera placé le boulet, que l'on croit, par tradition, être celui qui a frappé Turenne.

3 Décembre. Il y a à la comédie françoise une Dlle. Contat, jeune & jolie. M. le comte d'Artois en est devenu épris & lui a fait faire des propositions. Cette actrice, en répondant avec beaucoup de respect a témoigné qu'elle craignoit l'inconstance de son altesse-royale; que si monseigneur ne sentoit pour elle qu'un goût passager, elle le supplioit de porter ses vues ailleurs. Le prince a voulu voir de près cette singuliere courtisane. Elle lui a dit la même chose; qu'elle ne pouvoit consentir à son désir, si ce n'étoit pas pour vivre avec elle: à quoi le prince a répliqué qu'*il ne savoit pas vivre.* Cependant, plus amoureux que jamais, il est revenu & lui a juré une passion durable. Il est entré en jouissance; mais rassasié dès le lendemain, il lui a envoyé cent cinquante louis. Elle les a rejetés avec hauteur, & a prétendu qu'elle avoit eu des amants qui la mettoient dans le cas de se passer d'un tel cadeau.

4 Décembre. L'ode ou hymne d'Homere, lue dans l'assemblée publique de la société Apollonienne, a été trouvée en Russie & est parvenue en ce pays par la Hollande. Ce morceau de poésie roule sur l'enlévement de Proserpine & est parfaitement marqué au coin du grand poëte auquel on l'attribue. M. le Fevre de Villebrune, outre sa traduction qu'il a lue, a donné la filiation de cette découverte, & a commenté tous les endroits qui méritent de l'être.

M. l'abbé Rosier a lu une dissertation sur la musique des anciens, très savante.

M. de Fontanes a fait part de la traduction d'un chant du poëme de Pope sur l'homme, où l'on a trouvé des morceaux hardis.

Un jeune poëte peu connu, M. de Laleu, a déclamé un fragment de poésie noire dans le goût des *nuits d'Young*. M. Maréchal a égayé cela par des odes galantes & anacréontiques.

M. l'abbé Cordier de Saint-Firmin a lu un morceau intéressant tiré de quelque éloge qu'il compose sur les sacrifices que les gens de lettres & les artistes sont obligés de faire pour parvenir à la gloire.

M. de la Dixmerie a fini par la lecture de quelques fragments de son *Eloge de Montaigne* & par des réflexions sur le stile.

Il paroît que l'objet de ces messieurs seroit de faire un journal composé des pieces qu'ils liroient & les souscriptions leur fourniroient des fonds pour d'autres entreprises qu'ils méditent.

5 Décembre. Depuis la disgrace de M. de Sartines, la brochure composée contre lui, il y a un an, toujours fort rare, s'est répandue en profusion. Elle a pour titre, *la Cassette verte de*

M. de Sartines, *trouvée chez Mlle. Duthé*, avec cette épigraphe : *Ipse dolos tecti, ambagesque resolvit. Cinquieme édition, revue & corrigée sur celles d'Amsterdam, de Leipsick & de la Haye*, 1779.

Il est inconcevable qu'il se trouve des auteurs capables de compromettre leur repos & leur sureté par des écrits aussi plats. On suppose dans celui-ci avoir trouvé le porte-feuille du ministre chez une courtisane ; cadre heureux, qui pouvoit prêter à bien des méchancetés, mais dont on n'a tiré aucun parti : nuls faits, nulles anecdotes ; un tas d'absurdités révoltantes. Enfin ce pamphlet est si détestable, que la curiosité du lecteur rassasiée avant la fin, ne permet pas d'aller jusqu'au bout & de le lire en entier.

5 *Décembre*. On prétend aujourd'hui que M. le duc de la Vauguyon, notre ambassadeur en Hollande, a découvert que Me. Linguet avoit envoyé des mémoires à différents chefs de cette république pour leur démontrer que leur intérêt n'étoit pas de s'unir à la France ; que ce ministre en avoit rendu compte à sa cour ; & que c'est la cause véritable & secrete de la détention du journaliste. Si l'anecdote paroît difficile à croire, par le peu de motifs qu'on doit lui supposer de s'être compromis à ce point dans une querelle où il n'avoit aucune raison de le faire, (car on ne dit point que ce soit à l'instigation d'aucune puissance ; il paroîtroit, au contraire, que c'est par une simple effusion de cœur, ou peut-être consulté sur cet objet (elle acquiert plus de vraisemblance par la conduite du gouvernement à son égard : ce qui a toujours fait croire aux bons politiques que ses feuilles introduites & tolérées en

France jusqu'à la derniere inclusivement, ne pouvoient lui avoir attiré un traitement aussi violent. Le duc de Duras sur-tout persiste à nier y avoir eu aucune part.

Quoi qu'il en soit, on regarde toujours comme certain que ce célebre prisonnier est transféré, sans qu'on sache positivement où. Le prince de Montbarrey, protecteur de Me. Linguet & des Bourgeault, a annoncé la translation à ces derniers, mais sans autre désignation du lieu, sur lequel il a gardé le secret.

6 Décembre. MM. de Piis & Barré ont fait jouer avant-hier par les Italiens *le préjugé de la sympathie*, ou *Cassandre astrologue*, comédie-parade en un acte & vaudevilles. Cette facétie, au gré des auteurs très-mal exécutée à Brunoy, y avoit cependant plu, & quoiqu'elle ne l'ait pas mieux été ici, elle n'a pas été moins bien accueillie. Quelques gens difficiles se plaignent seulement du genre trop polisson ; ils prétendent qu'on n'aura plus besoin des treteaux des boulevards ; & que, malgré leur délicatesse, messieurs les comédiens italiens remplacent à merveille les spectacles forains ; d'autant mieux que MM. de Piis & Barré, encouragés par quatre succès de cette espece depuis six mois, annoncent qu'ils ont leur porte-feuille bien fourni de semblables nouveautés. Ce que confirme leur couplet de la fin, redemandé par le parterre :

Le vaudeville a régné sur la scene,
Mais la musique improuvant ses ébats,
A haute voix, un jour en souveraine,
Lui dit tout net de lui céder le pas :

Mais si la gaieté le ramene,
Messieurs, servez-lui d'avocats ;
Qu'il puisse, deux fois par semaine,
Rentrer sans peine
Dans ses états.

Cassandre astrologue tire lui-même son horoscope, & trouve que ses jours dépendent des destinées d'*un inconnu, borgne & bossu*. L'amant d'*Isabelle* sa pupille, *Léandre*, profite de son erreur pour la lui enlever ; il se déguise en bossu, & vient le consulter, afin de savoir s'il sortira vainqueur d'un combat que l'amour le force d'entreprendre. L'astrologue, persuadé que c'est-là l'homme au sort duquel le sien est lié, fait tout son possible pour l'empêcher d'aller au rendez-vous, parce qu'en ces sortes d'affaires, *on y va deux & l'on n'en revient qu'un*. Ses efforts sont inutiles. Un instant après, on ramene le prétendu bossu blessé, qui, désespéré de la perte de sa maîtresse, veut absolument mourir. *Cassandre* craignant pour la vie de celui auquel sa planete l'assujettit, lui propose, afin qu'il renonce à son funeste projet, la main de la charmante *Isabelle* ; ce qui est accepté & forme le dénouement. La crédulité du vieillard fournit dans cette farce nombre de scenes, plus plaisantes les unes que les autres.

7 *Décembre*. On veut aujourd'hui que Me. Linguet soit aux isles Sainte-Marguerite.

8 *Décembre*. Le fils du savant Capperonnier, qui commençoit à marcher déjà sur les traces de son pere, vient de périr au début de sa carriere de la façon la plus sinistre. Il avoit un goût singulier pour aller sur l'eau, pour pêcher, nager

& autres exercices que fournit cet élément. Pour s'y livrer plus à l'aise, il s'étoit fait recevoir maître-pêcheur; ce qui lui donnoit le droit d'avoir une gondole sur la riviere, dont il étoit vice-amiral, M. le duc de Chartres étant l'amiral. Dimanche donnant une fête pour célébrer le retour d'un de leurs amis, dix jeunes gens, lui compris, avoient choisi le moulin de Javalle pour le lieu de la scene, & ils s'y étoient rendus dans la gondole de M. Capperonnier. On ne fut pas d'accord sur le retour. Trois voulurent revenir absolument à pied, sept seulement s'embarquerent : ils avoient loué un cheval pour faire remonter mieux la riviere à la gondole. Le cordage amarré au mât de 15 pieds de haut casse & le bâtiment chavire. Deux jeunes gens cassent avec leur tête le vîtrage de la gondole; s'attachent au mât & se sauvent; mais les cinq autres ont été noyés, du nombre est M. Capperonnier. Le plus âgé de ces malheureux n'avoit pas vingt-deux ans.

10 *Décembre.* La *seconde suite des observations du citoyen* a pour premier objet de réfuter un écrit, ayant pour titre *Réponse à la lettre de M. Turgot à M. N....*

Cette derniere de 22 pages est attribuée à un nommé Rilliet. Ils sont deux de ce nom, tous deux intimes amis du directeur-général des finances.

Rilliet Saussure est l'auteur des fameuses *Lettres sur l'emprunt & l'impôt.* C'est lui qui en 1778 adressa de Geneve aux administrateurs de la caisse d'escompte, le plan des *billets de caisse*, puis de conversion future de ces billets en contrats de prêt & d'hypotheque sur tous les fonds du royaume. Il ajouta ensuite de nouveaux développements dans les lettres qu'il écrivit à Rilliet surnommé *Mâchoire*, pour le distinguer, en date du 9 septembre suivant, & à M. Necker le 18 dudit.

Cet ami, le conseil, l'ame & l'apologiste de M. Necker, assez familier avec lui pour le tutoyer, vient d'éprouver un traitement cruel: il a été traduit devant les magistrats de Geneve, sa patrie, & jugé successivement par le tribunal des dix & celui des deux cents. Il a été déclaré *calomniateur*, *infâme*, exclus de toute charge, dégradé du titre de citoyen, condamné à 70,000 livres de dommages & intérêts envers la partie civile, 20,000 livres d'aumône aux hôpitaux, & à six mois de prison.

D'un autre côté, Rilliet Mâchoire, banquier à Paris, convaincu recemment, à la face de ses confreres de Paris & de Madrid, d'infidélités dans les traités & les engagements de commerce les plus sacrés, est menacé de suites fâcheuses pour son crédit & sa personne.

Tels sont les deux hommes soupçonnés auteurs de la brochure défensive du directeur-général des finances.

10 *Décembre*. M. Lieutaud, le premier médecin du roi, vient de mourir subitement; en sorte que M. de Lassonne, son survivancier, va entrer en possession. La morgue & le faste de celui-ci vont merveilleusement contraster avec la bonhomie & la simplicité du défunt. La société royale de médecine a tressailli de joie de cet événement, qui va lui donner plus de consistance & de faveur.

11 *Décembre*. Les papiers publics ont parlé

plusieurs fois de l'armement entrepris par MM. le Sesne & compagnie, à Nantes d'abord, transporté ensuite à Granville, & de six frégates réduit à deux ; il ne va point encore, & pour dernier véhicule ils ont imaginé de le rendre plus fameux, en donnant à la premiere frégate de 44 canons un nom célebre, celui de la chevaliere d'Eon. En conséquence ils ont écrit le premier de ce mois à cette héroïne, pour lui demander son agrément ; & le deux, elle leur a répondu par une lettre singuliere, comme tout ce qui sort d'elle. On y lit entre autres choses cette phrase unique :

« Mon seul regret dans l'occasion présente est
» de n'être ni compagne, ni témoin de vos
» exploits ; mais si mon estime particuliere peut
» accroître votre zele, les étincelles de mes yeux
» & le feu de mon cœur doivent naturellement se
» communiquer à celui de vos canons, à la pre-
» miere occasion de gloire. »

11 *Décembre*. Comme beaucoup de gens se récrient contre la nomination du comte de Tressan à une des places vacantes de l'académie Françoise, les partisans rassemblent ses titres littéraires & en font l'énumération. On vante d'abord ses *Réflexions sommaires sur l'esprit* ; ouvrage fait pour l'éducation des enfants auxquels il est adressé ; les *Discours académiques*, l'*Eloge de Maupertuis*, le *Portrait historique du roi de Pologne* & les pieces qui l'accompagnent & qu'ils appellent charmantes, quoique très-ennuyeuses. Enfin on cite les extraits *piquants*, dont il a enrichi la bibliotheque des romans. *Tristan de Leonis*, *Ursino le Navarin*, *le petit Jehan de Saintré*, &c. la traduction libre de l'*Amadis des Gaules*, l'extrait de l'*Orlando inamorato* & la traduction

élégante qu'il vient de publier de 46 chants de l'*Arioste*. Il faut convenir que toutes ces productions, malgré les éloges qu'on leur donne, ne font marquées qu'au coin de la médiocrité.

Du reste, M. le comte de Treffan est depuis 1750 des académies royales des sciences de Paris, de Londres, de Berlin & d'Edimbourg : il avoit dû cette distinction à un mémoire ingénieux & profond sur l'*électricité*, *considérée comme agent universel*, composé en 1749 & qui n'a jamais été imprimé.

10 *Décembre*. Le second article dont on traite dans la *suites des Observations du citoyen*, roule sur l'écrit ayant pour titre, *à M. Necker, directeur-général des finances*. On a déjà parlé de ce dernier. Sous prétexte de le réfuter, on appuie sur des anecdotes injurieuses ou du moins désagréables au directeur-général des finances & à sa femme.

Quant au mari, on raconte comment, fils d'un régent d'éloquence au college de Geneve, ayant fait de bonnes études, il vint à Paris être commis du banquier Saladin, & en 1758 fut admis chez M. Théluffon, avec un intérêt dans sa banque.

Madame Necker, *Cuchaud* en son nom, est fille d'un ministre de village, qui lui donna une excellente éducation. Elle fut destinée par la république de Geneve à l'instruction de la jeunesse.

Madame d'Anville, passant par Geneve, la connut, la goûta, l'amena à Paris ; elle devint gouvernante des enfants de la sœur de M. Théluffon ; on la maria à M. Necker. On suit après la progression de la fortune de celui-ci, & en rappellant les reproches que lui fait à cet égard l'auteur du libelle, on les aggrave, sous prétexte de le disculper.

Ce

Ce qu'il y a de plus nouveau dans cette digression, c'est le récit de la maniere dont il est parvenu au timon des finances, en assurant qu'il trouveroit le moyen de les régir sans augmenter les charges du peuple; on le compare plaisamment à quelqu'un de ces opérateurs ou arracheurs de dents, qui, pour étouffer les cris du patient qu'il presse & tenaille en place publique, crie à tue-tête : *Sans douleurs, sans douleurs, messieurs, sans douleurs* : celui de M. Necker est : *Sans impôt, messieurs, sans impôt*.

On assure cependant que les impôts en 1780 sont plus considérables qu'en 1762; que sans édits enrégistrés & par de simples lettres ministérielles aux intendants, il a augmenté les recettes générales de plus de quinze millions : que ce n'est qu'après cette extension forcée qu'il a envoyé à la cour des aides la déclaration hypocrite qui n'en a imposé qu'aux sots; qu'enfin même depuis peu, ayant eu recours à son ancienne pratique, il a encore augmenté l'impôt de six à sept millions, en recommandant le *tacet* aux receveurs-généraux de sa nouvelle fabrique.

12 *Décembre*. Lundi 27 novembre, à la rentrée du parlement, M. l'avocat-général Seguier pour texte du discours d'usage a pris *les devoirs de l'avocat*. Il les a considérés sous trois aspects, à l'égard des magistrats, à l'égard de ses parties, à l'égard de lui-même. La fermentation qui a éclaté l'année derniere entre l'ordre & la magistrature, a fourni matiere au brillant orateur d'exercer sa censure, quoiqu'avec beaucoup de ménagement & d'adresse; il n'a pas manqué de ramener Me. Linguet sur la scene, mais sans le nommer, d'une maniere très-indirecte, très-détournée & avec la délicatesse

qu'exigeoit la circonstance de la détention de cet infortuné.

12 *Décembre.* On peut se rappeller la réclamation d'une portion des membres du parlement de Pau, supprimés au rétablissement de cette cour. Ils n'ont cessé depuis cette époque d'avoir des membres à la suite de la cour, dans l'espoir de profiter de la premiere circonstance favorable qu'ils pourroient trouver. Tout récemment ils en ont envoyé d'autres pour relever les derniers. Les députés arrivés se sont présentés à M. le garde-des-sceaux, qui en leur déclarant l'impossibilité d'obtenir collectivement ce qu'ils sollicitoient, leur a annoncé en même-temps que la cour étoit disposée à leur accorder individuellement tous les dédommagements, toutes les graces, dont chacun seroit susceptible. A quoi ils ont répondu que chacun en particulier réclamoit son état. Le chef de la justice leur a répliqué, qu'il avoit pris les ordres du roi à leur égard, & que S. M. leur défendoit de revenir sur ce point & de lui en parler.

Ces députés n'ont tenu compte desdites défenses, & dès le lendemain, en conciliant le capitaine des Gardes, ils ont remis un mémoire sur leur affaire à Louis XVI, comme il alloit à la messe. Ils ne se sont pas flattés que cette démarche eût aucun succès, ils se sont bien doutés que le mémoire seroit renvoyé au garde-des-sceaux & resteroit sans réponse; mais ils ont bravé toutes les suites fâcheuses dont il les avoit menacés, & leur démarche, en effet, n'en a pas eu jusqu'à présent. Ils regardent leur écrit comme une simple protestation qui empêche de proscrire leur retour, & l'exemple des magistrats actuels de Pau, remontés sur leurs sieges après dix ans, les confole & les foutient dans l'espoir d'une pareille révolution.

13 *Décembre*. L'auteur de *Nadir* ou *Thamas-Kouli-Kan*, M. Dubuisson, après une épître dédicatoire à son pere, a fait imprimer à la tête de sa tragédie une préface encore plus singuliere, par les faits & les idées qu'elle contient, que par son style.

Il nous apprend d'abord qu'il est auteur des *nouvelles Considérations sur Saint-Domingue* & d'une *lettre à M. L. ****, & il convient avec modestie que ces deux productions sont restées absolument ignorées. Il ne parle point de la gazette qu'il composoit à la Dominique contre les chefs & habitants de la Martinique, dont on l'avoit d'abord disculpé, en supposant un autre Dubuisson mort, mais que beaucoup de gens qui l'ont vu dans le temps assurent être le même Dubuisson d'aujourd'hui, & ce que porteroit assez à croire le génie satirique perçant dans cette préface.

Il tourne en ridicule ensuite le *bureau de législation dramatique*, & convient n'avoir pas voulu se montrer à ce tribunal & faire corps avec lui.

Il apprend comment les chefs de ce bureau croyant travailler pour leur compte, avoient obtenu la suppression par arrêt du conseil du tableau des pieces reçues ; comment, voyant ensuite qu'ils n'y trouveroient pas leur avantage, ainsi qu'ils l'avoient espéré, ils ont sollicité depuis le rétablissement de ce tableau.

M. Dubuisson fait plus ici, il prend fait & cause pour les comédiens contre ses confreres, & déteste l'intérêt sordide qui les anime. Ils nous apprend que Voltaire n'eût que 3600 livres pour les vingt représentations de *Mérope*; que Piron se contenta de 3000 livres pour sa *Métromanie*; & Crébillon de 1440 livres pour *Electre*; tandis que le sieur de Beaumarchais à déjà retiré 11229 livres pour sa méchante farce du *Barbier de Séville*.

Il sort de cette digression, il vient à la justification d'avoir passé sur le corps des autres auteurs dramatiques. Son *Thamas-Kouli-Kan*, la derniere piece sur le premier tableau, au moyen de la relute ordonnée, à laquelle il s'empressa de se soumettre, devint la premiere ; cependant la délicatesse des comédiens répugnoit encore à satisfaire son désir de paroître sur la scene. Pour la vaincre il leur offrit en pur don sa tragédie, à condition qu'ils la joueroient sans délai, *comme piece de leur fonds*.

Il vante la réponse à ce sujet du sieur Molé au nom de ses camarades, qui manifeste le désintéressement le plus noble, la reconnoissance la plus vive, mais en même temps l'attachement inviolable au droit d'ancienneté des auteurs, même dans un moment où ils auroient pu le méconnoître. Il objecta la nécessité de son départ urgent pour l'Amérique, cette considération ne les toucha pas davantage.

Enfin le sieur Brizard, pourvu d'un congé de quatre mois & nécessaire pour jouer les dix tragédies qui précédoient celle de M. Dubuisson, lui fournit un moyen légitime de passer : pour épuiser cependant tous les procédés de l'honnêteté, il écrivit une lettre circulaire à ses anciens, la comédie somma de relire ; personne ne répondant, ne réclamant, ne satisfaisant aux injonctions de l'auteur & des comédiens, sa piece fut mise à l'étude.

Alors M. de Sauvigny, le premier dans l'ordre du tableau, vint, accompagné des commissaires du bureau de législation dramatique ; & forma opposition à la représentation de *Nadir*, sous prétexte que le sieur Brizard devant revenir sous peu de jours, il alloit distribuer les rôles de sa *Gabrielle d'Estrées*, M. Dubuisson offrit de retirer sa piece dès que cette *Gabrielle* seroit prête à être jouée. M. de Sauvigny refusa l'accommodement : mais ce dernier n'ayant pas relu, les comédiens passerent outre, & après une délibération, par laquelle ils renonçoient spécialement au don qu'il avoit voulu leur faire, & l'appelloient à part d'auteur, & s'être réservé seulement d'interrompre la piece dès qu'une autre seroit prête, *Nadir* fut joué trois jours avant le retour du sieur Brizard.

13 *Décembre*. Madame de la Borde, de Vismes en son nom, sœur de l'ex-directeur de l'opéra & femme de l'ancien valet-de-chambre du roi, a plu tellement à la reine que, non contente de se l'être attachée comme lectrice, elle a fait créer en sa faveur une charge de *dame de lit*, dont les fonctions sont d'ouvrir & de fermer les rideaux de S. M. & de coucher au pied de son lit, quand elle le jugera à propos. Cette dame, qui est instruite, a beaucoup d'esprit, &, sans être jolie, a une figure piquante, donne de la jalousie à la duchesse de Polignac, qui craint d'être supplantée par elle dans les bonnes graces de sa maîtresse.

On remarque à cette occasion l'inconséquence ordinaire de notre gouvernement, qui, tandis qu'il supprime par économie des charges anciennes & utiles, en laisse créer d'inutiles & onéreuses.

14 *Décembre*. L'académie royale de musique doit donner enfin demain la premiere repréſentation du *Bon Seigneur*, ou plutôt du *Seigneur Bienfaiſant*, opéra compoſé des actes du *Preſſoir*, ou des *Fêtes de l'automne*, de l'*Incendie* & *du Bal*. Il y a eu hier une répétition, où le ſecond acte a produit le plus grand effet ; on a trouvé des choſes agréables dans les deux autres, mais comme ils ont été très-mal exécutés, ſans accord, ſans enſemble, il faut voir comment ils prendront aujourd'hui.

14 *Décembre*. Parallele de madame la ducheſſe de Brancas & de madame la ducheſſe de Coſſé, fait à Contrexeville par M. de Cerury.

Lorſque de Dieu la main féconde
Tira l'univers du chaos,
Il preſcrivit pour regle au monde
Le mouvement & le repos :
Coſſé, Brancas, par caractere,
Offrent ce contraſte frappant ;
L'une eſt le repos de la terre,
Et l'autre en eſt le mouvement.

Coſſé ne peut tenir en place,
Et Brancas ne peut en changer :
L'une voudroit franchir l'eſpace,
Et l'autre voudroit l'abréger :
Toutes deux font ici fortune,
Tour-à-tour on cherche à les voir ;
On aime à courir après l'une,
Près de l'autre on aime à s'aſſeoir.

Coffé rappelle ces génies,
Ces Sylphes, amis des humains
Faisant des courses infinies,
Versant les biens à pleines mains,
Veillant de loin sur l'indigence,
Et la ranimant d'un coup-d'œil :
Brancas nous peint la providence
Faisant du bien de son fauteuil.

Coffé peut-être un peu trop vive,
Dévore un jour en un moment ;
Brancas quelquefois trop tardive
Voudroit retenir chaque instant.
A qui des deux donner la palme !
Cela mérite attention :
L'une est un sage dans le calme,
Et l'autre un sage en action.

15 *Décembre*. Le célebre éditeur de Pline & de Tacite, qui tout récemment a publié encore une nouvelle édition du poëme des jardins, du P. Rapin, à laquelle il a ajouté une dissertation historique sur les jardins, écrite du plus beau style en latin, M. l'abbé Brotier, vient d'être élu membre de l'académie des belles-lettres. On peut dire que c'est cette compagnie qui l'a recherché ; elle l'a dispensé des sollicitations, des visites & de tout le cérémonial préalable d'usage & même de rigueur. On sait que c'étoit en outre un des Jésuites les plus zélés & les plus attachés à son ordre.

15 *Décembre*. La cabale a été si forte hier à la premiere représentation du *Seigneur Bienfaisant*, que n'ayant pu résister à l'impression de

second acte, dont les tableaux terribles & touchants ne permettent pas à la critique de se faire entendre, elle s'en est dédommagée au dernier acte & a redoublé de fureur, au point de siffler le sieur Laïs, chantant une ariette de bravoure, applaudie avec un transport continu aux répétitions, & de chercher à le troubler & l'interrompre. Cet acharnement a rendu fort équivoque le succès de l'ouvrage, qui avoit bien pris jusques-là.

16 *Décembre.* On cite ici les détails de la mort de l'impératrice-reine, suivant lesquels elle a terminé sa carriere avec la même gloire, la même fermeté qu'elle l'avoit commencée. — Condamnée par la faculté, elle a interrogé son médecin de confiance sur le temps qui lui restoit à vivre. Celui-ci avoit peine à s'expliquer; mais elle l'a pressé successivement, en lui demandant si cela iroit à quinze jours, à huit jours? En sorte qu'il a déclaré à S. M. impériale qu'il ne croyoit pas qu'elle pût exister plus de quatre: alors elle a pris son parti, elle a fait venir l'empereur qui s'est trouvé mal. « Pour lui donner le temps de » se remettre », a-t-elle dit, « je continuerai » aujourd'hui tous les actes de souveraineté; je » ferai les signatures, tiendrai le conseil, &c. » Le lendemain & les jours suivants, son auguste fils revenu à lui a écrit sous sa dictée des lettres à tous ses enfants, entre autres une à la reine de France, qu'on exalte comme un chef-d'œuvre de sagesse, de politique & d'éloquence maternelle.

16 *Décembre.* L'emprunt des neuf millions de piastres fait par l'Espagne, & dans lequel plusieurs maisons de banque s'étoient intéressées pour environ huit millions de livres, est l'objet du troisieme article de la *seconde suite des Observations*

vations du citoyen. On y confirme ce qu'on a dit déjà de la jalousie de la maison ✱✱✱, secondée par M. Necker, son commenditaire, & de la maniere dont il avoit cherché à décréditer ces maisons, ainsi que du mauvais effet qui en avoit résulté. Ce qu'on trouve de nouveau ici, c'est la lettre écrite par MM. Cottin fils & Jauge le 19 septembre à ses correspondants & autres, pour leur révéler les manœuvres odieuses pratiquées contre eux, & leur projet d'en attaquer criminellement les auteurs, lorsqu'ils auront rassemblé les pieces nécessaires au soutien du procès.

Enfin, le renvoi de M. de Sartines fournit matiere au dernier point de discussion. Voici les propres paroles rapportées, comme extraites de la *Réponse justificative* de ce ministre.

.... « Mon désespoir n'est pas tant d'avoir
» perdu ma place, que des motifs affreux que
» l'on suppose à ma disgrace. On prétend (&
» c'est tout Paris d'après les propos du contrôle
» général) que j'ai 800,000 livres de rentes, &
» que de mon autorité privée j'ai été assez cri-
» minel pour excéder de dix-sept millions dans
» mes dépenses les ordre de S. M.

» Je n'ai pas 20,000 livres de rente: si l'on
» peut m'en trouver davantage, je l'abandonne
» aux hôpitaux. Quand au second crime, je ne
» demande pour mémoire justificatif que la re-
» présentation des ordres signés par le roi dans
» des conseils ou des comités, tenus en présence
» des principaux ministres, dont le résultat étoit
» le secret de l'état. Si j'en eusse laissé entrevoir
» un mot à M. Necker, étranger, lié depuis
» long-temps avec mylord Stormond, asser-
» menté nulle part, reconnu dans aucune cour,

,, un château-fort étoit le juste prix de mon in-
,, discrétion. ,,

17 *Décembre*. L'enfant du duc de Bourbon, tenu au nom de mademoiselle de Condé & du prince de Soubise, & non du comte d'Artois, ainsi qu'on l'avoit dit d'abord, vient de mourir ; ce qui afflige fort la demoiselle Michelot.

Du reste, on suit la séparation du prince avec madame la duchesse de Bourbon, & elle doit avoir lieu incessamment ; il paroît que le roi y a donné son agrément.

Les bons citoyens gémissent sur tant d'indécences & de désordres ; ils esperent toujours qu'au moins S. M. ne se sentira pas de la corruption qui gagne si ouvertement la cour. On espere qu'elle ne reparoîtra point à des fêtes ordurieres, telles que celles qui ont eu lieu à Brunoy, dont on continue à s'entretenir & dont on ne peut revenir encore. On cite à cette occasion une nouvelle anecdote ; c'est que les comédiens rougissant eux-mêmes des rôles qu'on leur faisoit jouer, ont déclaré qu'ils n'oseroient jamais le faire sans les ordres du monarque, ou du moins sans une autorisation par écrit de *Monsieur*.

17 *Décembre*. On cite un mot fin du duc de Nivernois, à l'occasion de l'élection à l'académie du comte de Tressan. Ce dernier avoit fait anciennement une épigramme contre le premier, il craignoit qu'il n'en gardât du ressentiment & ne lui donnât son exclusion ; mais ayant su, au contraire, que ce seigneur avoit voté pour lui, le comte dans l'effusion de sa reconnoissance est allé le remercier. A la fin de la visite M. de Nivernois, en le reconduisant lui dit : « Monsieur

« le comte, vous voyez qu'en vieillissant on perd
« la mémoire. »

17 *Décembre*. Le cimetiere des Innocents est enfin fermé du premier de ce mois. On ne sauroit croire combien d'obstacles il a fallu vaincre pour obtenir qu'on cessât d'infecter ainsi le centre de la capitale par une putridité continuellement renouvellée. C'est un arrêt du parlement qui a ordonné cette clôture.

Cet emplacement avoit été concédé par Philippe-le-Bel pour la sépulture des morts de la grande paroisse, devenue depuis celle de Saint-Germain-l'Auxerrois : il étoit situé hors de l'enceinte de la ville & fort vaste alors, vu le petit nombre des habitants. La population ayant augmentée, le nombre des sépultures s'étoit accru en proportion, & quantité de paroisses portoient leurs cadavres en ce même lieu. L'infection répandue aux environs excita les plaintes du quartier en 1714, en 1725 & en 1737. Le parlement commit les chymistes Lemery & Geoffroy, pour fixer l'opinion de la cour sur l'insalubrité de l'air : ils ne remédierent que momentanément au mal, & les réclamations recommencerent en 1746 & 1755. Comme il n'est pas d'absurdité qui n'ait des partisans, on osoit soutenir que c'étoit un air plus vital qu'un autre, & on appuyoit ce paradoxe du sentiment du fameux des Molins, médecin clinique, mais mauvais chymiste & physicien.

M. Le lieutenant de police désirant signaler la magistrature par la suppression des cimetieres, & sur-tout de celui-ci, a fait faire de nouvelles expériences pour constater l'insalubrité de l'air de ce quartier, que M. Cadet de Vaux & M. l'abbé

Fontane, célebre physicien du grand duc de Toscane, ont reconnu être le plus méphitique de Paris. L'accident dont on a parlé, arrivé au mois de juin dernier, n'a pû que confirmer leur décision ; & cependant, malgré tant d'avertissements, il a fallu encore six mois avant d'obtenir le concours de l'autorité spirituelle.

18 *Décembre*. M. Blondeau, auteur du *Journal de Marine*, a introduit en cette partie l'usage d'un baromètre nautique, qu'il a extrêmement perfectionné. Les propriétés de cet instrument, détaillées dans son ouvrage, sont sur-tout d'annoncer plus de 24 heures d'avance la tempête & les coups de vent, soit à la mer, soit dans le port ; ce dont on connoît quelle doit être l'utilité pour ceux qui l'observent bien. Tout récemment le coup de vent du 8 au 9 octobre & de toute la journée du 9, a été extrêmement funeste aux bâtiments navigants dans le golfe de Gascogne : si ces bâtiments en eussent eu à leur bord & qu'ils l'eussent consulté, ils auroient évité leur malheur, soit en ne sortant pas du port, comme plusieurs ont fait, soit en cherchant un asyle dans un de ceux qui étoient à leur portée.

Malheureusement ces baromètres jusques ici fabriqués en verre, ont été dérangés ou détruits trop facilement ; M. Blondeau en a imaginé de fer, qu'on construit actuellement & qui seront certainement à la mer du service le plus sûr.

18 *Décembre*. Jeudi les comédiens françois ont donné la premiere représentation de *Clémentine & Désormes*, drame nouveau en cinq actes & en prose. Comme il y avoit peu de monde, que les partisans de l'auteur étoient

maîtres du champ de bataille, & que les acteurs, animés du zele de la confraternité, se sont surpassés dans leur jeu, cette piece a eu le plus grand succès: on a demandé successivement l'auteur, le sieur Monvel, ainsi que le sieur Molé, qui a le plus contribué à son triomphe, & le parterre a recommencé à leur égard la scene qu'on a vue il y a quelques années: avec la même modestie, ils se sont renvoyés réciproquement les éloges qu'on leur prodiguoit.

Du reste, c'est un drame, plus chargé d'horreurs qu'aucun de ceux qu'on a exécutés jusqu'à présent. C'est Grandisson, qui en a fourni le sujet: c'est un fils qui vole son pere sur le théâtre aux yeux des spectateurs; ce dont il résulte une accusation qui n'est éclaircie qu'au dénouement, & fait souffrir horriblement le spectateur durant cet intervalle.

Tout cela prouve combien nos auteurs dramatiques ont perdu de vue le but de leur art, & le précepte d'Horace adopté par Boileau, qu'il est des objets que l'honnêté publique proscrit du théâtre, & qu'on peut tout au plus offrir à l'oreille, mais qu'il faut reculer des yeux.

18 *Décembre*. Les Italiens ont encore donné samedi une nouveauté, *Pygmalion*, comédie en un acte, mêlée d'ariettes. M. Durosoy, l'auteur de cet ouvrage, dont le sujet a été déjà tant rebattu & sur la scene françoise, & sur la scene lyrique, ayant voulu s'écarter de la route ordinaire, est devenu plus amphigourique que jamais, & y a jeté une obscurité que n'a pu éclaircir le spectateur. Il faut convenir qu'il est difficile de faire rien de plus mauvais & de plus ennuyeux. M. Bonesi qui, au refus de plusieurs

musiciens n'ayant pas voulu s'associer à la chûte de l'auteur des paroles, a composé les ariettes, n'a pu savoir ce qu'on pensoit de sa composition, tant le tumulte du parterre a été grand. On le dit jeune, & il faut attendre un second essai pour le juger.

18 *Décembre*. Le maréchal de Brissac vient de mourir âgé de quatre vingt-trois ans. C'étoit un preux de l'ancienne chevalerie. Ses moindres actions étoient marquées à un coin romanesque. Il avoit dans ses phrases & son style une tournure pittoresque & originale, qui jetoit un intérêt piquant dans tout ce qu'il disoit & faisoit. Ses bassesses, lors du parlement Maupou, sont la seule tache imprimée sur sa vie.

18 *Décembre*. Ermenonville, ou *Lettre écrite par une jeune dame de Paris, à son retour d'Ermenonville, à l'une de ses amies à la campagne, en date du 10 mai 1780*. Ce pamphlet très-court, est une critique assez vive du lieu & du maître. On trouve que le premier n'est qu'une petite copie du parc du lord Cobham en Angleterre, & que le second n'est qu'un fol sauvage, grossier & sans goût; un singe de la philosophie, à qui elle a tourné la tête. Il appelle ce désordre affecté :

> L'aimable nature,
> Dont la douce simplicité
> Est une touchante peinture
> D'une tranquille liberté.

C'est le style d'une des inscription qu'on y rencontre par-tout, & qui commence par ces vers pompeux :

Disparoissez, jardins superbes,
Où tout est victime de l'art,
Où le sable couvrant les herbes
Attriste par-tout le regard.

A la place de ces belles sentence, la dame critique prétend qu'on pourroit écrire: « Tout est » ici victime de l'art dans le genre du chaos, » & ce chaos artificieux y attriste encore bien » davantage le regard que dans tous les lieux » brutes & incultes, où l'on a laissé bonnement » subsister l'ouvrage de la nature. »

19 *Décembre*. Il court un bruit sinistre, malheureusement trop accrédité, sur le compte de Me. Linguet; c'est qu'il a été pendu au lieu de sa translation. Ce supplice infligé sans aucune formalité légale, fait frémir d'indignation, & ne peut se croire sous le regne d'un roi qui vient d'abolir dans ses états les derniers vestiges de la servitude.

19 *Décembre. Les Caudataires.* Ce pamphlet est une lettre d'un pauvre chevalier de Saint-Louis à monseigneur le maréchal prince de Soubise, chevalier du même ordre, sur l'avilissement de l'ordre. On observe d'abord que cette lettre avoit été composée avant que ce grand seigneur eût accepté la grande croix.

L'auteur s'éleve contre l'usage injurieux établi par les cardinaux, de prendre des chevaliers de Saint-Louis pour se faire porter la queue. Ce n'est pas dans cet esprit que Louis XIV institua l'ordre de Saint-Louis, il n'y admit pas même ses gardes-du-corps..... Aujourd'hui on donne la croix à des gendarmes, à des sergents d'infanterie, à des officiers de police, à des especes de toutes les classes.

C'est contre de tels abus que le chevalier, vengeur de son ordre, voudroit qu'on présenta un mémoire au roi.

19 *Décembre.* Le beau sujet proposé par l'académie de Châlons, « Les moyens de détruire la » mendicité, en rendant les mendiants utiles » à l'état, sans les rendre malheureux, » a excité le zele de plusieurs écrivains, entre autres de M. Lambin de Saint-Félix, qui a fait un ouvrage intitulé : *Essais sur la mendicité.* C'est un mémoire plus étendu que ne le comporte une dissertation simple, telle que la demandoit la compagnie dont on a parlé ; dans lequel il expose l'origine, les causes & les excès de la mendicité ; il recherche les moyens qu'ont employés les peuples anciens & modernes pour la détruire : il considere nos différents réglements sur cet objet essentiel de l'administration, & en quoi nos législateurs ont manqué leur but.

L'auteur se propose ensuite d'établir les moyens les plus sûrs pour détruire entiérement & pour toujours la mendicité dans le royaume, en rendant les mendiants utiles, sans les rendre malheureux. Il indique des ressources suffisantes sur cet objet, sans qu'il en coûte rien ni au roi, ni à l'état, ni au peuple ; ensemble comment les hôpitaux étant peu onéreux à l'état, il pourroit en tirer tous les avantages possibles. On ne conçoit pas pourquoi cette production patriotique n'a pu trouver grace en France ; comment l'auteur a été obligé d'user des ressources de l'impression clandestine & étrangere.

20 *Décembre. Le Seigneur Bienfaisant*, quoi-

que d'un genre déjà traité plusieurs fois sur la scene lyrique, offre cependant d'heureuses innovations. On n'avoit que la pastorale & la comédie dans cette classe des opéra-ballets. M. Rochon de Chabannes a tenté d'y introduire le drame, c'est-à-dire, une fable naturelle, intéressante, qui ne nous occupe que des peines & des malheurs de nos semblables. Il a été plus hardi encore, il a osé en retrancher l'amour, presque toujours fade à ce théâtre; ensuite il a trouvé le secret d'égayer sa piece par des fêtes & des divertissements tenant à l'action & en découlant; enfin, il a lié trois actions différentes, ce qui étoit sans exemple : les poëmes de cette espece n'ayant jamais été une intrigue suivie & se partageant toujours en trois petits sujets, n'ayant aucun rapport entre eux.

Dans le premier acte, le Seigneur bienfaisant concilie un villageois avec son pere : dans le second, il quitte la noce de sa fille pour voler au secours de ces malheureux incendiés; au troisieme il répare par ses largesses les pertes qu'ils ont souffertes.

Le poëte, ayant des paysans pour principaux acteurs, a placé la scene en Béarn & l'a reculée à l'époque de Henri IV, parce que le costume de ce siecle lui a paru plus théâtral & plus anobli. Il a choisi la saison de la vendange, ce qui amene, dès le commencement du spectacle, des divertissements & de la gaieté. Les effets funestes & trop fréquents dans les villages du tonnerre, lui fournissent des tableaux terribles & touchants qui succedent, & les noces de la fille du Seigneur ramenent la joie, les plaisirs & la danse, qui terminent cet opéra ballet extrêmement varié, où l'on passe avec les nuances convenables du triste au gracieux, du plaisant au sévere, contrastes nécessaires, & que les auteurs travaillant pour le grand-maître, le chevalier Gluck, ont rarement eu l'adresse de lui fournir.

Le retranchement de l'ariette qui avoit occasionné tant de brouhahas, la suppression de l'acte du bal, présenté désormais comme la suite seulement du second acte, le rôle du bailli très-mal exécuté la premiere fois par le sieur Durand & beaucoup mieux par le sieur Laïs qui le remplaçoit, ont ôté toute prise à la critique : *Le Seigneur bienfaisant* a eu un succès complet hier. On a mieux senti les beautés de la musique, pleine d'énergie & d'onction successivement, & l'envie a frémi de voir impuissants les efforts des cabales des Gluckistes, Piccinistes, Bouffonistes, des comédiens italiens même réunis, de n'avoir pu empêcher de reparoître la musique Françoise, c'est-à-dire une musique aisée, gracieuse & chantante.

20 *Décembre.* Tous les efforts du duc d'Orléans prenant fait & cause pour sa fille, n'ont pu empêcher la séparation ou plutôt la répudiation de madame la duchesse de Bourbon. Son mari a écrit à ce sujet une lettre au roi, qui a révolté tous ceux qui en ont eu connoissance, & le duc d'Orléans, pour en faire sentir encore mieux l'infamie, a levé l'extrait baptistaire de l'enfant de Mlle. Michelot & l'a porté à S. M. Mais le prince de Condé étant venu à l'appui par une lettre à S. M. en forme de mémoire, elle s'est portée à une séparation inévitable. On rend la dot de 200,000 livres de rentes. Elle aura d'ailleurs sa pension de 50,000 livres des princesses

du sang, & Louis XVI a exigé que le prince de Condé qui ne vouloit rien donner à sa bru, y ajouteroit 25,000 livres de rentes, qu'on lui fourniroit en outre de l'argenterie, des meubles, des chevaux, des équipages une premiere fois pour se montrer suivant son rang; & l'état de maison qu'elle tiendra ne sera pas considérable, puisqu'elle loue l'hôtel d'un simple fermier-général, M. de la Reyniere.

21 *Décembre.* C'est M. Suard qui, en sa qualité de censeur des spectacles, a approuvé la tragédie de *Nadir* à l'impression. Le bureau de législation dramatique, traité de la façon la plus méprisante dans cette diatribe, s'est assemblé, a trouvé mauvais qu'un confrere, un membre de l'académie françoise eût passé tant d'indécences, & en conséquence a arrêté à la pluralité des voix d'écrire au ministre pour s'en plaindre, & de lui adresser un mémoire pour demander qu'on ôtât à M. Suard une place qu'il remplissoit si mal. Heureusement ce censeur est très-protégé de M. Necker, qui a paré le coup & l'a empêché de succomber. Nouvelle mortification, qui a fait connoître à ce bureau combien peu il avoit de consistance.

Il vient encore mieux de l'apprendre par le réglement entre les auteurs & les comédiens, qui a été rendu par le conseil & lu dimanche à une assemblée tenue chez le sieur de Beaumarchais. Les poëtes dramatiques y gagnent quelque chose du côté de l'intérêt, qui leur tenoit si fort à cœur, mais succombent, à ce qu'on assure, sur la plupart des autres points.

21 *Décembre.* Aujourd'hui, pour distinguer M. de Tolozan, l'intendant du commerce,

de ses freres, depuis la nouvelle commission qu'il a obtenue au tribunal des maréchaux de France pour remplacer M. de Cotte, maître des requêtes, rapporteur des affaires concernant le point d'honneur, on l'appelle Tolozan *point d'honneur*: & malheureusement ce mauvais quolibet, adopté par ses confreres & par le public, devient contre ce magistrat une épigramme sanglante.

21 *Décembre*. Les nouvelles sinistres sur le compte de Me. Linguet se soutiennent. Ce dont on ne peut plus douter, c'est sa mort ; soit naturelle, soit volontaire, soit par la main du bourreau ; & ce qui fait craindre ce dernier genre, c'est l'ambiguité dont M. le Noir s'est expliqué avec quelqu'un qui lui en parloit : *Il n'y a plus de nouvelles à en demander*, a-t-il répondu, *il ne dira plus de mal de personne*.

C'est aujourd'hui des mémoires envoyés à l'empereur dont on l'accuse. Pour faire sa cour à ce souverain, dans les états duquel il résidoit, il lui auroit donné des instructions sur la Lorraine & sur la maniere d'en rentrer en possession ; mais tout cela est fort incertain, sur-tout que ce soit par le roi de Prusse que la correspondance ait été révélée.

22 *Décembre*. Extrait d'une lettre de Bruxelles du 15 décembre.... On connoît en effet ici la brochure dont vous parlez ; elle est intitulée : *Le procès des trois Rois, plaidé au tribunal des puissances de l'Europe*. Elle paroît en Allemagne depuis le mois de juin : il est vraisemblable qu'elle y a été imprimée très-furtivement. Elle ne perce que depuis peu, du moins à ma connoissance. C'est tout ce que la licence la plus

effrénée peut enfanter de plus coupable. Cela coûte encore deux ducats en Hollande.

23 *Décembre*. M. le maréchal de Brissac a conservé jusqu'à la fin son caractere de Paladin. Quand le curé de Saint-Sulpice est venu pour lui annoncer sa fin prochaine, il l'a accueilli avec fermeté ; il lui a déclaré qu'il n'avoit point peur de la mort, qu'il avoit affrontée en vingt occasions ; qu'il avoit toujours aimé son roi & son Dieu, & qu'il alloit rendre à celui-ci ce qu'il lui devoit.

Ayant ordonné que son corps fût transféré à Brissac, il a dit à un valet-de-chambre de confiance : « Ah ça, c'est toi qui viendras avec moi, » qui conduiras mon corbillard ; mais tu es un » ivrogne : je te prie de m'arrêter & de me faire » séjourner le moins que tu pourras au cabaret » sur la route. »

23 *Décembre*. On lit dans une gazette en langue Italienne, composée à Florence & en date du 14 novembre, la traduction d'une prétendue lettre que Me. Linguet auroit écrite de la bastille, le 7 novembre, à un de ses amis à Bruxelles. Quoique cette piece soit dans la maniere de l'orateur, on a tout lieu de présumer qu'elle est factice. Le gazetier d'abord dit qu'elle a fait grand bruit à Paris, où elle n'est connue que par cette feuille étrangere ; ensuite il n'est pas probable qu'on l'eût laissé passer à cause de la déclamation qui y regne contre le séjour où il est, contre son traitement & les horreurs qu'il éprouve ; & si le prisonnier avoit eu le secret de l'envoyer à l'insçu de ses Argus, il en auroit profité pour mieux employer cette ressource. Car sa lettre est absolument vague, n'articule aucun des griefs qu'on

lui impute, & l'on n'eſt pas plus inſtruit après l'avoir lu qu'auparavant. En général, il attribue ſa détention à ſes ennemis; il ſe repoſe ſur ſon innocence, ſur ſon zele pour la vérité, pour la juſtice, pour ſon roi, & il eſpere triompher des cruelles perſécutions qu'il éprouve.

24 Décembre 1780. Meſſieurs le Seſne & compagnie, non contens d'avoir obtenu de Mlle. d'Eon la permiſſion de donner ſon nom à la principale frégate qu'ils font conſtruire à Cherbourg, lui ont écrit une nouvelle lettre pour lui ſoumettre le choix du capitaine, des officiers & volontaires qui monteront cette frégate, pour lui expoſer l'état de leur armement & les vues qu'il ſe propoſent, pour déterminer ſur-tout s'il eſt plus avantageux aux intéreſſés que les frégates compoſant l'armement en queſtion bornent leurs opérations à la courſe accidentelle, à des ſtations déſignées comme les meilleures, ou qu'elles portent ou convoient des marchandiſes & comeſtibles à nos colonies de l'Amérique & de l'Inde.

Comme meſſieurs le Seſne & compagnie ont ſenti le ridicule ſe ſoumettre à la chevaliere des déciſions hors de ſa portée, n'ayant jamais fait le ſervice de mer, ils lui ſuggerent de ſe concilier avec ceux dont elle adoptera les lumieres, entre autres avec M. Drouet, député de la chambre du commerce de Nantes. On juge aiſément que toute cette correſpondance a pour objet, d'une part, de donner de la publicité à l'armement & de ſa ſingularité capable d'exciter le zele des actionnaires & de ſatisfaire leur impatience; de l'autre, de flatter la vanité du héros femelle.

24 1780, Décembre. Dans le courant de l'année 1779, il y a eu dans la généralité de

Paris 43236 naissances, mariages 10606, morts 35762.

25 *Décembre*. Comme il faut rapporter également ce qui est à charge & à décharge, après avoir cité tout ce qui tend à inculper M. Dubuisson de lâcheté, de fausseté & de bassesse, il faut y joindre ce que sa préface présente de favorable à sa cause. Il est d'abord fort étrange que ce même Sauvigny, si acharné à empêcher de jouer *Nadir*, ait été le premier à mettre sur la voie M. Dubuisson & lui ait suggéré la tournure à prendre pour éluder le rang de ses anciens. Il lui dit qu'il y a six ou sept ans environ, pendant un congé de le Kain, il avoit fait placer *Roméo & Juliette* de M. Ducis vingt-deux jours après sa réception, parce que toutes les tragédies qui le précédoient, avoient besoin de cet acteur, & que la sienne étoit la seule qui pût s'en passer. En conséquence M. Dubuisson écrivit à ses confreres la lettre circulaire suivante :

« L'honnêteté des procédés devant particuliérement distinguer un homme de lettres, je me crois obligé, avant de suivre quelques projets que l'absence du sieur Brizard m'a fait naître, de vous demander si vous avez besoin de cet acteur pour jouer dans votre tragédie : les comédiens vont être dans le cas de chercher sur leur tableau une piece qu'ils puissent mettre pendant le congé de cet acteur, qui durera jusqu'au premier de septembre. Quoique l'été soit peu favorable, sur-tout pour une piece d'un aussi foible mérite que *Thamas-Kouli-Kan*, le peu de séjour que j'ai à faire en France me détermineroit à en hasarder la représentation, si aucune de celles qui ont

» été reçues avant moi ne pouvoit se montrer
» sans le sieur Brizard. J'attends l'honneur de
» votre réponse positive ; & j'ai celui, &c. »

Un seul auteur lui répondit avec l'honnêteté qu'il avoit lieu d'attendre de tous : les autres tergiverserent, ou ne répondirent pas du tout. Quelques-uns firent semblant de vouloir donner leurs rôles à des doublans, plutôt que de le laisser passer ; ces mauvaises intentions dispenserent M. Dubuisson d'user de plus de ménagement, & il profita des circonstances & de la bonne volonté des comédiens. Cependant, pour lever toute difficulté, au moment de l'opposition du sieur de Sauvigny, il offrit de s'engager par écrit à retirer *Nadir*, au milieu du cours de ses représentations, dès que la *Gabrielle* seroit prête à être jouée. On le refusa & l'on mit en usage tous les moyens possibles pour faire perdre aux comédiens une étude de six semaines.

15 Décembre. La place vacante de M. de Montbarrey, & la multitude de concurrents qu'on nommoit, ont donné lieu à des couplets, où l'on peint chacun d'eux d'une façon aussi vraie que maligne, dit-on ; ils sont encore fort rares.

26 Décembre. La guerre élevée entre M. Marmontel & l'abbé Arnaud devient plus vive de jour en jour ; & ce n'est pas un spectacle peu satisfaisant pour les ennemis du parti philosophique, de voir ces deux coryphées se déchirer pour un aussi mince sujet avec un acharnement digne des siecles barbares de la littérature. Voici encore une épigramme du dernier contre l'autre, bien tapée, mais très-grossiere. L'opéra de *Persée* y a fourni matiere ;

De l'ordure des vieux poëtes
Virgile a tiré perles nettes :
De Marmontel ce gros lourdaud,
Bien différente est l'aventure ;
Car sur les perles de Quinault
Le vilain a fait son ordure.

26 *Décembre.* Les appointements sommaires dont on a parlé précédemment & qui avoient excité une vive réclamation des enquêtes & des requêtes, ainsi que la lettre qui sembloit avoir contenu le garde-des-sceaux & MM. de grand-chambre, ont enfin lieu, & le 12 de ce mois la grand'chambre & tournelle assemblées ont enrégistré des lettres-patentes concernant les appels des causes à l'audience de la grand'chambre. Il en résulte des épices de huit écus pour le rapporteur & d'un écu pour le président. Or les écus du palais, suivant le vieux style, sont de 4 livres : ainsi voilà les parties grevées de 36 livres de frais de plus.

Messieurs ont si bien senti l'indécence de ce nouveau réglement, que malgré la nécessité qu'il y auroit de le publier, ils ont défendu à l'imprimeur de le faire crier & de le vendre, & qu'il en a été distribué seulement un exemplaire à chaque procureur.

C'est un cri général contre les avides chambriers & contre M. de Miromesnil, qui a eu la foiblesse d'acquiescer à leur cupidité.

Ce qui prouve l'abus de cette forme de procéder, c'est qu'il est dit spécialement dans les lettres-patentes, article XVIII : « N'entendons » par ces présentes, autoriser l'usage des appoin-

« tements sommaires dans aucuns de nos tribu-
» naux, & voulons qu'il n'ait lieu qu'à la grand-
» chambre, &c. » de notredite cour de parlement seulement.

27 *Décembre.* Les envieux du succès de messieurs Rochon de Chabannes & Floquet n'ont
pas manqué de chercher à décrier leur ouvrage
par des sarcasmes & des plaisanteries ; voici un
couplet de chanson, d'autant plus malin qu'il
semble d'abord fort innocent :

Sur l'air : *Du haut en bas.*

De l'opéra
Le comité, toujours honnête,
A l'opéra
Aujourd'hui, Messieurs, donnera
A quarante-huit sous par tête
Bon vin, grand feu, beau bal & fête.

28 *Décembre.* Les faillites récentes de quelques
financiers & sur-tout celle du sieur Rolland, receveur des tailles, ont occasionné des conflits entre
la chambre des comptes & la cour des aides,
qui ont obligé ces deux compagnies de recourir
au souverain & d'établir leurs prétentions dans
des mémoires respectifs. On ne connoît encore
que ceux de la chambre des comptes, qui con-
sistent 1°. dans un mémoire, où elle établit la
nécessité du concours des premiers juges, notamment en ce qui concerne ses fonctions.

Cet in-4°. volumineux de 375 pages est déjà
ancien & daté du 16 septembre 1779. Suivant
un extrait des régistres le 16 février de cette

année, les bureaux, assemblés, un de messieurs a dit que, conformément à l'arrêt de la chambre du 18 décembre dernier, il avoit fait imprimer ce mémoire, qu'il lui en présentoit un exemplaire & attendoit ses ordres sur le surplus de l'édition. Sur quoi, la matiere mise en délibération, ordonné que ledit exemplaire sera déposé au greffe pour y servir de renseignement & que l'édition sera apportée dans les dépôts de la chambre, pour en être fait tel usage que de raison.

2°. *Sommaire* pour la chambre des comptes sur les conflits élevés par la cour des aides. Celui-ci de 22 pages in-4°. seulement, porte au bas: *Par ordre de messieurs les commissaires nommés pour suivre les conflits élevés par la cour des aides, ce vendredi 23 juin 1780.*

3°. *Source de tous les conflits élevés par la cour des aides : moyen juste & facile de les faire cesser.* Ecrit de 6 pages in-4°. & souscrit de même & de la même date.

18 *Décembre*. M. de Janssen, Baronnet de la Grande-Bretagne, mort à Chaillot le 2 de ce mois, est une perte véritable pour les amateurs des jardins & de l'agriculture. Ce respectable vieillard étoit en outre doué de toutes les qualités les plus éminentes de l'esprit & du cœur. C'étoit un philosophe qui avoit passé toute sa vie à s'instruire & à penser. L'étude de l'histoire, de la géographie, des mœurs des nations, de leurs intérêts respectifs l'occupoit sans relâche. Les lettres grecques, latines, angloises & françoises lui étoient familieres.

La botanique faisoit ses plus cheres délices. On doit le regarder en France comme le fondateur de cette nouvelle colonie d'arbres & d'arbustes exotiques qui peuplent nos jardins. Les siens de Chaillot renferment la collection la plus nombreuse & la plus variée qui soit dans le royaume, de cette espece, ainsi que des arbres & plantes indigenes. On admiroit entre autres choses chez lui un saule de Babylone de 84 pieds de circonférence.

C'est lui qui, sans cesse occupé de l'humanité & du bien général, est le premier qui ait ouvert l'avis sublime de respecter Cook & ses vaisseaux.

Il étoit fort charitable, mais en homme éclairé ; il n'alimentoit ni le vice, ni l'oisiveté ; il avoit le tact de distinguer ceux dont l'infortune mérite une véritable commisération.

Enfin il a vécu & il est mort comme un sage ; sa fin a été le soir d'un beau jour.

19 *Décembre.* La cour des aides est établie pour faire percevoir les impositions, pour empêcher que le peuple ne fraude le fermier, & que le fermier ne vexe le peuple ; la chambre des comptes ensuite pour faire verser avec fidélité & exactitude la totalité des impôts dans les coffres du roi. Ainsi leurs fonctions sont naturellement très-distinctes. Cependant la premiere cour ayant reçu l'attribution de quelques parties qui appartiennent par essence à la seconde seule, elle s'en prévaut. Ces attributions étoient fondées sur ce qu'autrefois la chambre des comptes n'avoit pas de gradués dans son sein : aujourd'hui, qu'il faut l'être pour être admis dans cette compagnie, elle réclame ses anciens droits, notamment la jurisdiction criminelle sur les comptables & le concours des officiers des élections dans les provinces; autrement sa jurisdiction seroit illusoire. Il paroît que jusqu'à présent la chambre des

comptes a éprouvé des désagréments au conseil, & qu'il y a des arrêts rendus qui lui sont peu favorables, mais non en définitif.

29 *Décembre.* Les comédiens Italiens doivent donner aujourd'hui la premiere représentation du *Charbonnier* ou *le Dormeur éveillé*, comédie nouvelle en quatre actes de M. Quetant.

30 *Décembre.* L'oratorio de M. Gossec sur la nativité de N. S. a été le morceau capital des deux derniers concerts spirituels du 24 & du 25, & il y a produit, à l'ordinaire, la plus vive sensation. Messieurs Perignon & Guenin, deux violons, ont été fort goûtés au concert du samedi principalement, pour leur bel accord. Celui du lendemain a été remarquable par le jeu de MM. Duport & Capron, toujours plus admiré, plus il est entendu. Le concerto de harpe de mademoiselle Duverger a fait grand plaisir, sur-tout dans l'air de la fin, qu'elle a exécuté avec beaucoup d'art. Madame Saint-Huberti a aussi contribué à rendre ce concert piquant par le superbe air Italien de M. Gluck, qu'elle chante si supérieurement & qu'on applaudit toujours avec transport.

30 *Décembre.* C'est M. l'abbé Boulogne qui a obtenu le prix de cent louis d'or proposé à un second concours pour l'éloge de feu M. le Dauphin. Les juges étoient MM. Chevreuil, Asseline, Royou, Geoffroy, Grosier, Pey, Gérard & Godescard.

30 *Décembre.* Extrait d'une lettre de Sens, du 15 décembre.... Le 6 de ce mois les comédiens associés actuellement en cette ville ont donné une nouveauté tragique, intitulée *l'Héroïsme Senonois*, ou *le Siege de Sens, sous Jules-César*, drame héroïque en trois actes & en prose. C'est le sieur

d'Eſtival, l'un des premiers acteurs de la troupe, qui en eſt l'auteur.

La piece a eu beaucoup de ſuccès ; ce qu'il faut principalement attribuer au choix du ſujet. L'action ſe paſſe l'an 701 de la fondation de Rome, 52 ans avant l'Ere chrétienne, & la ſixieme année du ſéjour de Jules-Céſar dans les Gaules. Le poëte a arrangé la fable de la maniere la plus intéreſſante & la plus glorieuſe pour nous; il nous a trop flattés pour que nous puiſſions le juger.

30 *Décembre.* Extrait d'une lettre de Rennes, du 26 décembre.... Suivant le relevé de la généralité de Bretagne ; il y a eu en 1779, naiſſances 89841, mariages 24784, morts 132275.

Extrait d'une lettre de Caen, du 8 décembre.... Suivant le relevé de cette généralité, il y a eu en 1779, naiſſances 24773, mariages 6702, morts 25044.

31 *Décembre.* L'opéra vient de perdre Mlle. Durancy. On attribue ſa mort aux efforts incroyables qu'elle a faits dans le rôle de *Meduſe* de de l'opéra de *Perſée* : elle ſortoit d'une criſe qui ne lui permettoit pas ce travail extraordinaire & elle eſt bientôt retombée dans un état fâcheux, dont on n'a pu la tirer. Elle a expiré jeudi dernier. Son talent réel dans le genre de la déclamation, auquel elle s'étoit exercée à la comédie Françoiſe, ſuppléoit chez elle à la figure & à l'organe, que la nature lui avoit donnés très-déſagréables.

31 *Décembre.* Le capitaine King, qui a ramené en Angleterre les débris de la petite eſcadre du capitaine Cook, rapporte qu'ayant ouvert des barils doublés de feuilles d'étain, après avoir

été un long-temps à la mer, on avoit trouvé le biscuit & les farines qu'on y avoit entassés, entiérement exempts d'insectes & de moisissure & parfaitement bien conservés, à l'exception d'un seul, dont l'étain étoit fondu en plusieurs endroits.

Cette expérience, qui peut être fort utile, avoit été faite par le capitaine Cook d'après l'idée de M. Franklin, qui ayant observé que le thé apporté de Chine dans des boîtes de ce métal n'éprouvoit aucune altération, avoit imaginé d'adopter cet usage plus en grand, afin de conserver long-temps des subsistances, en les défendant de la communication extérieure de l'air.

31 *Décembre.* On ne connoît encore que trois couplets de ceux annoncés roulant sur des objets différents. Le premier est relatif à l'arrivée du fils du M. de Rochambeau ; événement qui n'a pas répondu à l'attente où l'on étoit, lorsqu'on l'apprit à Paris, s'imaginant qu'il s'agissoit de quelque chose d'important :

Sur l'air : *Lampons, camarades, lampons.*

Le roi dit à Romchambeau :
Qu'apportez-vous de nouveau ?
Sire, dit-il à l'oreille,
Papa se porte à merveille....
C'est bon, c'est bon....

Le second est sur la nomination de M. de Ségur, à son choix suggéré par M. Necker & à la nullité du personnage, conforme aux intentions & à l'esprit de domination du directeur-général des finances.

Sur l'air : *du libera de la Bourbonnoise.*

>Ségur est un pauvre homme,
>Voilà justement comme
>Il a reçu la pomme. j. j. j. &c.
>Le maître de la banque
>Voyant qu'un bras lui manque
>Aussi-tôt vous lui flanque
>Ce ministere-ci. j. j. j. &c.

Enfin, le troisieme roule sur M. d'Adhémar, parvenu de l'état le plus simple à faire bruit & à être cité comme concurrent au ministere de la guerre. Le couplet ayant été envoyé à la reine, il s'est justifié de la maniere suivante. Il est convenu n'être qu'un pauvre gentilhomme, mais se prétendant issu de l'illustre famille dont il porte le nom, & conséquemment n'étant pas en effet homme qualifié dans son origine, quoique du bois dont on les fait ; du reste, n'ayant point eu de bien, avoir été obligé de se soutenir par des moyens de complaisance, de dévouement, d'adresse, quoique toujours honnêtes ; il a ajouté qu'on lui faisoit beaucoup d'honneur en le qualifiant de major, puisqu'il n'avoit jamais été qu'aide-major ; enfin il a prétendu que son dernier titre de *Colin* étoit celui qui lui faisoit le plus d'honneur, parce qu'il avoit contribué aux amusemens de S. M. en jouant la comédie avec elle. Tout ce commentaire va jeter un grand jour sur la chanson.

Sur l'air *de la Bourbonnoise*.

Pour le bien de la guerre
Il est question de faire
Ministre & secrétaire
Un marquis de hasard,
Chevalier d'industrie
Colin de comédie :
C'est monsieur d'Adhemar.

31 *Décembre. Le Dormeur éveillé*, autrefois en trois actes & mis depuis en quatre, est à-peu-près le sujet d'une piece Italienne qu'on a vue très-souvent sur ce théâtre, sous le titre d'*Arlequin toujours arlequin*. Il auroit fallu, pour rajeunir ce fond trop connu, des détails au moins nouveaux, des accessoires agréables, un dialogue piquant, & malheureusement le public n'y a rien trouvé de tout cela.

31 *Décembre*. La chambre des comptes, dans sa contestation avec la cour des aides, a gagné le provisoire au conseil, & c'est elle qui jugera criminellement le sieur Rolland.

ADDITIONS

AUX

PREMIERS VOLUMES

DE CETTE COLLECTION.

Année M. DCC. LXII.

10 *Janvier.* L'abbé de la Porte a le privilege du choix des *Mercures*, qu'avoient eu succeffivement différents auteurs & que poffédoit derniérement M. de Baftide. Ce travail confifte à extraire les volumes innombrables dont eft compofé ce journal depuis fon origine. Il eft à fouhaiter qu'un troifieme rédacteur vienne élaguer ce nouvel ouvrage, déjà très-volumineux & très-peu choifi.

L'académie françoife s'eft rendue aujourd'hui à Verfailles, pour y préfenter au roi une nouvelle édition de fon dictionnaire, à laquelle elle travailloit depuis vingt-deux ans.

On a donné aujourd'hui à la comédie italienne la *parodie d'Armide* en cinq actes, mêlés d'ariettes, vaudevilles, &c. Tout cela étoit miférable : cet ouvrage eft du fieur Laujon, un des petits poëtes de la cour.

15 Janvier. Nous avons lu le *Mercure* du mois, qui continue à être auſſi inſipide qu'il l'étoit. C'eſt toujours M. de la Place qui en eſt titulaire ; les abbés le Blanc & de la Garde ſont ſes acolytes : les penſionnaires & les coopérateurs ne ceſſent d'enrichir cet ouvrage de leurs productions. Malgré la réunion de tant d'hommes de lettres, ce journal, ſans doute mauvais par eſſence, ſe décrédite de jour en jour, & ne peut fournir aux charges auxquelles il eſt impoſé.

21 Janvier. Enfin on vient d'enrichir la *Pucelle* de M. de Voltaire des ornements qui lui manquoient. Un graveur intrépide publie 27 eſtampes concernant ce poëme. Ce ſont, en général, des caricatures piquantes & qui s'allient très-bien à l'ouvrage. Elles offrent aux yeux avec vérité les peintures laſcives ou groteſques du poëte : c'eſt ainſi que, tandis que l'auteur cherche à rendre à ſon héroïne l'honnêteté dont on lui reproche de l'avoir dépouillée, un plaiſant la proſtitue de plus en plus, & la met hors d'état de paroître jamais aux yeux du lecteur pudibond.

23 Janvier. *L'écueil du Sage* va ſon train. M. de Voltaire, toujours diſpoſé à recevoir les conſeils du public, avoit différentes leçons toutes prêtes pour varier le dénouement ; on l'a rendu moins ridicule & moins abſurde, mais on ne peut ſauver les étranges diſparates qui ſe remarqueront toujours dans cette comédie, & qui font préſumer aux connoiſſeurs que ce ſont différents lambeaux détachés que l'auteur a voulu coudre enſemble & qui ne cadrent point.

25 Janvier. Le ſieur Fréron commence à rouvrir ſon *Année littéraire* 1762, quoique 1761 ne ſoit pas finie ; il en eſt reſté encore deux feuilles qu'il cherche, suivant son usage, à rendre piquantes pour amorcer les souscripteurs : nous ne nous appercevons pourtant pas que la premiere de cette nouvelle année soit fort friande.

30 *Janvier*. On annonce dans un avertissement que l'abbé de la Porte doit travailler aux *Annales typographiques* ; ce qui confirme de plus en plus le désœuvrement de cet abbé & l'abandon forcé qu'il a fait de ses feuilles.

2 *Février* 1762. On a remis aujourd'hui au concert spirituel *les Titans*, dialogue François de l'abbé de Voisenon ; la musique est de Mondonville. Elle a été fortifiée & fait un plus grand effet qu'à l'ordinaire.

6 *Février*. On avoit annoncé pour aujourd'hui la neuvieme représentation de *l'Ecueil du sage* : mais cette piece ayant été désertée le lundi & le mercredi, les comédiens n'ont pas jugé à propos de risquer le même malheur, & ils ont substitué *Zaïre* : on a donné pour prétexte l'indisposition de Molé.

8 *Février*. Les comédiens françois ont remis aujourd'hui *Rome sauvée* ; ils cherchent à dédommager ainsi M. de Voltaire de la chûte de *l'Ecueil du sage*, & à lui faire oublier cette mortification.

10 *Février*. Comme il paroît que *l'Ecueil du sage* ne reparoîtra plus, que tous les changements, corrections, variantes en sont fixés, nous allons en rendre compte succintement.

Le sujet de cette comédie est fondé, dit-on, sur un événement du temps de François I. Les seigneurs des fiefs avoient alors sur leurs vassaux un droit que l'on appelloit de *marquette*, de *prélibation*.

Les deux premiers actes se passent entre Ma-

thurin, gros fermier qui veut épouser *Acanthe*, jeune personne du même endroit; celle ci qui fait la dédaigneuse & qui a puisé dans le commerce de deux dames du voisinage, (*Dorimene & Laure*) dans la lecture des romans & sur tout dans les yeux de son seigneur, une aversion pour tout ce qui porte l'empreinte du village; *Colette*, autre paysanne du même lieu, qui s'oppose à cette union en vertu des promesses qu'elle a reçues de *Mathurin*; le bailli & les parents prétendus d'*Acanthe*, tous gens attachés à un marquis dont ils sont les vassaux. Le mariage se diffère jusqu'au retour de monseigneur, qui doit arriver dans le jour & jouir de son droit, qui consiste à entretenir un quart d'heure tête à-tête la fiancée, à la questionner, à lui donner des leçons de vertu & de sagesse.

Au troisieme acte interviennent deux nouveaux personnages, le *Marquis* & son cousin le *Chevalier*; ils arrivent du siege de Metz: *Germance* (c'est le nom du chevalier) précede l'autre; il apprend le mariage & projette d'enlever la fiancée. Enfin paroît monseigneur, & à son arrivée la scene, qui jusque-là avoit été gaie, gaillarde, bouffonne, se montre sur le plus haut ton du cothurne; c'est de la morale la plus pompeuse & la plus sublime, c'est Platon, c'est Socrate, c'est la sagesse humanisée qui parle. Le *Marquis* projette de se retirer du tumulte du grand monde, d'épouser *Dorimene* & de vivre tranquillement avec elle dans ses terres. Le *Chevalier* le raille avec tous les airs, toute la fatuité du petit-maître le plus frivole. Les habitans du bourg, le bailli à leur tête, interrompent ce dialogue & viennent complimenter leur seigneur; il apprend le mariage dont il est question, & donne le quart-d'heure d'audience à la fiancée, suivant son droit. Celle-ci commence par lui présenter un paquet de la part de son pere *Dignan*. Le marquis le regarde comme un mémoire concernant ses forêts, & ne l'ouvre pas. *Acanthe* lui avoue sa répugnance à recevoir la main de *Mathurin*; elle plaide sa cause avec tant de noblesse, tant de sentiments qu'elle fait germer l'amour dans le cœur de monseigneur : il se trouble & le quart-d'heure est plus qu'écoulé avant qu'il ait rien décidé sur le sort de sa vassale.

Il commence le quatrieme acte par un monologue, où il se rend compte du tumulte de son cœur ; il ne veut pas que ce soit de l'amour : il apprend dans ce moment qu'*Acanthe* est enlevée ; il soupçonne le Chevalier, & ne peut se dissimuler le spasme cruel où le jette cette nouvelle. Le pere putatif de la jeune personne arrive, lui fait lire les papiers que sa fille a remis au Marquis ; celui-ci découvre qu'elle est fille de *Laure*, compagne de *Dorimene*. Survient *Dorimene*, elle lui apprend que le Chevalier a conduit *Acanthe* chez elle, que ce ravisseur est frere de la jeune personne : dans cet intervalle, elle est rendue à ses prétendus parents.

Le Chevalier a été pénétré de remords, à la vue de la dignité, de la modestie, de la fermeté avec lesquelles *Acanthe* a repoussé son offense ; il avoue son crime au marquis : il apprend qu'elle est sa sœur. Successivement on découvre que le pere du marquis a fait casser le mariage de celui du Chevalier avec *Laure*. Monseigneur en conséquence veut réparer ces différens torts ; il marie *Dorimene* avec *Germance*, & il épouse *Acanthe*.

Cette piece, d'un tissu tout-à-fait romanesque, est pleine de choses qui pechent contre la vraisemblance. Comment se fait-il qu'on ait élevé dans la lecture des romans & dans la molle éducation d'une demoiselle, une fille qu'on a destinée au village dès son enfance & qu'on veut marier à un rustre ? Comment a-t-elle pu concevoir de l'amour pour son seigneur, qu'elle n'a vu qu'une fois très légérement, qui est absent depuis long-temps & de qui rien ne la rapproche ? Comment peut-il être question d'hymen dans l'absence de monseigneur, lorsqu'il est nécessaire qu'il jouisse de son droit authentique, immuable, imprescriptible ? Comment *Germance* forme-t-il le projet insensé & absurde d'enlever une fille qu'il ne connoît pas, sur le simple ouï-dire de son mariage ? Comment veut-il la conduire dans un château, où il y a deux dames ? Comment le marquis attend-il son arrivée chez lui, pour débiter une morale qu'il a eu tout le temps de développer dans un voyage fort long & fort ennuyeux ? Comment l'envie de se marier lui vient-elle tout-à-coup ? Comment n'ouvre-t-il pas le papier que lui présente la fiancée ? Comment suppose-t-il que c'est un mémoire de ses forêts dans un moment semblable ? Comment devient-il amoureux dans un quart-d'heure ? A propos de quoi soupçonne-t-il le chevalier d'un enlevement aussi prompt qu'absurde de sa part ? Comment *Laure* est-elle avec *Dorimene*, sans que le marquis la connoisse, sans qu'il sache que son pere a fait casser le mariage de cette dame ? Comment *Dorimene* l'ayant recueillie, n'a-t-elle pas eu le même soin de la fille ; en coûtoit-il plus ? On ne finiroit pas, si l'on détailloit tout ce qui choque la croyance du spectateur........ Du reste, nous regardons comme une scene du plus agréable commique celle de l'interrogation de *Colette* par le bailli; mais nous voudrions qu'elle fût placée sur un théâtre de la foire.... Nous trouvons plus digne de la décence du brodequin celle du tête-à-tête du marquis avec la jeune personne. Mais au lieu de concevoir une passion purement tendre & respectueuse, ce qui est absurde, il eût fallu qu'il eût été tenté de s'émanciper, de venir à ces libertés que se croit permises un grand seigneur vis-à-vis de sa vassale; auquel cas cette scene n'auroit point été dépareillée d'avec la premiere dont nous venons de parler, & n'eût pu convenir qu'au même endroit: le titre de la piece eût été rempli de la sorte. Le dialogue entre le Chevalier & le Marquis est de toute beauté, pour la vérité des caracteres, pour leur contraste frappant: mais comment le concilier avec ce qui précede ? Il ne pouvoit trouver place dans un drame aussi grivois, aussi graveleux. Nous admirons la belle morale que débite monseigneur. M. de Voltaire fait parler l'humanité avec une onction qui ne va qu'à lui; il n'est point de prédicateur aussi insinuant, aussi pénétrant, & à moins que d'avoir devers soi des preuves du contraire, on doit le regarder comme le plus honnête homme, le plus compatissant, le plus vertueux qu'il y ait.

21 *Février*. Le sieur Fréron vient enfin de déterminer son *Année Littéraire* de 1761. La police l'a long-temps arrêté; il se plaint amerement qu'on lui ait coupé bras & jambes. Son intention étoit, suivant son usage, de finir par quelques feuilles bien satiriques, bien mordantes, bien scandaleuses, afin de se concilier la malignité des souscripteurs. MM. Marmontel &

de Voltaire sont les seuls contre lesquels on lui ait permis de s'escrimer, encore a t-on bien tempéré l'amertume de sa plume.

23 *Février*. M. l'abbé de la Porte finit son *Observateur* par une espece de testament littéraire. Il nous veut toujours faire entendre, qu'il a des occupations plus graves ; il avoue qu'il a travaillé pour lui, & non pour le public ; il donne en passant le coup de patte à Fréron, & il se félicite quant à lui d'avoir analysé trois mille ouvrages & critiqué deux mille auteurs sans opprobre. Il recommande la lecture du journal encyclopédique, qui dédommagera de sa perte. Cet ouvrage périodique joint, dit-il, la solidité des grands journaux à l'agrément des petites feuilles.

27 *Février*. Le public s'étoit flatté de voir jouer incessamment cet hiver une troisieme piece de M. de Voltaire, *Olympie*, tragédie ; mais un schisme s'est élevé entre Mlle. Dumesnil & Mlle. Clairon. Celle-ci ne voulant pas jouer le second rôle, M. d'Argental (ami de l'auteur & son agent littéraire) a été obligé de retirer cet ouvrage.

11 *Mars* 1762. La comédie françoise abonde en pieces nouvelles. M. de Chabannon a la modestie de ne vouloir passer qu'à son rang : en conséquence la premiere tragédie qu'on nous promet est une *Zaruckma*, d'un nommé Cordier, comédien de province ; ensuite une comédie en cinq actes de M. Palisson : on prétend que cette piece-ci fixera le sort du dernier auteur, que bien des gens élevent & dépriment suivant leurs préjugés différents.

12 *Mars*. Les feuilles périodiques étant une mine très-lucrative, se multiplient à l'infini. En

voici une nouvelle, qui paroîtra le 15 de ce mois, *le Négociant*, *feuille périodique sur le commerce*. Cet ouvrage n'est rien moins que littéraire, en conséquence nous n'entrerons dans aucun détail. Il se publiera tous les lundis.

14 *Mars*. *Le Discoureur*, ouvrage périodique, commencé dans ce mois-ci, paroîtra régulièrement tous les mardis & samedis. C'est un homme qui laisse errer sa plume sur toutes sortes de sujets. Il voudroit imiter le *Spectateur Anglois*. Il dit que s'il lui arrive de raisonner, ce sera de la prose qu'il aura faite sans le savoir ; & en cela il s'éloigne beaucoup de son modele. Cet ouvrage aura cent numéros d'environ huit pages, & coûtera 14 livres.

17 *Mars*. On a donné aujourd'hui la premiere représentation de *Zaruckma*, tragédie du sieur Cordier, acteur de province. La mauvaise opinion qu'on en avoit, lui a valu un succès assez considérable. C'est une piece d'une intrigue très-pénible, dans le goût d'*Héraclius*. Le moderne auteur paroît avoir cherché à se bâtir, comme Corneille, un labyrinthe immense ; mais il n'en sort pas à beaucoup près avec l'adresse, l'agilité de son devancier. Le dénouement est misérable. Nous en parlerons plus au long une seconde fois.

Le sieur Paulin a très-mal joué son rôle. Le Kain avoit l'air d'un énergumene, Mlle. Clairon a mis dans le sien une maniere qui lui appartient & a été fort applaudie.

20 *Mars*. On a donné aujourd'hui la seconde représentation de *Zaruckma*, qui a eu le même succès ; on a demandé l'auteur pour la seconde fois. On s'attendoit à quelques changements,

sur-tout au dénouement ; il n'y en a pas un seul. On assure même que l'auteur ayant voulu cette fois en faire quelques-uns, les avoit fait tout de travers, d'où certaines gens présument qu'il pourroit bien ne pas être le pere véritable de cet ouvrage.

22 *Mars. Zorac* est un usurpateur du trône d'Arabie ; il a conservé de la famille de son prédécesseur une fille qu'il éleve à sa cour sans qu'elle se connoisse ; il a pris la même précaution à l'égard de son propre fils. Son dessein a été de mettre l'un à l'abri des révolutions, & de réserver l'autre pour assurer mieux le trône à celui-là qu'il veut lui faire épouser. En conséquence il les a fait élever ensemble, & ils sont amoureux l'un de l'autre. Le jour est venu où il va déclarer qui est l'héritier de sa couronne, & à quel hymen il le destine. *Saëd*, le roi légitime, se trouve incognito à cette cour ; il a erré long-temps dans des déserts, & par une suite d'évenements extraordinaires il est devenu le prisonnier de *Siameck* ; c'est le nom du fils de *Zorac*. Il a engagé ce jeune guerrier à conspirer contre son propre pere, son maître, & son bienfaiteur, sans qu'il connoisse même le vieillard pour *Saëd*. Ce jour là on fait sortir de prison, à la recommandation de *Siameck*, un certain *Assan*, officier de l'ancien roi. La premiere rencontre qu'il fait, c'est celle de son maître (premiere reconnoissance.) Il faut observer que *Zaruckma* (c'est le nom de la fille de *Saëd*) trempe aussi dans la conspiration ; c'est elle qui en est l'ame, & qui doit dicter les serments à faire par les conjurés.

Le second acte roule sur les irrésolutions de *Siameck*, qui commence à sentir quelques remords. *Saëd* en est effrayé & n'ose encore se déclarer, il espere que *Zaruckma* aura plus d'empire sur son amant : celui-ci a reçu ordre de *Zorac* de conduire *Zaruckma* devant lui. Le tyran doit déclarer à cette princesse de quel sang elle est née, & il a laissé entrevoir qu'il la destinoit pour épouse à son fils : de-là les anxiétés de *Siameck* ; il craint que la maîtresse ne préfere l'héritier du trône à un esclave qui ne se connoît pas. Son amante le rassure ; les conjurés arrivent, & les fermens se font.

Le tyran, au troisieme acte, déclare à *Zaruckma* qu'elle est fille de *Saëd* (seconde reconnoissance.) Pour le lui prouver il lui montre un billet de sa propre mere.... En conséquence il lui annonce ses volontés, il veut la marier à son fils. La princesse frémit : pour la rassurer *Zorac* lui apprend que ce fils n'est autre chose que *Siameck* (troisieme reconnoissance) son amant. Malgré l'excès de son amour, *Zaruckma* refuse hautement cette alliance, & lui déclare qu'elle n'écoutera que la vertu. Elle veut le quitter là-dessus, en le traitant comme un esclave ; le tyran sans s'effrayer la retient & lui déclare qu'il va lui envoyer *Siameck*, pour qu'elle s'éclaircisse avec lui, & elle reste dans une incertitude cruelle... *Siameck* arrive, veut lui arracher le secret confié par *Zorac*..... Celle-ci s'obstine au silence, & lui recommande de suspendre le meurtre du tyran & de son fils. *Siameck* reste immobile, & sort dans le dessein de précipiter, au contraire, ce fatal événement.

Zaruckma dans ses perplexités croit ne pouvoir mieux se consulter qu'avec *Saëd*, dont elle respecte les lumieres & la vertu. Ce vieillard lui repproche son silence vis-à-vis de *Siameck*, lui déclare que ce héros est désespéré, & va porter le poignard au sein de l'usurpateur, sans attendre le concours des circonstances nécessaires à la suite du projet : *Zaruckma* effrayée ordonne qu'on arrête le bras vengeur. Ce nouvel ordre étonne de plus en plus *Saëd*. Alors elle lui révele ce qu'elle sait sur la naissance de ce héros, (quatrieme reconnoissance) qu'elle confirme par le billet de la main de sa mere que lui a transmis *Zorac*. (Dans le même billet où la princesse déclare que *Zaruckma* est sa fille, elle lui défend d'épouser *Siameck*, le fils de l'usurpateur. *Saëd* lit, & il se fait une double reconnoissance entre *Zaruckma* & lui (cinquieme & sixieme reconnoissance.) Différentes allées & venues de *Siameck* & d'*Assan*. Ce dernier apprend enfin à l'autre que *Zaruckma* est fille de *Saëd*, & que *Saëd* n'est autre chose que son captif (septieme & huitieme reconnoissance.) Vient un officier du tyran, qui déclare qu'on attend la princesse aux autels. *Saëd* s'indigne : *Morad* (c'est le nom de l'officier) veut le faire arrêter : *Siameck* s'y oppose : l'autre lui déclare que le roi le demande aussi. Le jeune héros part malgré *Saëd* & son amante pour aller poignarder l'usurpateur..... On charge de fers *Saëd*, & sa fille le suit, en recommandant qu'on coure après *Siameck* & qu'on l'empêche de commettre un parricide.

Zorac commence le dernier acte avec *Morad* : il a retenu le bras de son fils prêt à l'assassiner, mais il ne l'a point encore éclairé sur sa naissance. —— Cet officier lui déclare qu'on répand le bruit que le roi détrôné est vivant. L'usurpateur présume que l'esclave arrêté pourroit bien être le pere de *Zaruckma* ; en conséquence il les fait venir pour les confronter : il use des ruses ordinaires de ses pareils ; il déclare à la princesse que la grace de *Saëd* est attachée à son hyménée avec son fils ; *Saëd* s'oppose à cet indigne traité : survient *Siameck*, le poignard à la main, qui s'élance sur *Zorac*. *Zaruckma* lui arrache le fer, & lui déclare qu'il va poignarder son pere (neuvieme reconnoissance) : il reste immobile. L'usurpateur voyant qu'il n'y a plus de ressource, abandonné des siens, refuse la grace que lui offre *Saëd*, qui se fait connoître, (dixieme reconnoissance) & se tue. *Siameck* sort désespéré. *Saëd* le fait suivre, & promet à sa fille de couronner les vertus & l'amour de ce jeune guerrier.

On sent par cet exposé, qui contient dix reconnoissances, combien il y a d'absurdités dans le tissu de cette piece ; en sorte que les situations les plus belles y perdent tout leur prix par le défaut de vraisemblance ; il faut que l'illusion précede l'attendrissement & que l'esprit soit séduit avant que le cœur soit ému.

15 *Mars.* L'indisposition de Mlle. Clairon a fait interrompre hier *Zaruckma*. Cette actrice célebre ne peut éprouver quelque dérangement dans sa santé que tout le monde littéraire ne s'en ressente ; on prétend que la Piece n'est point de son goût, &, en général, les comédiens en avoient mauvaise opinion, & ne vouloient pas la jouer. Le succès en est dû à M. Colardeau. Ce jeune auteur étant un jour allé voir le Kain, trouva cette piece manuscrite dans un coin de la chambre du comédien ; il demanda ce que c'étoit : l'acteur lui répondit que c'étoit une tragédie d'un comédien de province, homme inconnu & d'un certain âge ; qu'il ne doutoit pas

qu'elle ne valût rien, & que depuis six mois qu'elle étoit soumise à son examen, il n'avoit pas eu le courage de la lire. M. Colardeau tança vivement le Kain sur cette négligence, & lui fit sentir combien ce procédé étoit malhonnête, contraire à toutes les bienséances, & même aux intérêts de la troupe.... Il prit sur lui de faire la lecture de ce drame; il en fut très-content; il engagea le Kain à le lire à l'assemblée. Le suffrage d'un jeune auteur ne fut pas prépondérant contre les préjugés de cette troupe. La piece fut encore balottée long-temps, la jalousie s'en mêla; & ce n'est qu'après avoir trouvé d'illustres protecteurs que le sieur Cordier est parvenu à se faire jouer; on assure même que le sieur le Kain & quelques autres, ont travaillé de leur mieux pour faire tomber cette piece à la premiere représentation. Effectivement plusieurs ont très-mal joué; quant à Mlle. Clairon, quoiqu'elle fût opposée au succès d'un drame qu'elle n'avoit pas goûté, elle a sacrifié son amour-propre à un plus grand amour-propre, & l'on a remarqué dans son jeu tout l'art dont elle est capable.

On tient cette anecdote de M. Colardeau, & c'est de lui qu'on a su aussi le peu d'aptitude de l'auteur à faire des corrections.

29 *Mars*. On lit dans le *censeur hebdomadaire* N°. II, une lettre de M Quétant à M. Daquin, & une réponse de celui ci à l'autre. Il paroît qu'elles ont été écrites à l'occasion d'une guerre obscure que se sont faite ces deux personnages, & elles tendent à une trêve entre eux. Le dernier avoit reproché au premier qu'il n'étoit point auteur des paroles du *Maréchal* (il les attribue à un militaire); & prétendoit d'ailleurs que,

même en le suppoſant, il n'avoit pas lieu de s'en glorifier ſi fort ; que cet opéra comique devoit toute ſa vogue à la muſique imitative du ſieur Philidor. M. Quétant revient le premier à réſipiſcence. M. Daquin, qui a l'ame bonne, ſe prête de la meilleure grace à la réconciliation, & tous deux reprennent le rôle plus naturel de ſe gratter & de ſe chatouiller.

30 *Mars.* M. le comte de Lauragais vient de recueillir chez lui l'auteur de *Zaruckma* ; bien différent du ſieur Wancyck, envoyé extraordinaire de l'Electeur de Baviere, qui avoit mis à la porte ce pauvre diable, parce qu'il faiſoit des vers.

1 *Avril* 1762. L'auteur du *Diſcoureur*, ouvrage périodique dont nous avons parlé ci-deſſus, eſt M. le chevalier Brueis, ci-devant aſſocié au *Conſervateur* avec M. Turben.

12 *Avril.* M. le Brun s'eſt eſcrimé auſſi dans cette fermentation générale de patriotiſme ; il a fait une ode, qui porte le titre du *Citoyen*, dans laquelle il y a des ſtrophes bien frappées.

13 *Avril.* Une nouvelle cantatrice s'eſt montrée ces jours-ci au concert ſpirituel, Mlle. Bernard, (c'eſt ſon nom.) Elle a une voix ſage, ſoutenue, & une figure qui pourroit l'engager à paroître ſur le théâtre. On ne ſait point encore ce qu'on en fera. Elle vient de Marſeille.

14 *Avril.* On a donné aujourd'hui pour la ſixieme & derniere fois *Zaruckma*. Cette piece, malgré ſes prôneurs, meurt de ſa mort naturelle ; elle n'a pas rendu 600 livres mercredi, & il y avoit encore très-peu de monde aujourd'hui.

19 *Avril.* Un nouvel acteur nommé Dufrény a débuté tous ces jours-ci. Il eſt dans le genre de le Kain. On lui trouve de l'agrément, de la

la figure, de l'expression, du jeu. On prétend que ce sera une bonne acquisition : il est fait on ne peut mieux, peut-être un peu trop petit pour certains rôles, dont la sublimité paroît devoir s'annoncer par la prestance.

1 *Mai* 1762. L'opéra regrette beaucoup Mlle. Carville qui se retire ; cette danseuse n'avoit jamais été goûtée du public. En rendant à ses talents toute la justice qu'ils méritent, on ne pouvoit supporter sa figure colossale ; elle avoit l'air d'une tour. Les connoisseurs admiroient chez elle le beau fini dans les pas, le moëlleux, les graces souples de ses mouvements, l'ensemble régulier de son action & de ses attitudes ; ils prétendoient que c'étoit l'actrice qui approchoit le plus de Dupré, pour cette danse noble & gracieuse qu'on appelle *le terre-à-terre*. Malgré le peu de sensation que cette perte fait dans le public, ils sont persuadés qu'on ne la remplacera pas de si-tôt, & qu'on perd en elle un modele excellent.

1 *Mai.* Depuis les différentes rentrées on remarque un dégoût général du public pour le spectacle. Tout est désert, il faut absolument du nouveau pour le réveiller, & encore il retombe bientôt dans son assoupissement.

4 *Mai.* L'académie royale de musique a remis aujourd'hui *les Fêtes Grecques & Romaines*. Les paroles sont de M. Fuzelier, la musique est de M. de Blamont. Le public peu prévenu, sans doute, en faveur de cette ancienne musique, n'a pas abondé en foule à cette nouveauté comme à l'ordinaire ; il ne s'est vu que deux femmes aux premieres loges d'ailleurs toutes remplies d'hommes. Les secondes même n'étoient pas fort ornées du beau sexe.

L'ouverture a paru d'un uni que les gens de mauvaise humeur ont appellé *plat*. Les chœurs ne sont pas d'une harmonie bien nombreuse, ils sont mêmes confus & monotones. Du reste, une musique légere, gracieuse, très-chantante. On a ajouté quelques airs pour la renforcer; on a cherché à étayer ce ballet par toute la pompe du spectacle & par des danses très-agréables. Malgré tous ces secours artificiels on craint qu'il n'aille pas loin.

Dans le prologue Mlle. le Mierre a chanté l'air fait pour la haute-contre, *Jeunes beautés*, &c. Malgré le goût & l'art qu'elle y a mis, elle n'a pu empêcher qu'on ne s'apperçût que cet air n'alloit point à sa voix, & qu'on ne regrettât Jeliotte. Mlle. Allard a rendu les caracteres de la danse dans le rôle de *Terpsicore*, avec les plus grands applaudissements; ce n'est pas qu'on n'y ait remarqué de grands défauts de la part du chorégraphe; il n'a pas à beaucoup près rendu les nuances délicates que les paroles expriment; il y a même des contre-sens dans quelques endroits. Il faut avouer que cette partie poussée de nos jours au plus haut point d'exécution, ne l'est pas à beaucoup près de la part des compositeurs. Le sieur Noverre avoit montré du génie en ce genre : on ne voit pas qu'on se soit piqué d'enchérir sur lui.

Dans le second acte, la danse des *lutteurs* est dans le vrai beau & dans la plus grande vérité, c'est ce qu'on peut appeller du sublime en chorégraphie, c'est du très-neuf : on n'en peut pas dire autant de celles des *coureurs*. On ne conçoit pas que des athletes qui doivent combattre à la course, reviennent continuellement sur leurs pas en faisant des cabrioles & des gambades : on auroit nommé plus juste ces concurrents des *sauteurs*.

Quant à la partie chantante, Mlle. Dubois fait le rôle de Timée, & cette actrice, dont la voix est agréable à l'oreille, afflige continuellement les yeux par le louche de ses regards; & une figure qui ne peut rendre que les rôles de furies.

Mlle. Arnoux fait *Cléopatre*, dans le second acte. Ses amis avoient craint qu'elle ne rendît pas bien ce rôle & l'en avoient dégoûtée : il a fallu employer les grands moyens, (la menacer de prison) pour la faire jouer. Des gens croient remarquer qu'elle fait ce rôle comme contrainte. Gelin représente *Antoine* & est très-bien dans ce personnage. On ne peut que rire de l'équipage maritime dans lequel arrive la reine d'Egypte, & sur-tout du marche-pied qu'on apporte pour la faire descendre de sa barque royale : c'est du plus grand ridicule.

Mlle. Bernard a chanté pour la premiere fois, Brillez, *jouissez de la paix*. Elle a soutenu l'espérance qu'on avoit conçue d'elle au concert spirituel, & malgré sa grande timidité & son air de novice, elle a emporté tous les suffrages : sa prononciation est belle, sa voix d'un sonore très-agréable, ses cadences sont légeres & bien frappées; il est fâcheux que sa taille peu grande & l'embarras de sa démarche, ne puissent lui permettre de jouer des rôles bien entendus : d'ailleurs, le volume de sa voix ne pourroit aller à ceux de force & d'une certaine vigueur.

Enfin ce spectacle a fait une sensation très-agréable sur tous les spectateurs; les paroles sont pleines de pensées très-fines & très-délicates. Celles du troisieme acte plaisent d'autant mieux, qu'on se rappelle combien *Tibulle* étoit galant & tendre : elle sont dans le costume, ce qui est si rare à l'opéra.

Suite de l'article sous la date du 6 Mai. Nous rendrons un compte détaillé de cette nouveauté quand son sort sera bien fixé ; le public peut revenir sur les éloges outrés qu'il prodigue aujourd'hui à cette tragédie, que tout le monde convient être trop compliquée, trop chargée d'incidents multipliés & brusqués coup sur coup.

11 *Mai*. Le sieur Palissot donnoit depuis quelques années au public une gazette sous le titre de *Papiers Anglois*; c'étoit un barbouillage extrait des différents pamphlets qui courent à Londres sur les matieres politiques. Rien de plus bavard, de plus ennuyeux & de plus mal choisi que cette collection, d'ailleurs, pleine de contre-sens, le directeur n'entendant point la langue Angloise, & se confiant à de mauvais traducteurs pour épargner l'argent : elle étoit fort chere & coûtoit plus de 14 sous la feuille. (cinquante-deux pour 36 liv.) Le public s'est lassé de se laisser bafouer par ce *Scribler* & les souscriptions tarissant tout-à-fait, le sieur Palissot est obligé de renoncer à son travail; il annonce qu'à commencer du 1 juillet prochain il interrompra sa gazette.

13 *Mai*. On a donné aujourd'hui à l'opéra pour la derniere fois les *Fragments*. Il n'y avoit personne. La seule chose remarquable, c'est Mlle. Dumonceau (*Pouponne*) qui a fait le rôle de maître de danse avec succès ; c'étoit Mlle. Allard qu'elle doubloit.

14 *Mai*. L'académie des jeux floraux propose pour sujet du prix d'éloquence cette année : *Quel*

pourroit être en France le meilleur plan d'études? Voilà ce qu'on appelle une question intéressante dans les circonstances actuelles, & faire concourir les lettres aux vues utiles de la politique.

17 *Mai.* La scene de *Zelmire* se passe à Mytilene, capitale de l'isle de Lesbos, dont *Polidore* a été détrôné par son fils *Azor*. Ce prince vouloit laisser mourir son pere de faim. *Zelmire*, sa sœur, mariée à *Ilus*, prince Troyen absent, & mere d'un jeune enfant, pénetre à l'insçu de son frere dans la prison & soutient son pere en l'allaitant : elle gagne un de ses gardes, elle l'enleve & le cache dans le tombeau des rois. Elle persuade ensuite à *Azor* que son pere enlevé par des sujets fidelles s'est refugié dans un temple, où quelques partisans du monarque détrôné se défendoient encore. *Azor*, pour couper court à ses craintes, fait mettre le feu au temple. Ce prince vient d'être assassiné à son tour dans sa tente. C'est ici que l'action commence. *Zelmire* apprend à son pere cet événement. Le bon homme se détermine à fuir avec elle : un certain *Antenor* est nommé régent du royaume : elle lui demande des vaisseaux pour aller rejoindre son époux à Troye, & elle espere sauver son pere *Polidore* dans la foule. *Antenor* arrive ; il refuse la couronne que le peuple & l'armée lui offrent ; il la conserve pour le fils de *Zelmire* à qui elle appartient ; il se contente du fardeau de gouverner. Cette générosité apparente s'éclipse bientôt dans une conversation qu'il a avec un certain *Rhamnès*, qu'il choisit pour confident : ce scélérat a commis seul les plus atroces forfaits, & il va bêtement tout dévoiler à un homme dont il n'est point sûr & dont il pourroit se passer, ayant autant de

dextérité qu'il en a pour le crime. Il lui déclare qu'il est auteur de la révolte du fils & de la mort de ce dernier, qu'il prétend régner absolument, qu'il saura faire disparoître le jeune prince quand il faudra, mais qu'il veut, entouré de forfaits, paroître encore vertueux : il ne craint qu'une chose, c'est que, comme il poignardoit *Azor*, il a entendu du bruit, il a été forcé de fuir ; ce prince pourroit bien l'avoir accusé : il est disposé à toutes les attrocités nécessaires pour se garantir de cette accusation, en conséquence il veut faire passer quelque ancien ami de *Polidore* pour auteur de ce régicide, & il charge son confident de connoître quels sont ceux qui sont entrés dans la tente.

Dans le second acte *Zelmire* fait de nouveau sortir son pere du tombeau, pour lui apprendre la générosité d'*Antenor*, qui refuse la couronne ; elle croit convenable de lui confier la destinée du roi : *Polidore* y consent ; comme ils sont décidés à cette ouverture, arrive le soldat Thrace qui avoit aidé *Zelmire* à sauver son pere ; il revenoit à la tente d'*Azor*, dont il avoit acquis la confiance, comme on le poignardoit ; dans ce moment précieux l'usurpateur laisse entre ses mains un billet tracé de son sang, où il apprend le crime d'*Antenor* ; il meurt content en sachant que son pere respire. *Polidore* échauffé du récit de tant de forfaits veut sortir, montrer l'écrit à l'armée & immoler *Antenor* ; les autres ne sont point de cet avis & trouvent plus prudent de fuir sur les vaisseaux que la Thrace annonce destinés pour le renvoi de la princesse : on ira vers Ilus ; on reviendra avec les Troyens, & ce billet proclamé à la tête d'une armée formidable fera plus sûrement effet. On enferme une seconde fois *Polidore* à l'approche du tyran. Celui-ci a une entrevue avec *Zelmire*, il lui reproche le meurtre de son pere, il ne veut pas laisser à son fils l'exemple d'une mere si coupable, il lui annonce son départ prochain pour Troye; alors son époux y est passé pour défendre son pere. *Zelmire* consent à tout, elle demande seulement qu'on lui accorde le passage de quelques amis. Le tyran refuse, elle est dans la plus grande inquiétude pour son pere. On annonce *Ilus*; il arrive subitement, il ignore ce qui s'est passé, il court à son épouse, demande *Polidore*; on lui apprend la mort de ce prince, on en accuse *Zelmire*: celle ci n'ose se disculper; on ne sait pourquoi on lui fait dire des vers qui sont un aveu de ses crimes prétendus; elle, sans plus longue explication, jure de se venger & court redemander son fils à l'assemblée du peuple. Elle ordonne à sa confidente de la suivre & de l'instruire; elle sort en se flattant que son destin va changer.

Antenor ouvre le troisieme acte par un monologue, où il témoigne son inquiétude sur le renvoi du fils d'*Ilus*, auquel le peuple acquiesce; il craint de perdre en lui un otage dont il a besoin, si ses crimes sont un jour decouverts; si *Azor* a parlé en mourant, si on profite de la présence d'*Ilus* pour le révéler, il se détermine à tuer ce prince. Celui ci arrive fort à propos avec un confident, dont il se défait pour aller presser le départ de son fils, & sans vouloir avoir une explication avec *Zelmire*, comme elle le demande, il reste seul, les mains sur le visage, abymé dans sa douleur. *Antenor* court sur lui le poignard levé: survient *Zelmire* qui l'arrête; l'adroit scélérat laisse couler le poignard dans sa main. *Ilus* se retourne,

& le traître veut lui faire entendre que c'est sa femme qui l'assassinoit sans son secours. *Zelmire* s'évanouit. *Antenor* court appeller sa garde, & il arrive au moment où *Zelmire* revenue alloit parler. Elle l'accuse du crime dont il l'a chargée; il se justifie avec tranquillité : « Accuse-moi donc » aussi, lui dit-il, du meurtre de ton pere. » Elle ne peut répondre; elle prie son mari de faire descendre ses troupes, de ne pas abandonner un gage précieux qu'*Ema* peut remettre entre ses mains. On emmene cette princesse: *Ilus* se rappelle que *Zelmire* a souvent regardé le tombeau; il va à la porte, il y parle assez haut pour être entendu de *Polidore*. Celui-ci reconnoît sa voix; il sort. *Zelmire est innocente*, s'écrie *Ilus* en le voyant; il ordonne à son confident qui arrive de faire débarquer ses soldats. *Ema* accouroit pour désabuser *Ilus*; elle se trouve heureusement prévenue, elle lui annonce que le soldat Thrace l'attend pour lui remettre l'écrit d'*Azor*. *Polidore* se ragaillardit, il veut combattre; on veut l'en dissuader & l'on convient enfin qu'il combattra *incognito*.

Zelmire arrive au quatrieme acte, délivrée par les troyens. *Ilus* combat encore pour enlever son fils ; on voit le combat de dessus le théâtre. *Zelmire* observe exactement ce qui s'y passe, les succès divers, enfin la défaite d'*Ilus*, elle tombe défaillante : un Troyen échappé du combat se retire dans le tombeau. *Zelmire* le voit sans le reconnoître ; elle s'applaudit de ce que son pere n'est plus dans le tombeau, où l'on ira poursuivre ce Troyen. En effet *Rhamnès* arrive, cherche des yeux cet inconnu, & croyant qu'il a fui dans les vaisseaux Troyens, ordonne d'y mettre le feu. *Zelmire* frémit pour son pere, qu'elle croit sur

les

les mêmes vaisseaux ; elle préfere de découvrir l'asyle de l'inconnu. Cet inconnu est son pere. *Rhamnès* veut faire enchaîner *Polidore* ; *Zelmire* se jette au devant des soldats, elle les prie avec les instances les plus piteuses; elle s'adresse sur-tout au confident du tyran, elle lui fait envisager les récompenses les plus brillantes; il paroît réfléchir : elle se jette à ses genoux, il s'ébranle. *Antenor* arrive avec les Troyens & *Ilus* enchaînés. Tout change ; *Rhamnès* est forcé de livrer *Polidore*. *Antenor* frémit au premier aspect ; il se rassure & accuse *Polidore* du meurtre d'*Azor*..... Il fait conduire en conséquence *Polidore*, *Zelmire* & *Ilus* devant le peuple pour être jugés. *Ilus* le menace de l'y confondre. Cette menace donne de la défiance à *Antenor*, qui cherche à se précautionner.

Au cinquieme acte *Ilus* annonce que *Polidore* & *Zelmire* sont déjà condamnés comme meurtriers d'*Azor*, & que *Rhamnès* l'ayant fouillé, lui a enlevé l'écrit d'*Azor*. *Antenor* arrive ; il feint d'être attendri du sort de ses victimes, il dit à *Rhamnès* qu'*Ilus* ne mourra point, & qu'il s'en fait un ôtage contre les Troyens ; il se félicite du succès de ses crimes : il fait renouveller l'ancien usage d'immoler les meurtriers des rois par la main du chef des guerriers. Le peuple paroît avec les deux victimes, *Polidore* & *Zelmire*. *Antenor* ordonne à *Rhamnès*, comme chef des guerriers, de prendre le fer sacré & de venger *Azor* sur son meurtrier. *Rhamnès* prend le fer, le leve sur *Polidore*, & se retournant tout-à-coup frappe *Antenor* lui-même ; il lit ensuit le billet d'*Azor*. Le peuple tombe aux genoux du vrai roi. *Zelmire* jouit de son triomphe. *Rhamnès* fait délivrer *Ilus*. Le prince arrive & tout finit dans la joie.

21 *Mai*. Depuis quelques années nombre de personnes ont été attaquées de la consomption & ont succombé sous cette sombre maladie. Les gens intéressés à cacher ces malheurs domestiques les ont fait passer pour accident particulier. Depuis deux mois on compte plus de dix personnes connues qui ont été les victimes d'une telle frénésie. Ce *tædium vitæ* est la suite de la prétendue philosophie moderne, qui a gâté tant d'esprits trop foibles pour être vraiment philosophes.

27 *Mai*. *La plaideuse* ou *le procès*, malgré sa résurrection n'a pu aller qu'à la cinquieme représentation. Il faut que le spectacle des Italiens tombe furieusement : en tout autre cas, cette piece eût eu un succès plus constant.

Le principal personnage est la *plaideuse*, qui a une très-jolie fille : elle arrive de province chez un ami, qui est en même temps amant de la demoiselle. Elle est, comme tous les gens de cette espece, elle n'a que son procès en tête, elle demande un avocat ; le jeune homme en fait venir un, qui lui dit des balivernes, au lieu de parler de son affaire. La femme est indignée. Le caractere de nos jeunes avocats superficiels, écervelés, est très-bien marqué. Le jeune amant poursuit cependant son mariage, on n'y veut consentir que quand le procès sera gagné : la scene est à *Passy*, & il est question d'y donner une fête à ces dames : surviennent le pere & l'oncle du jeune homme, deux vieux ladres fort féveres, qui n'entendent point raillerie & veulent expulser ces femmes de la maison, comme mauvaise compagnie; ils lorgnent pourtant la jeune personne, & chacun à part soi en devient amoureux; ils se quittent avec empressement, afin de traiter chacun séparément leur affaire galante. La suivante fait semblant de se laisser gagner, & promet à l'un de l'introduire en porte-faix, à l'autre dans un bahut. Ils arrivent & il se trouve que l'oncle est reconnu par son neveu. Cela donne lieu à une scene de surprise & de ridicule bien autrement amusante, quand sous quelque prétexte on ouvre le bahut & l'on en sort le pere. Cependant le procès est perdu. Grande désolation. Arrive l'avocat, qui a retrouvé son bon sens; il fait reprendre courage à la plaideuse, il lui promet qu'elle gagnera au conseil, & les deux vieillards pénauts, pour qu'on ne se moque pas d'eux, consentent au mariage du jeune homme.

Quant au style de cette piece, il est peu saillant; il n'a point de ces tirades d'esprit à la Voisenon; il est simple, soutenu & peut-être plus dans le goût du vrai style de la comédie. Ce qui fait honneur à cette piece, c'est qu'elle n'ennuie pas.

3 Juin 1761. On a donné aujourd'hui aux Italiens la premiere représentation de *l'Amant corsaire*, piece en deux actes, mêlée d'ariettes. Les paroles sont des sieurs Salvert & Anseaume; la musique, de M. de la Salle. Cette piece n'a point eu de succès, & ne mérite aucun détail. Elle est tirée du conte de la Fontaine, intitulé le *Calendrier des vieillards*.

15 Juin. Mlle. Hebert a débuté aujourd'hui à l'opéra dans le rôle de *Cléopatre*. A travers sa timidité on démêle un volume de voix assez considérable, elle est musicienne; elle a de l'expression dans sa physionomie, qu'elle change pourtant trop brusquement. Ce défaut vaut beaucoup mieux que celui d'une ame froide & stérile; il est facile de s'en corriger: il paroît qu'on en a été assez content.

22 *Juin*. M. Roux, docteur de la faculté de Paris, continue le *Journal de médecine*, à la tête duquel étoit M. de Vandermonde, mort il y a quelques semaines.

23 *Juin*. Les Italiens ont donné aujourd'hui la premiere représentation de *la nouvelle Italie*, comédie Italienne & Françoise en trois actes, mêlée d'ariettes & de spectacle. Cette piece très-ennuyeuse est du sieur Bibiena, la musique de Duni; elle est très-adaptée au goût de mademoiselle Piccinelli, qui a reçu des applaudissements considérables; elle a même joué avec un intérêt qu'on ne lui connoissoit pas encore.

28 *Juin*. Une femme, dont est amoureux un homme très-raisonnable à qui elle a tourné la tête, exige de lui pour preuve de sa tendresse qu'il fasse la cour à *Sophie*, jeune personne beaucoup plus aimable qu'elle, & qu'il la fasse si bien qu'il la rende folle de lui, & se mette dans le cas de lui en administrer à elle des preuves convaincantes. Il passe par-dessus les scrupules de sa probité, & en conséquence fait tout ce qu'il faut pour émouvoir ce cœur novice; quand il croit en être sûr, il revient à sa maîtresse & se félicite d'avoir réussi. Celle-ci n'est pas si aisée à contenter que lui, & ne s'en tient pas à tout le détail des symptômes de l'amour qu'il lui dit avoir remarqués dans *Sophie*. Nouvelles instances de la part de cette femme, nouveaux scrupules de la part de son amant; la passion

l'emporte, & comme il cherche les moyens de concilier son amour avec sa probité, il lui survient une lettre de *Sophie* très-vive & très-brûlante..... Il croit être au terme de ses désirs, il court avec empressement chez sa maîtresse, il lui lit le billet ; elle trouve que c'est quelque chose ; elle exige qu'il lui laisse cet écrit : il ne peut consentir à cette perfidie, & quelque reproches, quelque menaces que lui fasse la belle, il aime mieux encourir sa disgrace que de commettre une noirceur. Celle-ci en conclut qu'il aime mieux *Sophie* qu'elle ; il est question d'arrêter les progrès d'une passion qui détruiroit la première, ce qu'elle n'entend pas.

Au second acte, elle apprend par sa suivante que *Sophie* fait courir en toute diligence après l'amoureux, que le messager a une nouvelle lettre à lui remettre : elle exige de cette fille qu'elle intercepte la lettre des mains du valet & de la lui donner ; ce qui s'exécute assez adroitement : elle profite de ce papier pour former une double rupture entre les deux amants ; elle fait accroire à *Sophie* que ce billet lui a été remis par son amant lui-même, que c'est un sacrifice qu'il lui a fait, qu'elle ne l'a exigé que par amitié pour elle, & pour lui dessiller les yeux sur le compte d'un perfide. *Sophie* éprouve l'accès violent d'une jalousie neuve. Le mauvais succès de cette première passion la dégoûte de tous les hommes, & elle évite avec soin son cruel amant. La première ne se lasse point, il est question d'arrêter celui-ci, elle met une fausse adresse à ce même billet & elle lui fait entendre que cette lettre étoit écrite à je ne sais quel comte, que la jeune personne trompoit en même-temps. Il reconnoît l'écriture, il lit la lettre, il en trouve toutes les expressions conformes à la déclaration la plus tendre; il est furieux, & il déteste de son côté une novice qui, pour son coup d'essai, est capable d'une perfidie ainsi combinée.

Cependant sa passion le ramene au troisieme acte, il cherche à avoir une entrevue avec *Sophie* pour lui faire mille reproches, suivant la coutume, pour l'accabler d'injures. Celle-ci affecte une dignité, un mépris qu'on voit n'être rien moins que vrai; enfin elle se détermine à le recevoir pour avoir le plaisir de le mieux confondre. L'entrevue se fait; suit une explication du *qui pro quo*. Le laquais convient avoir indiscrétement livré ce billet sans adresse. La soubrette déclare que sa maîtresse en a mis une. Les deux amants se rendent justice & la piece finit.

La simple exposition de l'intrigue de cette piece dénote combien elle est vicieuse; le dénouement ne l'est pas moins. On a donné mal-adroitement le même jour *la Surprise de l'amour*, drame très-simple, mais qui met à même de sentir la différence d'une comédie bien faite avec une autre.

29 *Juin*. Mlle. Durancy, fille de celle qui est à la comédie Françoise, a débuté aujourd'hui à l'opéra dans le rôle de *Cléopatre*. Cette actrice est encore trop informe pour prononcer sur elle.

29 *Juin*. Il est décidé que *la mort de Socrate* sera retirée, la police ne veut point absolument en permetre la représentation.

4 *Juillet* 1762. Le jeune Rochon succombe enfin : à force de se retourner il avoit obtenu que sa piece seroit relue & jugée les rôles à la main. Mlle. Clairon avoit promis de rester neutre; mais une

importante de cette espece peut-elle l'être? Cette neutralité de sa part a occasionné une désertion véritable. M. Rochon n'a eu que six voix cette fois-ci. Mlle. Dumesnil, qui paroissoit embrasser hautement sa querelle, l'a abandonné; du moins c'est à présumer par la façon languissante & entrecoupée dont elle a lu son rôle.

5 *Juillet.* On a remis aux Italiens le trois de ce mois *la jeune Grecque*, piece en vers, en trois actes, de M. l'abbé de Voisenon; on ne sait pourquoi cette piece est omise dans l'*almanach des théâtres*.

13 *Juillet. Les caracteres de la Folie* tombent absolument. Dimanche, troisieme représentation, l'opéra n'a pas fait cent écus; on répete des *fragments*.

14 *Juillet.* Cette même piece est exaltée par-dessus les murs dans le *Mercure*, & il y a cent contre un à parier que c'est encore l'auteur qui a fait modestément cet extrait. Laissons-le s'infatuer de lui-même, & ne tirons pas de la poussiere une piece faite pour y rester.

15 *Juillet.* Une nouvelle *Amélie* s'éleve contre celle de madame de Riccoboni; on lui reproche de n'avoir fait qu'extraire l'Angloise, d'en avoir tiré les morceaux qui lui ont convenu, & d'en avoit fait un roman à sa guise. On donne la traduction d'aujourd'hui comme fidelle, elle n'en est que plus mauvaise; les Anglois veulent être rhabillés pour nous plaire: elle est de M. de Puisieux.

18 *Juillet.* On a donné aujourd'hui *les Caracteres de la Folie* pour la derniere fois, & ils sont tombés aussi obscurément qu'ils avoient existés. On n'a point d'exemple d'un opéra retiré à la sixieme

représentation, auquel dès la seconde il n'y avoit personne.

23 *Juillet*. Tous les papiers publics, tous les journaux, tous les ouvrages périodiques semblent s'accorder pour célébrer de concert & transmettre autant qu'il est en eux, à la postérité la plus reculée, l'action pieuse & édifiante des comédiens françois en faveur de Crébillon. M. de la Garde, un des entrepreneurs du *Mercure*, vient d'écrire une lettre à M. de la Place, dans le deuxieme volume du mois, où il détaille cette pompe funebre; il ne laisse rien à désirer sur cette description: elle a huit pages.

Suit un éloge historique de M. de Crébillon, on ignore de quelle main il est: il est fort long, on n'y a cependant traité en rien l'histoire de ses demêlés avec son fils & celle du raccommodement; deux points importants, qui auroient dû faire un article très-intéressant dans un morceau littéraire. On n'y discute pas ses ouvrages d'une façon assez travaillée, &, en général, cet éloge se ressent de la fadeur que le *Mercure* communique à tout ce qu'il contient.

24 *Juillet*. Il a couru dans le monde une brochure intitulée *Réflexions d'un bel esprit du café de Procope, sur la tragédie de Zelmire*. On attribue cet ouvrage à M. Blin de Saint-Maur. On y passe en revue d'une façon très-cavaliere nos jeunes cavalieres tragiques. Celui-ci qui sent combien il a besoin de l'indulgence du public, s'il court la même carriere, désavoue authentiquement ce pamphlet, dans le *Mercure*. Il faut lui donner acte de sa modestie. Dans cette protestation il s'exprime de la façon la plus honnête & la plus sincere.

A propos de cette tragédie, nous remarquerons que le *Mercure* paroît avoir pris sa défense envers & contre tous; il y a dans le premier volume du mois un détail nouveau à l'occasion de ce drame; on s'étend dessus avec complaisance, on veut détruire l'imputation de plagiat dont on chargeoit M. du Belloy; on fait voir combien sa tragédie est supérieure à l'*Hipiphile* de Metastase, au dénouement près, qui est de la plus grande beauté dans l'Italien : c'est un tableau de Michel Ange; il n'y a rien de pareil au théâtre, il en faut convenir.

25 *Juillet*. Les comédiens Italiens donnent depuis quelques jours un nouvel opéra comique, intitulé *Les deux Sœurs rivales*, en deux actes; la musique est de Debrosses, les paroles sont de M. de la Ribardiere. On ne peut décider encore si le succès en sera considérable. La musique est gentille.

26 *Juillet*. Après avoir exploité de proche en proche les mines littéraires de nos voisins, nous faisons des excursions au loin, & nous allons jusqu'en Chine chercher de quoi nous enrichir. On voit dans le second volume du *Mercure* de juillet l'extrait d'une piece du théâtre Chinois, représentée à Canton en 1719, traduit d'après l'Anglois. C'est la seconde piece dramatique de cette nation qu'on transporte dans notre langue. Le pere Duhalde nous avoit déjà donné l'*Orphelin de la Chine*, dont M. de Voltaire a tiré si grand parti. Celle-ci est d'un genre plus rapproché des bergeries. Cependant, comme elle excite la terreur & la pitié, on l'éleve au rang des tragédies. Il y a une espece de vérité d'action, noyée & interrompue dans une multitude d'épisodes. La

conduite en est grossière, embarrassée : il y a un manque de dignité dans les personnages & dans les événements ; mais encore un coup, elle remue fortement les passions tragiques, & c'est-là l'essence de ce drame sublime.

28 *Juillet.* La jeune Grecque, jouée il a quelques années, n'étoit pas encore imprimée ; elle l'est actuellement. Tout le monde sait qu'elle est de l'abbé de Voisenon. On l'a reprise aux Italiens depuis quelque temps ; elle n'est pas d'une grande chaleur, mais elle est agréablement écrite : on n'y trouve du sentiment & de l'esprit ; elle fait plus de plaisir à la lecture qu'à la représentation.

25 *Août.* M. l'abbé de Vauxelles a prononcé aujourd'hui le panégyrique de saint Louis devant MM. de l'académie Françoise. C'est déjà une grande présomption contre un orateur d'entreprendre un sujet remanié tant de fois.

27 *Août.* Mlle. Neissel, qui de l'opéra comique avoit passé aux Italiens, où elle avoit eu du succès, s'étant attachée depuis à M. le prince de Conti, vient de mourir.

28 *Août.* On nous annonce pour la semaine prochaine *Ajax*, tragédie de M. Poinsinet de Sivry. Deux choses donnent une fort mauvaise idée de cette piece : Premierement l'auteur la commence avant la dispute des armes d'*Achille* ; secondement il y introduit une *Penthésilée*, reine des Amazones, dont il rend son héros amoureux. Un homme qui a assez peu de connoissance du théâtre pour former un pareil plan, & se servir de semblables ressources, n'est point propre à traiter un sujet manié par Sophocle.

30 *Août.* On ne peut voir de plus mauvaise

tragédie que l'*Ajax* qu'on a joué aujourd'hui ; il ne mérite point la moindre analyse : la plus pitoyable intrigue, des caracteres faux & bas, un *Ajax* infame, pas le moindre intérêt, des vers d'un ridicule à faire éclater de rire ; voilà ce que c'est que ce drame. Les acteurs ont fort mal joué, entre autres le Kain faisant le héros de la piece, & beuglant comme un taureau qu'on égorge. Au cinquieme acte un confident vient apprendre à *Ajax* qu'*Ulysse* est le possesseur des armes d'*Achille* : « Seigneur, tout est perdu, » s'écria t-il. A l'instant des battements de pieds & de mains qui ne tarissoient point, ont annoncé à l'auteur qu'il étoit plus malheureux que son héros.

1 *Septembre* 1762. Les chûtes fréquentes que font nos auteurs dramatiques sur le théâtre François ne les découragent point. On annonce une foule de tragédies pour cet hiver ; on parle d'une de M. Boistel, qui doit ouvrir cette saison. C'est une *Irene*.

2 *Septembre*. Le *Mercure* se décrédite de plus en plus ; les fonds en diminuent considérablement, & les pensionnaires se sont plaints à M. de Saint-Florentin qu'il n'étoient point payés. Il a nommé des commissaires pour examiner les comptes du caissier : ils en ont fait rapport ces jours passés au ministre, & ils ont malheureusement trouvé que le retard provenoit moins d'une mauvaise administration que du dégoût du public. M. Marmontel, un des examinateurs, quoique souffrant de cette perte, s'en applaudit ; l'amour-propre est plus fort chez lui que l'intérêt : tout le monde sait qu'il présidoit autrefois à cet ouvrage périodique & qu'il avoit assez de succès alors.

4 Septembre. On craint fort que l'opéra ne perde tout-à-fait Mlle. Arnoux ; l'esprit d'indépendance qui regne dans cette actrice & le peu de vigueur de l'administration en font cause. Cette perte seroit d'autant plus fâcheuse, que tout paroît concourir au délabrement de ce spectacle, & l'on ne voit pas que l'on travaille efficacement à y remédier.

4 Septembre. Depuis long-temps on se plaint de la fadeur du *Mercure* ; il est sur-tout d'un dégoût insupportable, lorsqu'il rend compte du jeu des acteurs. Les plus mauvais ont droit à ses loges ; tout est admirable, merveilleux, c'est une intelligence infinie, une vérité unique, une grandeur, un sublime, des graces, &c. Ce jargon revient sans cesse & se prodigue si mal-à-propos & si indistinctement, qu'il ne doit flatter personne. Aujourd'hui l'auteur s'est trouvé en bile, & il la décharge sur ceux qui blament cette indulgence générale : il promet qu'il ne se corrigera point, & qu'il prodiguera sans relâche son encens à toutes les divinités du théâtre : rien n'est si plaisant que cette protestation.

7 Septembre. Acis & Galathée n'a point pris : malgré sa grande & belle ritournelle du deuxieme acte & tout l'accompagnement du monologue de *Galathée* & quelques airs prônés par les antiques partisans de ce spectacle, on l'a trouvé froid, nu, maigre, insipide. Mlle. Chevalier fait *Galathée* ; Pilot, *Acis* ; Gélin, *Polyphême* : tout cela ne remplace point Mlle. le Mierre, Jéliotte & Chassée. Les danses mêmes n'ont rien de merveilleux ni de caractéristique, quoique l'entrée des Cyclopes y prêtât beaucoup. Il n'est pas possible que ce drame aille bien loin.

15 Septembre. L'opéra ne pouvant espérer de pousser loin *Acis & Galathée* se propose de remettre *Iphigénie.* Cet opéra, de grande maniere, dont les paroles sont de Duché & de Danchet, la musique de Campra & de Demarets, a toujours eu un succès considérable. Le poëme est d'une grande beauté, & sans doute il ne manquera pas son effet ; on ne pense pas la même chose de la musique : on est si dégoûté aujourd'hui, si blasé, que le beau qui n'est que simple ne fait plus aucune sensation ; le public reste froid & s'ennuie conséquemment.

21 Septembre. On parle d'ajouter un nouvel acte à la pastorale qu'on donne aujourd'hui. Les paroles & la musique seront du plus grand neuf. Cette disparate, sans doute, fera un très-mauvais effet.

22 Septembre. M. de la Place vient de donner dans le *Mercure* de septembre la traduction d'un drame en deux actes, joué à Londres en 1761. Il se nomme *Rémio & Alinde,* ou *les Amants sans le savoir.* Cet auteur prétend que c'est une piece dans le goût de celles de M. de Saint-Foix. Elle est d'une grande simplicité, mais elle n'a pas les finesses du style & des pensées du dernier ; peut-être que ces nuances légeres ne peuvent se transporter dans une autre langue & que nous perdons bien des choses que cette comédie a dans l'original. M. de la Place l'insinue.

24 Septembre. Les comédiens François ont repris la *Gouvernante,* piece en cinq actes de M. de la Chaussée. Cette comédie larmoyante aura quelques représentations : le public y va.

30 Septembre. On nous annonce pour demain à l'opéra un acte nouveau, intitulé *L'opéra de société*. Les paroles font de M. de Mont-Dorge, & la musique d'un nommé Giraud, basse de l'orchestre. Ces noms peu fameux dans le lyrique ne promettent pas un grand succès.

1 *Octobre* 1762. *L'opéra de société* n'a pas fait fortune. C'est tout à la fois une répétition que font les acteurs de *la mort d'Adonis*. Ce sujet est celui du véritable drame, & la résurrection de cet amant de *Vénus* est l'objet du ballet. La premiere partie n'est pas assez gaie, & cependant peu digne de la majesté de la scene lyrique. La seconde est un drame estropié & mesquin ; la pantomime consiste en treize entrées ou actes différents, qui expriment dans le plus grand détail les amours, la mort, la métamorphose, le triomphe d'*Adonis*. Cette partie, quoique trop confuse & trop longue, est sans contredit la meilleure du drame ; il y a même du génie, dont malheureusement on ne peut faire honneur qu'au chorégraphe. Malgré toutes les mauvaises plaisanteries dont on a assaisonné ce ballet, il a fait plaisir : on n'a pu tolérer une *Hébé*, qui l'urne à la main vient danser sur le théâtre ; cet attribut est pourtant dans le costume. Il y a des pas de deux, de trois & de cinq, qui ont plu aux connoisseurs, sur-tout le dernier.

Quant aux paroles, c'est un assortiment tiré, de l'aveu de l'auteur, de plusieurs autres opéra : il est assez bien fait & susceptible de très-bonne musique.

Cette derniere n'est pas du grand beau : on prétend qu'elle annonce du talent. Ainsi soit il.

4 *Octobre*. Le sieur Raucourt a débuté aujourd'hui à la comédie françoise dans *Mithridate*. C'est vraisemblablement pour la seconde fois qu'il

échouera. Il fera successivement *Gustave*, & *Poliphonte* dans *Mérope*.

5 *Octobre*. On donne demain aux Italiens *le Philosophe prétendu*, piece en trois actes en vers, mêlée d'ariettes ; elle est de M. le comte de Coigny, dont un M. Desfontaines passe pour être le prête-nom. Le fonds est tiré d'un conte de M. Marmontel.

6 *Octobre*. Le *Philosophe prétendu* est une piece médiocre ; elle est fort bien écrite, point d'absurdité ni de choses saillantes. Il y a peu d'esprit ; l'intrigue en est simple ; elle ne peut faire ni grand honneur ni grand déshonneur à son auteur.

11 *Octobre*. M. de Coigny avoit d'abord intitulé sa piece *le soi-disant*, tout court ; ensuite *le soi-disant Philosophe*. La police n'a point voulu passer cette mauvaise pasquinade contre le parlement.

13 *Octobre*. L'abbé Arnaud avoit interrompu son *Journal étranger*, soit par la difficulté de communications, soit à cause de son nouvel emploi : il vient de reprendre & a donné dans ce mois celui de juillet.

15 *Octobre*. L'auteur du *Mercure*, dans le premier volume de ce mois a mis un avertissement, dans lequel il se félicite que son ouvrage se soit soutenu à-peu-près dans le même état depuis qu'il en est le rédacteur ; il s'applaudit de triompher de tous les efforts que l'envie a faits contre ce journal. Rien de si ridicule que ce début. Ce journal n'étant qu'une compilation & n'exigeant que de très-foibles talents de son auteur, n'est point capable de mériter des envieux : en second lieu, il est de notoriété publique que

la diminution des fonds a été si sensible que le grand nombre des pensionnaires s'en est ressenti : enfin, quoi que dise M. de la Place, le *Mercure*, malgré son antiquité, sa variété, son exactitude, sera fort souvent un méchant recueil, quelquefois un médiocre & jamais excellent, il n'empêchera pas qu'on ne regrette le temps où M. Marmontel l'enjolivoit de ses contes, & qu'on ne convienne qu'il est devenu détestable entre les mains du nouveau rédacteur.

M. de la Place ajoute plaisamment, que les encouragements que lui donne l'état brillant de son ouvrage, loin de l'entraîner dans une nonchalante tranquillité, va l'engager à faire de nouveaux efforts pour piquer l'intérêt & la curiosité du lecteur, & ses grands & sublimes efforts seront de traiter la *partie économique*, d'y ajouter un *état du prix des denrée, des matériaux pour bâtiments, des étoffes, des marchandises, de faire un article distinct des cérémonies publiques & des événements remarquables.*

M. de la Place se dispose encore, assisté de ses acolytes, à donner *une table générale des matieres*, &c.

Enfin, il prétend que le *Mercure* étant le patrimoine des gens de lettres, ils doivent tous concourir à le soutenir. Cette exhortation, après le début confiant de M. de la Place, est un aveu implicite de l'état chancelant de cet ouvrage périodique.

15 *Octobre*. M. de la Place, toujours en possession de soutenir les opprimés, prend le parti d'*Ajax* contre le public, & son zele le fait revenir à deux fois sur ce détestable ouvrage. On veut croire qu'il n'a fait qu'inférer ce que

M.

M. de Sivry lui a donné là-dessus ; il n'est pas possible que tout autre homme que l'auteur puisse faire une pareille apologie de sa tragédie. Suivant cette double notice, ce drame n'a point eu de succès, parce qu'on a perdu le goût du beau, de l'antique ; la poésie en est admirable, & l'on prétend que les spectateurs l'ont jugé telle. On peut protester contre cette assertion au nom du public & déclarer qu'on a trouvé grand nombre de ces vers boursouflés, durs, plats & plusieurs ridicules à faire éclater de rire.

19 *Octobre*. M. Poinsinet de Sivry, non-content de la défense que le *Mercure* a pris si chaudement de son *Ajax*, juge à propos de porter lui-même la parole ; il vient de faire imprimer une brochure, qui a pour titre *L'appel au petit nombre, ou le Procès de la multitude* ; & pour épigraphe : *Ajax ayant été mal jugé, entra en fureur & prit un fouet pour châtier ses juges*; passage tiré d'un auteur Phénicien cité par Bochard. Le reste de l'apologie répond à l'insolence du texte. C'est une espece de libelle contre le public. Rien de plus impudent & de plus fou. L'auteur finit par citer des vers de M. le Brun à sa louange ; il lui en rend à son tour, & il dit dans le corps de l'ouvrage que ce M. le Brun est le Pindare François. Il est déshonorant pour la littérature de lire des extravagances pareilles.

21 *Octobre*. On avoit anoncé *Irene*, tragédie de M. Boistel, trésorier de France d'Amiens ; on la renvoie à un autre jour. La protection éclatante dont Mlle. Clairon couvre cet auteur, donne une grande idée de ses talents dramati-

ques, déjà éprouvés dans une tragédie intitulée *Cléopatre*.

22 *Octobre*. On rit beaucoup dans le monde du nouveau projet du *Mercure*, qui se trouve exécuté dans le second volume de ce mois. C'est un état très-détaillé du prix de la volaille, du gibier, & de toutes les choses comestibles : on y apprend que les dindons gras valent 5 livres & 4 livres 10 sous; les communs, 2 livres 15 sous, 2 livres 10 sous ou 2 livres ; le cochon de lait 4 livres ou 6 livres. L'auteur du *Négociant*, feuille périodique où ces choses-là sont beaucoup mieux placées, doit être étonné de se trouver en concurrence avec celui du *Mercure*; il ne se seroit jamais attendu à donner quelque jalousie à ce brillant journaliste : on ne peut cependant supposer d'autres motifs à M. de la Place. Il a, sans doute, dessein de faire tomber cette feuille, beaucoup plus utile sur cette matiere & qui paroît tous les huit jours.

31 *Octobre*. *Essai historique sur M. du Barrail, vice-amiral de France, par M. l'abbé de la Tour*. On ne se seroit point imaginé que cet écrivain eût mis la main à la plume pour transmettre à la postérité le nom d'un individu aussi stérile que M. du Barrail. Ce vice-amiral, mort à 90 ans, a fait dans sa jeunesse quelques actions qui promettoient ; le reste de sa vie ne se compte que par les époques des différents honneurs militaires qu'il a acquis à force de vieillir. Malgré son admiration profonde pour cet illustre marin, son froid panégyriste est obligé d'en revenir-là. Il pouvoit laisser dans son porte-feuille son ma-

nuscrit, qui sera aussi nul en littérature qu'en histoire.

3 *Novembre* 1762. M. Goldoni s'est déjà mis en frais pour la comédie italienne, & l'on attend incessamment deux de ses productions.

Il paroît des *lettres sur l'éducation*, par M. Pesselier. Quelque peu praticable, quelque hétéroclite que soit le traité de Rousseau sur la même matiere, il est manié si supérieurement qu'il doit alarmer quiconque courroit la même carriere. Celui de M. Pesselier est plus à la portée de tout le monde & n'en sera pas plus goûté.

4 *Novembre.* On a remarqué dans l'*opéra de société* un vers assez singulier, de quatorze syllabes :

Moi, d'Agenor & de Palmis, j'embellirois la fête!

Le deuxieme *Mercure* d'octobre remarque judicieusement que quelque licence qui soit admise au théâtre lyrique, on ne doit pas admettre celle-là. Le même *Mercure* prétend que c'est une plaisanterie de la part de M. Gauthier de Mont-Dorge, quand il a mis que la plupart des vers de son opéra étoient extraits des anciens, on regarde comme impossible que ceux de sa comédie en aient pu être tirés, & quant aux autres, il en doute très-fort. Le fait est on ne peut moins important.

7 *Novembre.* On a donné hier *Irene.* Cette tragédie de M. Boistel est un roman mal tissu. Son *Irene* est la femme d'un *Copronyme*, empereur de Byzance, contemporain de *Charlemagne.* Elle se trouve exilée dans une isle déserte, où toute la cour abonde successivement. On peut

partir de cette absurdité pour juger quelle petite tête a enfanté un pareil drame; il y a pourtant de l'adresse dans les trois premiers actes, ils sont filés ingénieusement; les deux autres sont des fantômes estropiés d'une imagination en délire.

8 *Novembre*. M. l'abbé Mignot, conseiller au grand-conseil, vient d'essayer ses talents pour l'histoire, par une *Vie d'Irene*, impératrice. On la trouve bien écrite, mais on pense qu'il eût pu choisir un sujet plus intéressant.

9 *Novembre*. Mlle. Clairon s'est mis dans la tête qu'*Irene* étoit une bonne tragédie, puisqu'elle l'avoit trouvée telle, & qu'elle y jouoit. En conséquence elle a cabalé pour lui faire avoir une seconde représentation. Elle a ameuté ses partisans & la piece a été applaudie à tout rompre, au moyen de quelques changements. Elle avoit donné le mot pour qu'on demandât l'auteur; on l'a traîné fort humblement sur le théâtre. Ce spectacle, moins un triomphe qu'un supplice, a fait étrangement souffrir l'amour-propre de M. Boistel: il n'a osé sortir de sa contenance humiliée, & il s'en est retourné aussi honteux qu'il étoit venu.

10 *Novembre*. M. le comte de Caylus a lu à l'académie de peinture, le 4 septembre, un éloge d'Edme Bouchardon, sculpteur du roi; il vient d'être imprimé. Rien de plus mal digéré, de plus informe, de moins honorable pour M. Bouchardon. Il est d'ailleurs mal écrit: ce sujet étoit digne d'une meilleure plume.

15 *Novembre*. On prétend qu'il est arrivé aux François plusieurs comédies d'auteurs anonymes; il y en avoit entre autres une intitulée, *le Mécontent de cour*. Les comédiens se dispo-

foient à la jouer, mais on n'a pas voulu la paſſer à la cenſure.

17 *Novembre*. Il paroît un mémoire très-long, & fort bien fait, en faveur du *Roué*, dont M. de Voltaire veut faire revivre la cendre; quoiqu'il ſoit ſous le nom d'un avocat, on ne doute pas que tout l'hiſtorique & les morceaux de ſentimens ne ſoient de ce grand poëte.

On parle d'une nouvelle tragédie de M. de Chabanon : c'eſt *Virginie*, qu'il a refaite. Ses partiſans l'annoncent comme un ſecond chef-d'œuvre.

19 *Novembre*. L'opéra a eu du monde aujourd'hui, & a paru ſatisfaire le public; on croit que le vendredi eſt en grande partie cauſe de cette affluence qui ne durera pas.

21 *Novembre*. *Irene* a fini hier après la ſeptieme repréſentation; on n'auroit jamais imaginé que cette piece eût été auſſi loin.

Suite de l'article du 22 Novembre. La ſcene ſe paſſe en Angleterre; le roi s'égare à la chaſſe, il a occaſion, par un orage qui diſperſe ſa cour, d'entrer chez un villageois; cela donne lieu à des réflexions réciproques ſur les différents états, &c. L'intrigue roule principalement ſur une jeune fille qu'aime ce fermier & dont il eſt aimé; un milord a jeté un dévolut deſſus & veut l'enlever. Le roi toujours inconnu ſe trouve-là, quand le ſeigneur eſt ſur le point d'exécuter ſon criminel deſſein; alors ſa majeſté ſe montre, le ſcélérat eſt confondu, & le fermier encouragé reçoit de ſon maître toutes les marques de bonté & de protection qu'il doit en attendre.

23 *Novembre*. *Lettre d'un profeſſeur à un autre, ſur la néceſſité & la maniere de faire entrer un*

cours de morale dans l'éducation publique. Cet ouvrage contient des vues excellentes sur un plan de philosophie nouvelle. Il ne ressemble en rien à la marche ordinaire des écoles, & c'est déjà un très-grand mérite. Tout fermente & peut-être qu'enfin nous verrons passer le regne du pédantisme.

25 *Novembre*. M. Rochon de Chabannes si injustement disgracié par Mlle. Clairon, craignant avec raison les suites de son ressentiment, ayant fait une comédie, s'est déterminé à la donner au sieur Molé, sous le sceau de la confession. Celui-ci l'a présentée & elle a été reçue sans difficulté. Comme Mlle. Dangeville y fait un rôle considérable, qu'elle n'avoit point assisté à la lecture, on lui a remis la piece, & pour captiver sa bienveillance, Molé a conseillé à M. de Chabannes de la mettre dans le secret, ce qui a été fait ; au moyen de quoi cette inimitable actrice a pris l'auteur & le drame sous sa protection.

30 *Novembre*. Tout Paris fermente sur la tragédie de M. de Chabannon ; on entre dans les plus petits détails ; on sait qu'il y a dans sa piece une tirade horrible contre les femmes, on voudroit la lui faire retrancher. Monsieur le lieutenant de police a écrit à cet auteur qu'il lui conseilloit, non en magistrat, mais en ami, de la supprimer ou de l'adoucir beaucoup. Il s'entête & la regarde comme une beauté spéciale.

3 *Décembre* 1762. On lit dans la gazette de France d'aujourd'hui, le *Discours de M. le duc de Nivernois, au roi de la Grande-Bretagne.* Ceux qui admirent tout, le trouvent merveil-

leux ; ceux qui n'admirent rien, le trouvent détestable : en tout il est court, fort humble & n'a d'autre mérite que de sortir de la plume d'un académicien.

5 *Décembre. Heureusement* ayant eu un succès décidé, les comédiens ont fait quelque difficulté pour jouer si promptement M. de Chabannon. En effet, l'un devant avoir le neuvieme des représentations & l'autre le dix-huitieme, le profit diminuoit considérablement, M. de Chabannon ayant plus soif de gloire que d'argent, a consenti de partager également avec M. Rochon.

9 *Décembre.* La piece de M. de Chabannon, malgré ses corrections, n'a point eu plus de succès aujourd'hui ; il l'a retirée, ainsi que *Virginie* : il commence à convenir qu'il n'entend rien à la marche de notre théâtre. Il paroît qu'il avoit été gâté par ses enthousiastes. Il reprend son caractere modeste, qui lui fera toujours honneur.

16 *Décembre.* Le sieur Bouret, qui étoit ci-devant à l'opéra comique, qui a débuté depuis quelque temps à la comédie françoise, est reçu à l'essai pour un an. Il joue les rôles de Préville ; il n'excelle point dans les valets, mais on le trouve bon dans les Crispins, & l'on croit qu'il surpassera le premier.

21 *Décembre.* M. le Brun, le Pindare du siecle, suivant M. Poinsinet de Sivry, vient de publier une ode sur la paix. Cette matiere tant rebattue ne prête à rien de neuf. Nous ne parlerons que du style, qui est lyrique.

22 *Décembre.* M. Colardeau nous annonce une nouvelle tragédie ; c'est *Agrippine, voulant venger la mort de Germanicus.* Il vise au genre

de Corneille & prétend avoir traité ce sujet en politique.

29 Décembre. L'auteur de la *Renommée Littéraire* est celui qui a déjà échoué sous le titre de *Croupier*.

31 Décembre. On annonce un opéra nouveau, qu'on doit jouer le mois prochain. C'est *Polixene*; paroles de M. Joliveau, musique de M. d'Auvergne.

26 Janvier 1763. On a donné aux Italiens *le Guy du chêne, ou la fête des Druides*, comédie en un acte & en vers, mêlée d'ariettes, paroles de M. de Jonquieres le fils & musique de la Ruette. Il y a deux avis sur cette espece de pastorale. La musique n'est pas forte, comme à l'ordinaire, ni pittoresque; elle est douce, suave, mélodieuse & tient beaucoup de la simplicité antique.

31 Janvier. Les demoiselles de l'opéra, maltraitées dans *les Tablettes des paillards*, dont on a parlé ci-dessus, ont fait ligue & se sont plaintes à la police de ces calomnies : quelques-unes même ont été jusqu'au gouvernement ; celui-ci les a prises sous sa protection & pour la vindicte publique, il fait faire des recherches & veut en découvrir les auteurs.

4 Février 1763. On va jouer incessamment la tragédie de M. Dorat, intitulée *Théagene & Chariclée*.

Il court manuscrite une comédie intitulée *le Prince lutin*, faite pour être jouée aux Italiens. On n'en parle que parce qu'elle est attribuée à M. le duc de Nivernois. Elle est très-médiocre & paroît plutôt un ouvrage de société.

9 Février 1763. On attribue les *Tablettes des paillards*

paillards à M. Poinsinet *le mystifié*, & à M. de Pressigni, fils du fameux Maison-Rouge.

10 *Février*. On a donné aujourd'hui aux Italiens la premiere & derniere représentation de *la Bagarre*, farce en un acte, mêlée d'ariettes; les paroles sont des MM. Guichard & Poinsinet, la musique de M. Philidor. Les unes sont détestables, la dernière a des beautés, qui n'ont pu faire passer ce mauvais drame: c'est un tissu de plaisanteries du plus mauvais genre, du plus vil, du plus misérable; rien de si ignoble.

14 *Février*. La troisieme feuille de la *Renommée littéraire*, ou le troisieme libelle contre MM. Colardeau, Freron & consorts, paroît. C'est un tissu de mauvaises plaisanteries, d'injures, de personnalités, &c. On y exalte fort un *Anti-Minet*, piece de vers opposée à l'*Epître à Minet*. Rien de plus ridicule que ces petites haines, que ces guerres pacifiques & interminables.

19 *Février*. Les Italiens viennent de faire essuyer encore une chûte à un nouveau coryphée. *Le Bon Seigneur*, comédie en un acte mêlée d'ariettes, est tombé dès la premiere représentation. M. Deboulmiers est auteur des paroles, & le sieur Debrosses de la musique. Tout en a paru misérable. Ce théâtre n'en fait pas moins un argent immense, & dame le pion à tous les autres. C'est une fureur soutenue, dont il n'y a pas d'exemple.

22 *Février*. On a donné aujourd'hui *Titon & l'Aurore*, poëme de la Maure, musique de Mondonville. Quelle douleur pour ceux qui ont vu Jeliotte, de le voir remplacer par l'infame Pillot! Rien de si ignoble que cet acteur; il n'a

bien chanté qu'une seule ariette en duo, où il s'est trouvé soutenu par Mlle. le Miere, qui fait l'*Aurore*. Il a été faux, mal sonnant, gauche dans tout le reste; il est détestable dès qu'il veut donner dans le haut. Mlle. le Miere est toujours délicieuse. Mlle. Chevalier joue le rôle de *Pallas*, & Gelin celui d'*Eole* ; tout le reste iroit bien sans le malheureux *Titon*. Mlle Dubois chante plusieurs ariettes avec goût. Muguet finit par celle *du Dieu des cœurs*, &c. où Jeliotte brilloit si merveilleusement ; dès que ce petit acteur a paru, l'indignation générale s'est manifestée par des huées qui ne promettoient rien moins que des dispositions favorables : l'acteur ne s'est pas démonté, il a commencé avec modestie, il a soutenu son air d'une façon simple & propre : le public est revenu de son préjugé, & le pauvre diable a fini par emporter tous les suffrages.

En général, cet opéra gai, plein de chants & de divertissements, doit attirer du monde à ce spectacle.

26 *Février*. M. Rochon de Chabannes, encouragé par le succès de son *Heureusement*, travaille à une petite comédie en scenes à tiroir, intitulée, *le Protecteur*. Ce rôle est susceptible d'une plaisanterie très-agréable, très-vraie, très-saillante ; c'est un ridicule du jour.

2 *Mars*. Les comediens françois ont donné aujourd'hui la premiere représentation de *Théagene & Chariclée*, tragédie de M. Dorat. Le sujet est tiré du roman Grec qui porte le même titre. La piece est détestable. Le premier acte avoit disposé favorablement les spectateurs, il avoit eu des applaudissements ; dès le second l'ennui s'est fait sentir, & n'a été qu'en croissant

jusqu'à la fin. En général, mauvais choix; mauvais plan, caracteres ignobles, plats, odieux, mal soutenus, échafaudage pitoyable: tout dénote une petite tête, point faite pour un enfantement dramatique. La versification mérite des éloges, elle est douce, bien faite; il y a une tirade contre les rois héréditaires, qu'on prétend avoir le droit de vivre dans la mollesse & dans les plaisirs, qui a été extrêmement applaudie, & qui n'auroit point dû être tolérée par la police; tout le monde en a été dans le plus grand étonnement. La voici:

> Au trône, du berceau ces monarques admis,
> Ont droit de végéter dans la pourpre endormis,
> Et chargeant de son poids un ministere suprême,
> De garder pour eux seuls l'éclat du diadême.

A tant de défauts l'auteur avoit eu la mal-adresse de choisir pour son héroïne Mlle. Dubois, très-jolie créature, mais actrice peu faite pour soutenir une piece. Mlle. Clairon, peu jalouse des talents de la premiere, mais beaucoup de sa figure, avoit formé un très-grand parti pour faire siffler cette audacieuse. Il n'en étoit pas besoin. L'actrice, la piece & l'auteur ont éprouvé une chûte commune. On prétend que M. Dorat, plus curieux de couronner son front de myrtes que de lauriers, étant devenu amoureux de l'héroïne, avoit sacrifié sa gloire à son plaisir. Heureusement il n'a pas sacrifié grand chose.

3 *Mars.* On voit à la tête du quatrieme cahier de *la Renommée Littéraire*, une lettre où monsieur le Brun se défend d'être l'auteur de ce journal; il proteste n'y avoir aucune part,

& ce qui dément ses protestations, c'est l'éloge prodigieux qu'il en fait : il remercie modestement de ceux qu'on lui donne ; il est juste qu'il renvoie l'encens dont on l'a parfumé. Ce qu'il y a de sûr, c'est que s'il n'est la main qui écrit, il est le bras qui la conduit.

19 Mars. Le compliment des François hier a été misérable.

19 Avril 1763. La comédie qu'on devoit jouer sous le titre du *Négociant* ou des *Préjugés*, est annoncée aujourd'hui sous celui du *Bienfait rendu*, ou du *Marchand* : en général, on n'en espere pas grand chose.

7 Mai 1763. M. Duclairon, auteur qui n'a point encore paru au grand jour, a fait recevoir hier des comédiens françois une tragédie intitulée *Cromwel*.

23 Mai. Les Italiens ont joué aujourd'hui pour la seconde fois une comédie en un acte en prose, mêlée d'ariettes, parole du sieur de la Ribardiere, & musique du sieur Debrosses. Elle est intitulée, *Les deux Cousines*. Il y a dedans un personnage neuf, mais peu piquant, & dailleurs trop particulier. C'est un homme qu'on pourroit appeller *l'Indifférent*. Son unique plaisir est de se promener ; du reste, qu'on le marie, qu'on ne le marie pas, qu'on lui accorde telle ou telle femme, tout cela lui est à-peu-près égal : effectivement il agrée les deux cousines, tantôt l'une, tantôt l'autre, suivant que l'intrigue le comporte, & il finit par prendre de bonne grace celle qu'on veut lui donner. La musique est goûtée de plusieurs connoisseurs.

8 Juin 1763. Le *Mercure* de ce mois contient un avis des plus risibles : l'auteur se félicite du succès qu'il a, quoique cet ouvrage soit tombé dans le discrédit. Il prétend que le nombre de ses souscripteurs augmente tous les jours, & il promet d'en donner la liste le mois prochain; il fait d'avance les plus grandes excuses à ceux qu'il pourroit omettre par inadvertance. Rien de plus plat & de plus ridiculement bas que ce journaliste.

16 *Juin*. L'abbé Coyer a été reçu le 8 mai à l'académie de Nancy. Il a fait imprimer son discours, très-mauvais, très-mince, très-ginguet.

12 *Juillet* 1763. La place vacante à l'académie françoise par la mort de M. de Bougainville, ne sera pas remplie de sitôt. Messieurs ont renvoyé l'élection après les vacances. On dit que l'évêque d'Orléans brigue cet honneur.

27 *Juillet*. la reprise de *La mort de César* n'a pas eu grand succès. Elle n'a été qu'à quatre représentations. Elle n'en eut que trois à son début. Quelque belle que soit cette piece, on la regarde comme une tragédie de college, parce qu'il n'y a pas de femmes.

30 *Juillet*. On annonce pour samedi *la Présomption à la mode*, comédie en cinq actes en vers. Ce drame, de M. Cailhava d'Estandoux, composé en province, & par un jeune homme qui n'a aucune connoissance des mœurs d'aujourd'hui, doit être médiocre. Mais les comédiens prétendent que c'est dans le genre de Moliere; on sait malheureusement combien de pareils juges sont sujets à erreur.

1 *Août* 1763. La comédie de *la Présomption à la mode*, a éprouvé aujourd'hui une chûte complete. Ce drame mal ordonné peche dans

tous les points. Le héros de la piece est un homme infatué de lui-même, qui s'imagine que toutes les femmes raffolent de lui. A ce ridicule il joint celui de faire de mauvais vers qu'il croit excellents ; il a un rival, auteur aussi, mais modeste, quoiqu'il soit l'amant préféré : le présomptueux ne s'en doute pas, il pousse toujours sa pointe jusqu'à vouloir berner le pauvre diable ; il se trouve dupe lui-même. L'intrigue auroit pu être filée beaucoup plus adroitement, être plus pleine : le style manque de cette fraîcheur, de ce velouté, qui font le succès de la comédie moderne.

8 *Août*. Mlle. Clairon a reparu aujourd'hui dans *Zelmire* avec tout l'enthousiasme possible de la part du public. Les connoisseurs ont cru remarquer qu'elle avoit déjà perdu quelque chose de l'habitude théatrale.

9 *Août*. Le *Mercure* de ce mois, toujours fade jusqu'à la nausée, a l'impertinence d'exalter les *Fetes de la paix*, cette abominable piece des Italiens, tombée dès la premiere représentation, & qui n'avoit été rejouée que par ordre du gouvernement : le plus ridicule c'est qu'il prétend y reconnoître la touche spirituelle, fine & délicate de l'auteur de *l'Anglois à Bordeaux*.

12 *Août*. Les comédiens italiens ont donné une piece nouvelle en deux actes, mêlée d'ariettes. Elle est intitulée, *Les deux Talents*. La musique est de M. le chevalier d'Herbain amateur ; les paroles sont de M. de Bastide. Une fille a un amant, qui réunit les talents de la poésie & de la musique ; il veut éprouver s'il est aimé pour lui-même ; il laisse ignorer à la demoiselle tout ce qu'il sait, & produit deux hommes, l'un

poëte, l'autre musicien, qui recherchent en mariage cette fille: quelque goût qu'ait celle-ci pour les deux arts en question, elle ne peut se décider en faveur des virtuoses. Alors l'amant développe tout ce qu'il sait faire, & sa constance est récompensée.

Le poëme est médiocre, la musique pleine de richesses, mais accumulées sans goût, sans intelligence & sans fruit pour les auditeurs.

13 *Août*. On a fait l'épigramme suivante sur *Les deux Talents*.

> Poëme plat, style commun,
> Grands airs bruyants, musique vuide;
> Pauvre d'Herbain, chétif Bastide,
> Vos deux talents n'en font pas un.

21 *Août*. M. de Selis, qui n'est guere connu que par une *Epître à Gresset*, pleine de vers aisés & pittoresques, a une comédie sur le métier en cinq actes en vers : elle est intitulée, *Le Protecteur*. C'est le même sujet estropié par monsieur Rochon de Chabannes, auquel cet auteur veut donner toute la vigueur & les proportions convenables.

22 *Août*. On a donné deux nouveaux volumes pour servir de *suite au plus joli des recueils*. C'est une friponnerie des libraires la plus insigne. Ils y ont inséré sans choix & sans goût des opuscules entiers tout récemment imprimés, & qui ne sont peut-être pas encore vendus ; telles que les poésies de M. Barthe, *le Remede contre l'Amour* : ils ne manqueront pas d'y mettre *Zélis au bain*, qui fait un volume honnête.

23 *Août*. Il a débuté le 17 aux Italiens

un acteur nouveau dans la piece de la *servante maitresse* ; il faisoit le rôle de *Pandolphe* ; il a joué depuis, *Lucas* dans les *Troqueurs*, & s'est retiré.

10 *Septembre* 1763. La *Marianne* continuée aujourd'hui n'a pas attiré plus d'attention que la premiere fois ; en conséquence on la retire.

On ne l'avoit donné ici que pour essai, elle est destinée pour Fontainebleau.

16 *Septembre.* On a affecté de réimprimer depuis quelque temps une piece de poésie de J. J. Rousseau, elle a pour titre ; *L'allée de Silvie*. Ce n'est pas assurément le meilleur de ses ouvrages : on sent bien que la galanterie n'est pas son fait, on y trouve cependant une façon de penser libre qui fait plaisir, & qui donne un caractere original à cette production, toute médiocre qu'elle soit.

17 *Septembre.* Les François ont remis *le Baron d'Albicrac*, comédie de Thomas Corneille, en cinq actes & en vers. Cette piece a fait plaisir, elle est d'un comique assez gai : elle est de 1668 ; elle avoit eu un très-grand succès dans sa nouveauté.

22 *Septembre.* Le *Mercure* continue à se couvrir du plus grand ridicule, par la prédilection avec laquelle il parle de lui-même comme d'un ouvrage digne d'occuper l'attention de l'empire littéraire & de l'état. Voici comme il s'exprime au sujet de la ville de Paris, qui a souscrit pour ce journal.

« Considérant (le bureau de la ville) com-
» bien il étoit intéressant pour les lettres de con-
» tribuer à soutenir un journal, sur lequel la

» protection bienfaisante du roi a assigné le fonds
» le plus considérable des récompenses destinées
» à ceux qui s'y distinguent. La ville de Paris,
» en souscrivant pour un nombre de volumes
» du *Mercure*, vient de donner un exemple trop
» louable pour n'en pas faire mention. Elle fait
» par-là un acte de mere, en concourant au
» soutien d'un établissement auquel ses enfants
» peuvent avoir part. Toutes les grandes villes
» du royaume pourroient avoir les mêmes motifs,
» puisque leurs citoyens ont autant de droits de
» prétendre aux récompenses littéraires.

25 *Septembre*. M. de Sauvigny nous a encore lu une tragédie bourgeoise en un acte, dans le goût d'*Otello*. C'est un mari qui surprend chez lui un ancien amant de sa femme, il la soupçonne d'adultere : cette piece, le coup d'essai de l'auteur, a de beaux vers de sentiment, mais qui perdent beaucoup par l'invraisemblance des situations. Elle n'est point imprimée, elle s'appelle *Zélide*.

28 *Septembre*. Les pieces actuellement reprennent du second bon. La tragédie dont on a parlé, & qui avoit à peine pu se soutenir à la premiere représentation, s'est relevée aujourd'hui avec des applaudissements réitérés ; on a demandé l'auteur d'une voix unanime ; & comme il ne s'attendoit pas à ce cadeau, il ne s'est point présenté, il a fallu le nommer. On peut malgré les changements considérables qui y ont été faits, regarder ce drame comme infortuné. La versification en est dure, plate & boursoufflée tour-à-tour ; on n'a point vu sans étonnement la scene où le roi venant la nuit surprendre sa maî-

tresse dans sa chambre, celle-ci lui fait la plus verte réprimande, & lui dit d'une façon également bourgeoise & ignoble, qu'un prince ne doit pas prendre ni les femmes, ni les filles de ses sujets.

29 *Septembre*. Il y a apparence que *la Renommée littéraire* est tombée absolument; il n'en est plus question depuis plusieurs mois, ses trompettes ne résonnent plus.

4 *Octobre* 1763. Il y a une espece de querelle littéraire entre M. Pierre Rousseau de Toulouse, entrepreneur du journal Encyclopédique, & monsieur Aëris, auteur d'un dictionnaire des théâtres. Celui-ci ayant mal parlé des ouvrages dramatiques du premier, le journaliste s'est vengé dans l'extrait de l'ouvrage de M. Aëris, & lui fait des imputations, dont l'autre se défend assez bien dans le *Mercure* d'octobre.

5 *Octobre*. M. de Malesherbes quitte la présidence de la librairie au moyen de l'exil de M. le chancelier; on ne sait encore qui le remplacera. Il paroît que la littérature ne pleurera pas ce Mécene; on lui rend pourtant la justice d'avoir laissé un cours plus facile que par le passé à la liberté de la presse: sauf les persécutions ultérieures, quand une fois les ouvrages étoient répandus à un certain point.

15 *Octobre*. Monsieur Mathon, jeune homme qui a des velléités de littérature, vient de débuter par de petites *lettres sur le Salon*. On sent bien qu'à cet âge il ne peut discuter profondément un art tel que la peinture; c'est plutôt une description historique qu'une critique raisonnée des différents peintres Il écrit d'une maniere agréable & qui se fait lire. On peut remarquer à ce propos que le

sieur Freron s'est évertué cette année à donner une espece de dissertation fort longue & fort ennuyeuse sur le clair-obscur, &c. Il y a bien à parier que cette lourde digression n'est pas de lui ; personne ne lui connoissant de lumieres en ce genre, il auroit dû choisir un souffleur moins pesant, moins obscur, & d'une intelligence plus à la portée des lecteurs.

24 *Octobre*. La gazette de France du 24 octobre, à l'article de Pétersbourg, dit que le 17 septembre on a joué, sur le théâtre de cette cour, une comédie de Moliere, traduite en langue Russe.

26 *Octobre*. Les Italiens continuent à donner avec succès, *les métamorphoses d'Arlequin*, comédie italienne, ornée de spectacle, & enrichie de musique. Elle est de M. Carlin : elle a cinq actes & fournit à cet acteur l'occasion de déployer son talent dans la plus grande étendue, & de le diversifier de toutes les manieres possibles. Son jeu & son adresse la rendent tout-à-fait amusante.

2 *Novembre* 1763. M. l'abbé Aubert, le fablier moderne, a écrit une lettre à M. de la Place, insérée dans le *Mercure* de novembre, où il récrimine contre l'auteur du poëme de *Clovis*, qu'il accuse de calomnie, pour l'avoir taxé dans un épilogue de se louer lui-même dans *les affiches des provinces*. L'abbé proteste contre cette imputation, il dénonce M. Meunier de Querlon pour le facteur de cet ouvrage périodique. M. Aubert fait celles de Paris.

13 *Novembre*. Les Italiens ont donné hier un drame nouveau en un acte, mêlé d'ariettes, *Zélie & Lindor*, musique de M. Rigade, paroles de M Pelletier. Ces auteurs, inconnus dans

leur genre, n'acquerront pas beaucoup d'illustration par l'ouvrage en question.

14 *Novembre.* Les Italiens, inépuisables en nouveautés, donnent aujourd'hui, *les Jalousies d'Arlequin*, piece italienne, pour servir de suite aux *Amours de Camille & d'Arlequin*. La piece est du sieur Goldoni.

16 *Novembre.* On a donné aujourd'hui aux Italiens la premiere représentation du *Rendez-vous*, comédie en un acte & en vers, mêlée d'ariettes. Les paroles sont de M. Légier, la musique de M. Philidor. Le drame ne vaut pas la peine qu'on en fasse mention. On voit dans la musique le talent soutenu de l'auteur se fortifier, se nourrir, s'étendre, & acquérir de plus en plus de la vigueur & de la consistance.

18 *Novembre.* Les concerts françois ont repris aujourd'hui ; mais l'engouement du public est passé ; ce spectacle froid ne peut suppléer à l'opéra, où tous les sens sont séduits de toutes les manieres.

28 *Novembre.* Les comédiens italiens ont donné aujourd'hui une comédie en trois actes en vers, intitulée, *l'Heureux événement*. Cette piece n'a pu aller jusqu'à la fin ; elle est de M. le Blanc, l'auteur de *Manco* : on a dit méchamment qu'elle ne feroit pas époque dans la vie de l'auteur.

8 *Décembre* 1763. Un volume du *Mercure* de décembre offre une nouveauté qui ne fait que jeter un plus grand ridicule sur ce pitoyable ouvrage. On lit à la fin une liste des souscripteurs, & ce qu'il y a de plus risible, c'est que pour masquer le discrédit du journaliste, on y insere des noms d'abonnés morts depuis plusieurs années.

On ne sait à quoi revient un détail de cette espece, c'est un usage d'Angleterre.

A la fin du *Mercure* on a mis pour satellite, *Les observations du marquis de Chimene en faveur de la tragédie de M. de la Harpe*. Il a pris un prête-nom. C'étoit sans doute, la seule façon de débiter cette fade production.

11 *Décembre* On annonce pour premiere nouveauté une comédie en cinq actes & en vers de M. le Bret, intitulée, *La Confiance trahie* : ce titre ne promet rien de bien gai.

M. le Miere, dont l'*Idomenée* devoit passer, attend prudemment que le public se soit refroidi sur le succès de *Warwick*.

13 *Décembre*. M. Goldoni doit donner une suite aux deux premieres parties de l'*histoire des Amours de Camille & d'Arlequin* ; ce sont *Les Inquiétudes de Camille* : ce sera la conclusion. On ne peut qu'admirer la fécondité de ce dramatique étranger.

16 *Décembre*. On prétend que le conte de M. de Voltaire est tiré de l'Anglois, quant au fond, qu'il est traduit en prose dans un journal étranger. On doit savoir gré à M. de Voltaire d'épargner à ses lecteurs la peine de vérifier ces imputations. Quoi qu'il en soit, on ne lui enlevera pas le charme du style, qui fait le principal mérite de ces sortes d'ouvrages.

17 *Décembre*. M. Colardeau a mis en vers *Le Temple de Gnide*, du président de Montesquieu. On ne peut assez s'étonner qu'avec du goût on s'avise de retourner un ouvrage déjà si bien fait, si orné de toutes les graces de la poésie & du style le plus brillant. On ne peut dissimuler que la traduction de M. Colardeau ne soit agréable pour ceux qui auront perdu de vue le poëme en prose.

18 *Décembre.* Les concerts françois finissent faute de spectateurs ; on a donné aujourd'hui le dernier. Il n'y a pas d'apparence que l'opéra les remplace aussi promptement qu'on l'espéroit : les amateurs de musique vont être dans une inaction absolue.

19 *Décembre.* On lit dans Freron, N°. 37, à l'occasion du *comte de Warwik*, tragédie de M. de la Harpe, une lettre de M. Dorat, où cet infortuné dramatique fait l'apologie de la piece qui vient de réussir. Il a la générosité de la présenter sous toutes les faces favorables, & on ne peut qu'applaudir aux éloges qu'il lui donne. Suit une lettre prétendue écrite à Freron & dont on le dit le pere, où l'on dépece la nouvelle tragédie de la façon la plus détaillée & la moins flatteuse pour l'auteur. On rapproche sur-tout un morceau de Shakespéar, & c'est le plus mauvais tour qu'on pût jouer à M. de la Harpe : il ne peut paroître que mesquin auprès de ce grand maître. La critique est juste & très-adroite, elle se dément quelquefois. En général, l'auteur mérite & les louanges qu'on lui donne & les reproches qu'on lui fait ; tant il est vrai que tout a un point de vue différent. M. de la Harpe a toujours deux mérites fort rares aujourd'hui ; celui de la simplicité de son plan, dans lequel il n'a employé aucun tour de gibeciere, aucun coup de théâtre plus étonnant que vraisemblable ; & celui de la diction : elle plaît, elle intéresse, sans le charme de ce coloris, dont on farde aujourd'hui tous les ouvrages, même ceux qui en sont les moins susceptibles.

20 *Décembre. Le Caleçon des dames* : cet ouvrage ordurier se désigne assez par son titre & ne mérite pas une grande analyse.

24 *Décembre.* Lombard de l'opéra a débuté ces jours passés à la comédie italienne ; il paroît qu'il ne prend point ; il y a d'ailleurs une cabale affreuse contre lui ; & Mlle. Villette, qu'il a soutenue jadis au théâtre lyrique, se ligue aujourd'hui contre lui & voudroit le faire échouer, à cause de son mari la Ruette, qu'il effaceroit facilement.

25 *Décembre.* L'*éducation des filles*, c'est un nouveau conte de M. de Voltaire. Il est moins long que le premier & moins agreable : il y a cependant des détails très enjoués & dignes du plus grand maître : il doit être suivi de quelques autres encore.

26 *Décembre.* On annonce du même auteur un livre plus grave, il roule sur la tolérance ; on en parlera quand il sera plus connu.

27 *Décembre.* On parle beaucoup de l'instruction pastorale de M. l'archevêque de Paris au sujet de la dissolution de la compagnie de Jesus. Une partie étoit déjà imprimée, lorsque M. de Saint-Florentin est allé chez ce prélat de la part du roi, pour lui ordonner de remettre les imprimés & le manuscrit, avec défenses de rien imprimer à ce sujet, sous peine d'encourir l'indignation de S. M. & d'être mis à Pierre-Scize. L'archevêque a obéi ; ce n'a pas été sans peine & sans réclamer les droits du sacerdoce : il a depuis fait de nouvelles instances auprès du roi. Quoi qu'il en soit, on annonce deux exemplaires de cet ouvrage, qu'on assure très bien fait comme littéraire, divisé en quatre parties, où le prélat déploie un zele apostolique & se dévoue aux suites les plus funestes, mais les plus inévitables pour sa conscience. On en parlera plus amplement.

28 *Décembre.* On devoit donner demain la *Confiance trahie*, comédie en cinq actes de M. Bret,

déjà annoncée. La police vient de faire retirer cette pièce, & l'on prétend que c'est sans ressource. On assure que la finance y étoit très-maltraitée. On cite même une anecdote de Robé vis-à-vis de M. Bouret, dont l'auteur avoit fait son profit. Quoi qu'il en soit, il paroît que les fermiers-généraux se sont remués fortement & ont arrêté cette satire sanglante.

31 *Décembre. Amusements des dames de Bruxelles. Les trois C.... Je m'y attendois bien, histoire bavarde: par l'auteur du Colporteur.* Ces trois ouvrages, qui sont autant de satires, n'ont pas moins de méchanceté que le *Colporteur*; mais ils attaquent des personnages moins connus, des espèces d'allobroges; ce qui émousse de beaucoup le piquant de la satire. Le tout est terminé par des réflexions sur les gens de lettres très-judicieuses & dont ils devroient faire leur profit. On y fait valoir, comme de raison, la nécessité dont ils sont pour les grands & avec quelle facilité ils pourroient s'en passer.

31 *Décembre*. Dans la suite du journal de ce qui s'est passé à Toulouse, on lit ces vers mémorables contre le duc de Fitz-james :

Fils indigne du sang qui t'a donné naissance,
Proscrit de ta patrie, adopté par la France,
Ministre détesté d'un monarque chéri,
Cesse de déchirer le sein qui t'a nourri.
Contre l'autorité du plus juste des princes,
Toi seul aurois déjà soulevé ses provinces,
Si du cœur des François ta farouche fierté
Eût pu bannir le zele & la fidélité.
Odieux étranger, apprends à te connoître.
Louis seul a le droit de leur parler en maître.

Dociles

Dociles à sa voix, redoublant leurs efforts,
Ils prodiguent pour lui leur sang & leurs trésors :
Lorsque des publicains l'avidité cruelle
Impose sous son nom quelque charge nouvelle,
Pere tendre, il permet la plainte à ses enfants :
Il écoute les cris des peuples gémissants ;
De sages magistrats, sans blesser sa puissance,
Des François épuisés lui peignent l'indigence.
Sensible à leurs douleurs, attendri par leurs maux,
Il adoucit pour eux le fardeau des impôts.
Mais quand de vils flatteurs l'essaim qui l'environne,
Ose à la vérité fermer l'accès du trône,
Quand la France apperçoit pour la premiere fois
L'appareil militaire à la place des loix,
Le soldat effréné d'une main téméraire
De Thémis profaner l'auguste sanctuaire,
Et mettre dans les fers par un lâche attentat,
Les défenseurs du peuple & l'espoir de l'état :
Le plus soumis sujet & s'indigne & s'enflamme
Contre les vils auteurs d'une coupable trame.
Tremble, ingrat ! le courroux d'un prince généreux
Sera le juste prix de tes exploits honteux :
Tu seras à jamais par ta fiere imprudence
La fable de l'Europe & l'horreur de la France.
Le juste désespoir de ce peuple aux abois
Armera contre toi le bras du roi des rois.
Rappelle des Stuart la déplorable histoire ;
Vertueux, l'échafaud ne ternit pas leur gloire :
Barbare, ils t'ont tracé ce funeste chemin :
Indigne de leur nom, redoute leur destin !

TOME SECOND.

14 Janvier 1764. Il paroît décidé que le théâtre lyrique se rouvrira le 24 de ce mois. On doit donner *Castor & Pollux* pour l'ouverture. Cet opéra, dont les paroles sont du gentil Bernard & la musique de Rameau, a eu toujours un grand succès. Il est à craindre que le vuide de Jeliotte ne lui fasse le plus grand tort.

On loue beaucoup les distributions de la nouvelle salle ; quoiqu'elle ne soit que de quelques pieds plus large, on en a tiré un grand parti pour l'aisance des coridors & des escaliers.

21 Janvier. On lit dans le second *Mercure* une lettre d'un chevalier Cougard, qui défend le président Montesquieu contre les accusations graves de M. Crevier ; comme le tout gît en preuves, c'est à ceux qui auront la patience de vérifier les passages, à le faire pour juger qui à raison.

21 Janvier. Dans le même *Mercure* est une *défense de M. Thomas*, par M. d'A.... Le premier est accusé de plagiat par le sieur Freron. Cette défense consiste, comme la précédente, dans la vérification des textes.

28 Janvier M. le marquis du ***, auteur de quelques pieces de théâtre, s'étant remarié ces jours-ci, a été chansonné à son tour. On lui impute un vice qui fait la base de l'épigramme :

Un enfant de Florence,
Le marquis du ***,

Tout bouffi d'arrogance,
Se présente au bercail.
Comme on vit qu'il trembloit, Jesus lui dit: Bon homme,
Plutôt que de vous marier,
Vous feriez beaucoup mieux d'aller
Vous chauffer à Sodome.

9 Février 1764. L'opéra a donné aujourd'hui la premiere représentation *de Titon & l'Aurore*. Cet agréable spectacle n'a pas eu l'affluence qu'il mérite. Mlle. le Miere continue à y faire le plus grand plaisir; Muguet soutient la bienveillance que le public lui avoit déjà témoignée dans ce rôle, il y a un an.

11 Février. *La Veuve*, comédie en un acte de M. Collé. Cette petite piece est imprimée & n'a point été jouée; le sujet en est encore tiré des *Illustres Françoises*. Il est aussi dénué de cette action nécessaire au théâtre, & peut-être est-ce une des raisons qui ont empêché de la jouer; l'auteur n'en désespere pourtant pas; il est à présumer que les comédiens l'apprendront quelque jour, où ils n'auront rien de mieux à faire.

13 Février. M. Freron dans un de ses numéros, répond à M. d'A; il prétend pulvériser la lettre de cet auteur insérée dans le *Mercure*. Celui-ci défendoit M. Thomas de l'accusation de plagiat. Freron persiste dans ses reproches, & les appuie sur l'exemple des autres panégyristes de M. de Sully. Tous ont eu à conter les mêmes faits, aucun n'est dans le cas de mériter la même animadversion.

16 Février. *Œuvres de M. de Sivry*. On a déjà annoncé cet ouvrage comme d'un M. Poinsinet, cousin du *Mystifié*. En conséquence le premier ne veut plus rien de commun avec ce dernier, & renie jusqu'à son nom. Pour parler actuellement du livre même, il ne contient que ce qu'on en connoît. On y remarque seulement un parti décidé de braver le public, & de lui rendre le mépris dont il a plusieurs fois accueilli l'auteur.

23 Février. Le plaisir d'un jour, ou *la journée d'une provinciale à Paris*, roman, dont l'action ne dure que neuf à dix heures; voilà ce qui le caractérise & ce qui le rend singulier.

1 Mars 1764. Aujourd'hui 1 mars on a joué à l'hôtel de Richelieu pour le mariage de M. le duc de Fronsac, la piece de *l'Amateur*, de M. Barthe, qui n'a pas eu de succès : outre que les acteurs savoient mal leurs rôles, on sait que la cour & la ville ne sont pas d'accord ordinairement. On parlera plus amplement de cette piece, quand elle aura été jouée aux François ; ce qui doit arriver ces jours-ci.

4 Mars. Le théâtre de M. de Sivry est fort exalté dans une lettre de M. le Brun, secrétaire des commandements de S. A. S. Mgr. le prince de Conti. Ces deux auteurs ne pouvant atteindre aux suffrages du public, ont pris le parti de se suffire à eux-mêmes : ils ont établi le système de ne point travailler pour ce juge imbécille, qui dispense les réputations aussi mal-adroitement. Depuis ce temps *Gryphon* & *Syphon* se louent & se caressent tour-à-tour, & font fi ! de tout le reste.

7 Mars. On ne peut s'empêcher de réclamer contre l'impudence fastidieuse & ridicule avec laquelle le *Mercure* déguise tous les événements littéraires. Il annonce dans ce mois-ci, feuille 176, que la tragédie d'*Idoménée* de M. le Miere avoit été reçue avec applaudissement à tous les actes, & qu'une acclamation soutenue avoit appellée l'auteur à la fin de la piece, qui s'étoit dispensé de paroître. Nous étions témoins oculaires & auriculaires; nous osons soutenir qu'il est peu de pieces qui aient été reçues avec un ennemi plus continu & plus démonstratif; que c'est par dérision, par cabale, que l'auteur a été appellé; que la preuve s'en doit tirer du fait même, puisqu'il n'a pas osé se montrer, quoiqu'il fut à la comédie; qu'il avoit été si mortifié de voir rater un succès qu'il se promettoit, qu'il en avoit eu la fievre & s'étoit retiré dans un grand désordre & dans une confusion qui fait honneur à sa sensibilité. En un mot, cette tragédie a eu peine à se soutenir jusqu'à la sixieme représentation, malgré tout l'appareil pittoresque & toute la pompe d'attitudes qu'y avoit employés Mlle. Clairon.

Que penseroient de nous les étrangers, s'ils regardoient comme les jugements de la nation ceux des bas auteurs de cet ouvrage périodique, qui prodigue sans choix & sans ménagement son encens aux Voltaire & aux le Miere? Heureusement il reste concentré dans nos campagnes.

9 *Mars* Avant hier mercredi est paru ce qu'on appelle la *Gazette littéraire de l'Europe*. C'est une feuille in-8°, dans laquelle sont quelques annonces de livres étrangers & autres. Cela ne ressemble pas mal aux *Annales Typographiques*, & aux notices qu'on voit à la fin du *Journal des Savants* & de celui de Trévoux, &c.

16 *Mars*. On a imprimé depuis quelque temps le *Rossignol*, comédie en un acte & en vaudevilles de M. Collé, auteur de *Dupuis & Desronnais*. Il y a plus de douze ans que ce drame avoit été

représenté avec succès chez M. le comte de Clermont. Le conte du même nom, inféré dans ceux de la Fontaine, quoiqu'il ne soit pas de cet auteur, est le canevas de cette piece peu susceptible d'être jouée sur un théâtre public.

10 *Avril* 1764. Le supplément à la *Gazette Littéraire de l'Europe*, est du mercredi 4 avril. Il contient quatre feuilles d'impression. Les extraits qu'il renferme sont moins croqués, ils sont dans le goût de ceux du *Journal Etranger*. On ne voit encore rien de nouveau dans cet ouvrage, & il n'est redoutable aux autres qu'en ce qu'il est plus favorisé du gouvernement.

25 *Avril*. Voici un vaudeville, qui n'a d'autre mérite que d'être historique & de transmettre à la postérité des anecdotes, dont quelques-unes ne sont pas connues de tout le monde ; c'est sur M. le prince de Soubise, à l'occasion de la mort de madame de Pompadour :

> Il est mal, ce pauvre Soubise,
> Sa tente à Rosbac il perdit,
> A Versailles il perd sa marquise,
> A l'hôpital il est réduit.

27 *Avril*. On parle de la *Réponse de l'auteur de l'Anti-Financier* : elle traite d'enthousiastes & de turbulents, ceux qui proposent l'impôt unique comme le vœu de la nation, & entreprend de justifier tout ce qui paroît depuis plusieurs années : l'auteur sous un éloge affecté de la justice des magistrats, qui ont réclamé contre les abus & vexations relevés dans l'*Anti Financier*, ridiculise leurs demandes & renverse leurs remontrances. Le parlement de Normandie, à qui l'ouvrage

a été dénoncé, l'a condamné le 9 de ce mois à être brûlé par l'exécuteur de la haute-justice, avec les qualifications les plus fortes contre cet écrit & son auteur.

7 Mai 1764. Un plaisant a fait écrire Racine des Champs-Elysées à M. de Voltaire. C'est une épître en vers, où ce poëte dramatique turlupine l'auteur de son *commentaire de Corneille* & le remercie. La plaisanterie est légere & agréablement faite. On finit par avertir M. de Voltaire que Corneille ne lui en veut point ; on lui fait dire :

  Voltaire est homme, il est injuste,
  Il conspire comme Cinna ;
  Je dois pardonner comme Auguste.

10 *Mai*. Le sieur Freron dans sa douzieme feuille de *l'année littéraire*, écrit une lettre à M. de Voltaire sur son édition de Corneille. Il la critique sommairement & résume très-bien les reproches que le public fait à l'auteur du commentaire. On eût désiré plus de détail, une défense de Corneille plus approfondie, & sur-tout que l'égide eût été manié par un athlete plus honnête.

12 *Mai*. Les comédiens italiens ont donné une piece nouvelle en leur langue, intitulée : *Arlequin dupe, vengé* ; elle est en cinq actes & de M. Goldoni. Cet inépuisable auteur leur a fait jouer, le 1 de ce mois, *Camille aubergiste*, en deux actes.

13 *Mai*. Les François doivent donner incessamment *le Jeune-homme*, comédie nouvelle en vers, en cinq actes, de M. Bastide. Le sujet est

ce même jeune homme introduit dans le monde par un Mentor qui se charge de le former; il y réussit si bien que, pour coup d'essai, son élève lui souffle sa maîtresse. Le philosophe piqué de cette perfidie, profite de la crédulité du jeune homme, de la confiance qu'il a en lui, pour lui faire faire beaucoup de sottises, le couvrir de ridicule & le rendre méprisable aux yeux de cette même femme qui en étoit amoureuse; de sorte que l'élève est obligé de revenir à son Mentor, de lui avouer ses écarts, & de retourner à une jeune personne à qui ses parents le destinoient.

On sent par cette exposition que l'auteur commence sa piece où il auroit dû la finir; on voit très-bien quel parti pour le ridicule & pour le vrai comique on peut tirer de l'avant-scene; mais le reste doit être froid, insipide & dégénérer en une morale triste.

17 *Mai.* On a remis aujourd'hui à l'opéra des fragments, composés du *prologue de Titon & l'Aurore*, de l'acte d'*Hylas & Zelis*, & de celui de *Pygmalion*. Depuis la rentrée ce spectacle n'a pas été fort suivi; il est à craindre que ces morceaux connus n'attirent pas plus d'affluence.

18 *Mai.* Le *Jeune-homme* n'a pas été accueilli hier, comme l'auteur & les comédiens l'espéroient; la piece n'a pu aller que jusqu'à la deuxieme scene du troisieme acte. Dès la deuxieme du premier, le ridicule a éclaté au point d'occasionner un rire universel. Le parterre s'est mis en gaieté & s'est soutenu sur ce ton jusqu'au moment où un éternument épouvantable est parti des troisiemes loges. Cet incident a été comme le coup de foudre; les éclats ont recommencé avec plus de fureur & les acteurs ont fait leur révérence.

De mémoire d'homme on n'a point vû de piece aussi rare pour le ridicule & l'impertinence du style; on en cite plusieurs vers qui sont devenus proverbes. Le jeune homme ayant menacé une espece de maître Jacques d'une femme qu'il aime, de le jeter par la fenêtre, celui-ci se retranche à dire : « Par la porte, à la bonne-heure. » Il philosophe ensuite, il prétend qu'on n'est pas vil quand on a une ame. Enfin, l'autre insistant, il lui répond avec emphase :

Quand on fait son devoir, on sort par l'escalier.

Dans une autre scene, le jeune homme, à qui l'on reproche qu'il va brouiller deux femmes, s'écrie dans l'excès de sa joie :

. . . . tant mieux !
La haine est à mes yeux un vrai feu d'artifice.

On cite pour exemple de la logique de l'auteur, un vieillard qui dit au jeune homme :

J'ai soixante ans passés & je vous aime encore.

Le théâtre étant resté vuide pendant une demi-heure, un acteur est revenu & a annoncé qu'on alloit donner *Zénéide* & *la Jeune Indienne* : ce qui a été exécuté au grand contentement des spectateurs.

On eût voulu que les comédiens eussent fait des excuses très-humbles de leur bêtise d'avoir reçu une piece aussi indigne de l'attention du public, & tout au plus supportable aux parades des boulevarts.

Tome XVI.   R

19 Mai. On ne peut revenir du peu de goût ou, pour mieux dire, de l'imbécillité des comédiens : on ne conçoit pas que cet aréopage si difficile & si impertinent à l'égard des auteurs qu'il fait valeter plusieurs années de suite, ait donné les mains à recevoir un drame aussi complétement ridicule que celui du *Jeune-Homme*. On sait que l'auteur ne s'en est mêlé en rien, & que les comédiens étoient engoués de cette comédie.

Le matin M. l'abbé de Voisenon trouva Molé, qui faisoit le rôle du *Jeune-Homme*, chez madame la marquise de Villeroy & qui tenoit son cahier à la main ; il le prit & tombant sur la scene du valet, il sentit par l'expression de *jeter par la fenêtre* tout le ridicule du reste de la scene ; il demande à Molé ce qu'il en pense ? Ce jeune fat l'assure que son rôle est très-bon, que cette scene est une scene d'humanité qui doit faire le plus grand effet. Et l'abbé de rire, & de dire à la marquise : *Madame, je suis bien trompé, ou ce jeune homme donnera bien du fil à retordre à son pere.*

25 Mai. La piece qu'on répete actuellement à la comédie françoise & qui doit se jouer incessamment, c'est *Cromwel*, tragédie d'un M. Duclairon, homme d'un certain âge qui débute dans la carriere dramatique. Il a choisi pour sujet le moment de la mort de cet usurpateur ; il lui garde son caractere d'enthousiaste & lui fait prédire cet événement ; on sent que c'est le coup de théâtre de *Mahomet*.

27 Mai. On a remis à la comédie françoise *la Magie de l'amour*, comédie en un acte, en vers libres, avec un divertissement d'Autreau. Cette piece, qui a eu du succès en 1755, comporte un rôle très-propre pour Mlle. d'Oligny. Cette actrice fort agréable au public a cependant le défaut essentiel de pécher par l'organe, & elle donne des inflexions sourdes, qui font perdre une partie de ce qu'elle dit.

5 *Juin* 1764. On a remis aujourd'hui à l'opéra *les fêtes d'Hébé*, ou *les talents lyriques*; on s'est efforcé de rendre ce ballet agréable par les danses les plus voluptueuses & le spectacle le plus brillant : quant à la musique, elle est si universellement estimée qu'on ne peut lui refuser son admiration.

6 *Juin*. M. de la Dixmerie est depuis quelque temps à la tête de l'*Avant-Coureur*. Cet ouvrage périodique est assez fêté par la célérité avec laquelle il annonce les modes en tout genre. M. de la Dixmerie continue à faire les contes du *Mercure*.

MM. d'Aquin & de Villemer président aussi à ce journal.

7 *Juin*. Les comédiens ordinaires du roi ont donné aujourd'hui, 7 de ce mois, la premiere représentation de *Cromwel*, tragédie par M. Duclairon. Il a choisi le jour de sa mort. Ce sujet, tout impraticable qu'il ait paru jusques à présent, n'a point rebuté notre auteur. On a trouvé dans les trois premiers actes des morceaux qui ne seroient point désavoués par les maîtres de l'art ; ils ont été unanimement applaudis : on prétend que la matiere a manqué au poëte dans les deux seconds. On convient que le caractere de *Cromwel* est fortement dessiné ; mais le vrai défaut de la piece est, que l'auteur n'y ayant mis aucune action historique, on pourroit en changer le titre & y substituer également celui de tout autre tyran.

8 *Juin*. Dans le supplément de la *Gazette Littéraire* du 6 juin au N°. VIII, on lit une lettre que les auteurs assurent déceler le goût & respirer la main du grand-maître. Elle est écrite à l'occasion des *Mémoires pour servir à la vie de François Pétrarque, en deux volumes in-4°., par M. l'abbé de Sade.* On y prétend que dans les ouvrages de cet auteur, qui roulent presque tous sur l'amour, il n'y en a pas un qui approche des beautés de sentiment qu'on trouve répandues avec tant de profusion dans Racine & dans Quinault : en un mot, on y réduit Pétrarque à un rang très-médiocre, & l'on prétend que son plus grand mérite est la vétusté.

On voit à la tête du même supplément une lettre sur les histoires Romaines que nous avons, où l'on reconnoît la touche légere & satirique de M. de Voltaire. Il se plaint avec raison qu'on y rapporte encore des contes puérils, qu'on auroit honte de débiter dans une conversation ; il voudroit qu'on envisageât davantage un pareil ouvrage du côté philosophique.

14 *Juin*. Les comédiens italiens ont donné aujourd'hui la premiere représentation de *Nanette & Lucas*, ou *la Paysanne curieuse*, comédie en un acte & en vers mêlée d'ariettes. Les paroles sont de M. Framery. Nous avons déjà annoncé cette piece sous un titre différent. L'intrigue en est des plus simples, ou plutôt il n'y en a pas. Un écrin, dans lequel il y a un collier de perles & qu'ouvre *Nanette* malgré la défense de son seigneur, en fait tout le fonds. Cette curiosité, loin de lui être funeste, est pardonnée, & le mariage ne s'en conclut pas moins heureusement. Le drame finit par un vaudeville, qui

apprend au parterre qu'il ne faut pas être curieux. Il y a des traits fort ingénieux dans le courant de l'ouvrage & des épigrammes de situation.

On remarque dans la musique une ariette pittoresque, où le musicien a très-bien rendu le bruit du tourne-broche. C'est un tableau à la Teniers, & un exemple très-frappant de l'harmonie imitative.

16 *Juin*. On a retiré aujourd'hui le *Cromwel*, donné pour la cinquieme fois. Il est bon d'observer à cette occasion que M. de Crébillon ayant travaillé sur ce sujet en lut la premiere scene à l'académie françoise : soit qu'il n'ait pas été content de l'accueil du public, soit qu'il ait senti le vice du sujet, ce grand tragique n'a pas osé continuer & a laissé son ouvrage.

Quand une piece ne rapporte pas plus de 800 livres, elle est dévolue aux comédiens. Celle-ci n'avoit donné que 801 livres.

20 *Juin*. On prétend aujourd'hui que le *Cromwel* qui passe sous le nom de M. Duclairon n'est pas de lui. Quelques littérateurs se rappellent en avoir entendu lire trois actes à feu M. Morand. La liaison intime que ce poëte avoit avec le premier, fait présumer que celui-ci pourroit bien s'être approprié le manuscrit de son ami. La suite justifiera si M. Duclairon étoit en état de faire une tragédie semblable à celle-là, telle qu'elle est. Il travaille actuellement à *Tigrane*.

30 *Juin*. On dit que M. Mercier Genovefain s'étoit arrangé avec Chaubert, imprimeur du *Journal de Trevoux*, pour la continuation. M. le vice-chancelier n'a pas jugé à propos de continuer cet ouvrage : on doit le terminer à la demi-année ; après quoi il reste supprimé. Outre

le discrédit dans lequel il étoit tombé, on est bien aise de relever le *Journal des Savants*, déjà très-mécontent de l'introduction de la *Gazette littéraire*.

1 *Juillet* 1764. On trouve dans le recueil des lettres de M. d'Eon quelques anecdotes relatives au *Journal étranger* & à son institution.

Dans une lettre de M. le duc de Praslin à M. d'Eon, de Versailles le 17 mai 1763, il est dit :

« Le roi, Monsieur, ayant jugé très-conve-
» nable d'ajouter à l'établissement de la gazette
» actuelle, celle d'une *Gazette littéraire*, qui
» présentât au public un tableau fidelle de l'état,
» & du progrès des arts & des sciences dans
» toutes les parties de l'Europe, le duc prie en
» conséquence M. d'Eon d'adresser à M. l'abbé
» Arnaud ou à M. Suard son collegue, tout ce
» qui pourra être relatif à cette matiere. »

Dans une lettre de M. de Saint-Foix à M. d'Eon, du 19 juin 1763, il dit : « Vous savez
» que ce grand écrivain (M. de Voltaire) veut
» bien s'abaisser aujourd'hui jusqu'à travailler
» pour la *Gazette littéraire*..... Sur ce sujet,
» mon très-cher, il ne m'est pas possible de finir
» sans vous témoigner que M. le duc de Praslin
» dit par fois que vous êtes un paresseux litté-
» raire, que vous avez été le témoin de la
» formation de ce projet, que vous avez promis
» des matériaux & entre autres une histoire très-
» remarquable du Kamtschatka, & que cepen-
» dant vous n'avez encore rien envoyé pour le
» succès de cet établissement, qui lui tient extrê-
» mement à cœur. »

Dans une lettre de M. d'Eon à M. le duc de Praslin, du 31 mai 1763, il dit : « Nous n'avons
» point reçu du tout, M. le duc, la lettre

» circulaire dont vous parlez, écrite à tous les
» ministres du roi dans les cours étrangeres au
» sujet de l'ouvrage que se propose M. l'abbé
» Arnaud, pour étendre dans toute l'Europe l'em-
» pire de la langue Françoise, & M. le duc de
» Nivernois n'auroit pu rien comprendre à ce
» que vous lui dites de cet ouvrage & de cet
» empire, &c. Dans tous les pays étrangers on
» n'a pas l'amour & la fureur des gazettes &
» papiers périodiques, ainsi qu'à Paris. Je sais
» par les meilleurs libraires de Londres, qu'ils
» ne veulent aucun de nos papiers périodiques
» & journaux, pas même celui des savants, &c.
» Tout cela est regardé en Angleterre comme
» misere étrangere, ou plutôt Françoise, pour
» endormir l'esprit des Parisiens, tandis qu'on
» fouille dans leurs poches..... M. le duc de
» Nivernois ne voit aucuns savants Anglois;
» 1°. parce qu'ils se communiquent très-peu
» dans le monde; 2°. parce qu'ils s'appliquent
» beaucoup à l'étude du grec & du latin & peu
» à la langue françoise, & plus pour entendre
» les auteurs morts que pour parler aux auteurs
» vivants. A mesure que chaque gazette paroîtra,
» elle pourra bien être traduite & imprimée sur
» le champ en Anglois; &c. moyennant quoi
» votre but, qui est d'étendre l'empire universel
» de la langue françoise, pourra bien manquer,
» & le but des auteurs, qui est d'avoir de l'ar-
» gent, pourra bien ne pas répondre tout-à-fait
» à leur calcul.

» Les deux seuls journaux littéraires qui se
» publient ici tous les mois, sont *the Monthly*
» *Review*, ou *Revue de tous les Mois*; l'autre se
» nomme, *the critical Review*, ou *Revue criti-*

» *que*. Ces deux livres seuls peuvent faire la for-
» tune de la *Gazette littéraire* de l'abbé Arnaud,
» quant aux ouvrages Anglois. »

4 Juillet. Le *Journal étranger* d'aujourd'hui nous annonce un journal Italien, dont le titre bizarre peut indiquer jusques à quel point la la manie des expressions extraordinaires & sauvages conduit ceux qui en sont affectés. M. Baretti fait imprimer à Venise un ouvrage périodique, qu'il appelle la *Frusta letteraria d'Aristarco scannabue* : « Le fouet littéraire d'Aristarque égorge-
» bœuf. » L'auteur remplit à la lettre ce nom outrageant. On y retrouve toutes les mauvaises facéties, les sarcasmes amers & dégoûtants, dont quelques-uns de nos journalistes assaisonnent leurs ouvrages.

18 Juillet. La *Gazette littéraire* de l'Europe (N°. 24.) nous apprend qu'il paroît à *Leipsick* une traduction allemande du poëme élégant de *l'Art de peindre*, par M. Watelet. Nous supposons que l'épithete d'*élégant* ne tombe que sur les ornements typographiques & pittoresques, dont est enrichi ce poëme aride & didactique. Quant à la traduction, elle fait moins d'honneur à l'auteur original que de déshonneur à son traducteur tudesque. Quel poëme va-t-il chercher pour faire passer dans sa langue !

25 Juillet. Mlle. Aurelli, premiere danseuse du théâtre royal de Londres, a dansé aujourd'hui sur celui des Italiens. Cette actrice annoncée avec éclat avoit attiré une foule prodigieuse. On admire sa vigueur, son jarret indomptable, des gargouillades répétées jusqu'à douze, des tournoyements, des pirouettes. De la réunion de toutes ces parties il résulte qu'elle est plus propre aux danses de force, qu'aux danses légeres, agréables & nobles, plus faite pour paroître sur la corde ou sur un théâtre de la foire, que sur un théâtre majestueux. Au reste, elle n'est point jolie, elle est courte, ramassée, d'un certain âge : c'est une Provençale, qu'on a déjà vu danser en France & qui avoit épousé un nommé *Vis* de l'opéra.

26 *Juillet*. Les Italiens ont donné aujourd'hui la premiere représentation des *Amours de village*, comédie en deux actes en vers, mêlée de musique. Les paroles sont de M. Riccoboni, la musique de M. Bambini, homme qui n'a encore rien donné. Ce poëme n'a rien d'intéressant dans son intrigue, des plus triviales ; les paroles en sont quelquefois plates & basses ; la musique n'a rien de pittoresque & ne produit aucune sensation sur l'ame : en un mot, le total a paru misérable.

27 *Juillet*. Les gazettes étrangeres nous apprennent la bonne fortune de M. Wilkes, l'auteur du *North-Breton*, si persécuté à l'occasion de cet ouvrage périodique. On a trouvé dans le testament d'un nommé Henri Walton, riche fermier du Devonshire : « Je legue à Jean Wilkes, » ci-devant membre du parlement pour Ayles- » bury, cinq mille livres sterlings, en recon- » noissance du courage avec lequel il a défendu » la liberté de sa patrie & s'est opposé aux progrès » dangereux du pouvoir arbitraire. » On ne se permettra aucune réflexion sur ce trait original & caractéristique.

6 *Août* 1764. On annonce pour demain *Naïs* à l'opéra. Ce ballet en trois actes, précédé d'un prologue, est de MM. de Cahusac & Rameau. Il fut joué en 1749 & n'eut pas un grand succès.

Ce prologue avoit été fait à l'occasion de la paix de cette année-là & représentoit les Titans terrassés par Jupiter.

7 Août. Nous avons déjà parlé d'une *Lettre critique* insérée dans la *Gazette littéraire*, à l'occasion des *Mémoires pour la vie de François Pétrarque, tirés de ses œuvres*, &c. Freron, dans son N°. 21, se fait écrire une lettre par un Italien à ce sujet. Il commence par insinuer que cette critique est de M. de Voltaire. Il démontre ensuite la basse jalousie, la mauvaise foi de cet auteur, dans ses citations, ses paralogismes; en un mot, il anéantit absolument son attaque contre Petrarque: il montre ensuite qu'il contredit lui même l'éloge qu'il a fait de ce poëte Italien dans son *Histoire universelle*.

8 Août. L'opéra a remis hier *Naïs*, ainsi qu'il avoit été annoncé: l'ouverture & le prologue ont paru de la plus grande beauté. La décoration est magnifique, & les vastes travaux des géants qui entassent des rochers, sont exprimés d'une façon sublime. On a trouvé mesquine la petite fusée avec laquelle Jupiter foudroie ces audacieux. Il falloit déployer tout le terrible d'un tonnerre majestueux.

Quant au ballet, les paroles en ont toujours passé pour misérables; elles sont égayées par une multitude de danses, dans lesquelles paroît successivement tout ce que l'opéra a de plus brillant en ce genre. Il y a des danses pyrrhiques qui font un très-bel effet. Le sieur le Gros fait le rôle de *Neptune* déguisé & amoureux de *Naïs*. Sa belle voix s'y soutient avec la plus grande admiration; il continue à donner de très-beaux sors: attendons patiemment que son ame puisse animer son organe délicieux!

La musique de cet opéra est d'un genre différent de celle des *Talents lyriques*; il est à craindre que cette derniere ne lui fasse tort.

9 *Août*. On lit dans le N°. 27 de la *Gazette littéraire* un sonnet de Crudeli, un des meilleurs poëtes qu'ait eu l'Italie, & qui paroît avoir échappé aux recherches de ses éditeurs, puisqu'il ne se trouve dans aucun recueil de ses ouvrages. Il est si heureux & si naturel, qu'il mérite une distinction particuliere. C'est une espece d'épithalame. La Virginité s'adresse à la nouvelle mariée :

Del letto marital questa è la sponda :
Più non lice seguirti : jo parto : addio.
Ti fui custode dull'eta la più bionda,
E perte gloria accrebbi al regno mio.

Sposa e madre or sarai, se il ciel seconda
L'insubra speme, ed il commun desio;
Gia vezzeggiando ti carpisce, e'sfronda
S'gigli amor, che di sua man ordio.

Disse, e disparve in un balen la Dea,
E in van trè volte la chiamo la bella
Vergine, che di lei pur ancha arded.

Scese fra tanto, e'sfolgorando in viso
Fecondita, la man la presse, e diella
Al caro sposo, e il duol cangiossi in riso.

TRADUCTION.

De ton lit nuptial s'entr'ouvre le rideau :
Il faut nous séparer : nécessité cruelle !
Tu perds de tous tes pas la compagne fidelle;
De mon regne je perds l'ornement le plus beau.

Epouse & mére enfin, tu vas d'un Dieu nouveau
Eprouver désormais la puissance & le zele ;
L'Amour qui te caresse, éparpille de l'aile
Les lys dont il se plut d'embellir ton berceau.

Elle dit & s'enfuit, comme un éclair rapide :
La nymphe dont le cœur en est encore épris
Jusqu'à trois fois en vain la rappelle à grands cris.

Le seul hymen descend, de sa conquête avide,
A la main de l'époux il joint sa main timide,
Et bientôt à ses pleurs ont succédé les ris.

14 *Août.* Fréron, dans son N°. 21, finit par cet article : *faute à corriger dans le N°. 20, page 290, ligne 12. François Marie Arouer de Voltaire :* lisez *François Marie Arouet de Voltaire.*
Bien des gens, en remarquant cette pitoyable & imfame plaisanterie, l'avoient mise sur le compte de l'imprimeur ; le journaliste a eu peur qu'elle ne fût en pure perte & par cette affectation décele qu'il a regardé cette tournure comme très-piquante ; il fait voir jusqu'à quel point de platitude peut descendre un homme d'esprit aveuglé par la passion.

21 *Août.* Les comédiens Italiens ont donné hier la premiere représentation d'une nouvelle piece intitulée : *L'Anneau perdu & retrouvé*, comédie en vers, en deux actes, mêlée d'ariettes : les paroles sont de M. Sedaine & la musique de M. de la Borde. Les unes & l'autre ont paru plus que médiocres au public, & les acteurs n'ont pas osé l'annoncer pour une seconde fois. Elle reparoît cependant sur l'affiche.

C'est un réchauffé de *bons Comperes*, ou *les bons Amis*, joués à la foire le 5 mars 1761. L'auteur a tout refondu, ainsi que le musicien.

24 *Août*. Les comédiens françois ont remis hier trois comédies de M. de Saint-Foix, qui n'avoient pas été reprises depuis très long-temps. On y a joint leurs divertissements. La premiere est *Deucalion & Pyrrha*. Cette piece, composée de deux actes, ne contient que très-peu de scenes. La seconde l'*Isle sauvage*, est d'un ensemble plus piquant ; il y a des beautés de détail & des scenes naïves, intéressantes. La troisieme emporte la paille, ce sont les *Graces*: c'est un tableau de l'Albane, d'un velouté, d'une fraîcheur, d'une finesse admirables. Mlle. Luzi fait le rôle de l'*Amour*, avec tout le piquant, toute la malice qu'on peut attendre d'un pareil Dieu. Les divertissements étoient des plus médiocres.

27 *Août*. On a fait le 25 l'ouverture du salon de saint Luc, qui se tient à l'hôtel d'Aligre rue Saint-Honoré. Beaucoup de portraits, de très-mauvais tableaux d'histoire, quelques sculptures passables, voilà ce qu'est en gros ce salon-là.

Les marines, les tableaux d'architecture & sur-tout les paysages sont ce en quoi il est le mieux composé. Cela ne mérite aucun détail.

2 *Septembre* 1764. On annonce depuis quelques jours à la comédie françoise, une petite comédie en un acte, intitulée : *Le Cercle*, ou *la Soirée à la mode*. On prétend que c'est une esquisse ingénieuse de ce qui se passe dans la plupart des sociétés. On veut même qu'on y reconnoisse différents virtuoses à la mode. On eût souhaité que

ce sujet eût tombé en de meilleures mains ; on trouve le petit Poinsinet bien peu délicat, bien bourgeois, pour tracer les mœurs du grand monde & nous rendre les formes fragiles de pareils personnages.

8 *Septembre*. *Le Cercle*, dont nous avons parlé, a été joué aujourd'hui avec peu d'affluence ; la réputation de l'auteur ne marche pas devant lui : la pièce a reçu de très-grand applaudissements. Une précieuse moderne, deux petites-maîtresses subalternes, un marquis fat, un plat robin, un suisse bon-homme, un poëtereau aussi vain que bas, un médecin à la mode, & un abbé musicien composent ce joli groupe. Nous ne parlons point d'une soubrette & d'une jeune personne qui y sont pour peu de chose. Il n'y a ni intrigue, ni marche théâtrale ; mais beaucoup de saillies & des personnages peints dans une grande vérité. Le rôle du médecin est sans contredit le premier. On prétend que c'est Lorry ; l'abbé de la Croix est le prototype du musicien ; le poëte se désigne par *Mes dix-neuf ans*, ouvrage de M. Durosoy ; enfin, la femme est connue pour madame la comtesse de Beauharnois. Malgré son succès prodigieux, le sujet pouvoit être mieux traité, & l'on sent que l'auteur n'a vu la bonne compagnie que de loin ; il n'a pas cette touche fine & légere, qui désigne l'homme du grand monde.

10 *Septembre*. Dans le supplément de la gazette littéraire de l'Europe, du mardi premier août 1764, on lit des anecdotes sur le *Cid* ; on y fait mention d'un second *Cid* Espagnol, autre que celui de *Gilles de Castro* ; il est de dom Juan Baptista Diamante. Le journaliste prétend que

Corneille n'a pas moins puisé dans ce dernier, plein de pensées sublimes, & dont le drame eut autant de succès que le *Cid* connu ; on le croit antérieur à celui-ci, on le regarde comme très-rare, & il n'y en a peut-être pas aujourd'hui trois exemplaires.

11 *Septembre. Les Muses Françoises, contenant un tableau universel par alphabet & numéros des théâtres de France, avec les noms de leurs auteurs & de toutes les pieces anonymes de ces théâtres, depuis les mysteres jusqu'en l'année* 1764, *premiere partie.* Tel est le titre fastueux d'un ouvrage qui n'a que cela de neuf ; il est emprunté du dictionnaire portatif des théâtres de monsieur Caris. D'ailleurs, le plan qu'on imagine est des plus défectueux. On attribue aux théâtres François & Italiens, & à l'opéra, non-seulement les pieces qui y ont été jouées, mais encore celles qui, non-jouées, ont semblé par leur genre appartenir à ces théâtres. En un mot, tout décele un homme avide de gain, & peu soigneux de mériter les éloges du public. A l'article de Jean-Bernard le Blanc, né à Dijon le 3 décembre 1707, abbé vivant, on lui attribue la tragédie de *Manco Capac*, ouvrage de M. le Blanc de Quillet, jeune homme & individu très-différent de l'autre.

N. B. Il en est déjà parlé au 13 août 1764.

15 *Septembre.* Dans la gazette littéraire numéro 34, on annonce une tragédie allemande de M. Klopstock, elle est intitulée *Salomon*. Le plan est très-simple, dit le journaliste ; il n'y a ni intrigue ni catastrophe ; elle est écrite en vers métriques & divisée en cinq actes. Il prétend qu'avec moins d'intérêt qu'en celle d'*Adam*, l'auteur

a fu conduire la piece à la fin par le seul art de préparer les événements & de graduer les passions. Il n'y a point de femmes en scene.

19 Septembre. Les Italiens donnent depuis quelques jours une comédie françoise, intitulée : *Le bon Tuteur.* Elle est de M. Desgranges, en trois actes & en vers. C'est une piece italienne de Goldoni, que le premier a voulu accommoder à notre théâtre ; il paroît qu'il a manqué son objet. La piece de Goldoni, sans être la meilleure qu'il ait faite, a de l'intérêt, du naturel & quelques incidents heureux. Le second glace tout de son froid mortel, & l'auteur est lui-même très-mécontent de son traducteur.

20 Septembre. La gazette littéraire de l'Europe, au Nº. 35, nous fait connoître les poésies de l'abbé Gold. Le journaliste dit que c'est un des meilleurs poëtes qu'ait produit l'Italie ; qu'il réussit également dans l'art de modeler & dans celui de peindre ; que ses idées sont neuves & fortes, ses images hardies & brillantes, & son style plein de noblesse & d'harmonie. Il en cite un morceau, qui vient très-fort à l'appui de son jugement.

21 Septembre. Monsieur Barthe a lu ces jours-ci aux François une nouvelle piece en un acte, intitulée : *Les deux Cousines.* La piece a paru froide & n'a eu que trois voix ; celles de Mlle. Doligny, de madame Préville & de Molé : l'une, parce que c'est son héroïne & qu'il lui fait sa cour ; l'autre, parce qu'elle se flattoit de jouer un rôle considérable dans la piece ; & l'acteur, parce qu'il est l'ami intime du poëte. M. Barthe ne se regarde point comme battu, & prétend en rappeller tôt ou tard.

24 Septembre. M. Freron, dans sa vingt-sixieme feuille se fait écrire une lettre contre M. de Voltaire, où il attaque sur-tout le *Discours aux Welches*, & prétend que le fond en est pillé chez un certain Deslandes, auteur, dit-il, de je ne sais quelle histoire critique de la philosophie. Il profite de l'occasion pour insérer au bas de cette lettre dans une note, le *désaveu* que fait Panckoucke, libraire, d'une lettre supposée, où le libraire assure M. de Voltaire, *que personne ne fait de ses talents une plus grande estime que monsieur Freron, & n'a plus lu ses ouvrages.* Il insinue que cette lettre est une fourberie du grand poëte. Fréron finit à son tour par un désaveu de tout ce que Panckoucke pourroit avoir dit en son nom.

2 Octobre 1764. M. Poinsinet, auteur de la comédie du *Cercle*, l'ayant fait imprimer avec une épître dédicatoire à M. de la Ferté, intendant des menus, pleine d'une basse & sordide adulation, on a fait l'épigramme suivante :

> On s'étonne & même on s'irrite
> De voir encenser un butor :
> N'a-t-on pas vu l'Israélite
> Jadis adorer le veau d'or ?
> Un auteur peut, sans être cruche,
> Encenser un la Ferté ;
> C'est un sculpteur qui d'une buche
> Sait faire une divinité.

5 Octobre. L'opéra a remis aujourd'hui *Tancrede.* Le poëme est de Danchet, & la musique de Campra : l'un & l'autre datent du commencement du siècle, & ont eu du succès à plusieurs reprises ; c'est une raison pour ne pas être fort goûté aujourd'hui. Il a fallu refondre toute la musique : il en résulte nécessairement des disparates sensibles. Il n'y a pas d'apparence que ce spectacle prenne beaucoup dans le public. Il faut pourtant rendre à Mlle. Chevalier la justice de dire qu'elle joue le rôle de *Clorinde* à prodige ; elle chante & ne crie point, suivant le reproche qu'on lui fait depuis long-temps ; on a rajeuni tous les divertissements. On trouve cet opéra noir, triste & langoureux : il y a dix monologues, qui occupent un grand tiers du spectacle : en un mot, on est si blasé que les amusements les plus sublimes de nos peres sont devenus insipides à nos yeux & à nos oreilles.

8 Octobre. Il paroît un ouvrage intitulé : *Anecdotes sur la Russie*. Ce livre contient la relation de tout ce qui s'est passé dans ce pays-là depuis l'avénement de Pierre III au trône ; il s'y trouve en outre des choses générales & qui peuvent instruire des mœurs, du gouvernement, des usages & des personnages de la nation en état d'y jouer un rôle. Il est très-rare & prohibé sévérement : la narration est froide & lâche.

17 Octobre. Nous lisons dans la gazette littéraire d'aujourd'hui, une épitaphe extraite des ouvrages de Machiavel, numéro 2. Son caractere original, plein de force & de sublime, mérite que nous en fassions mention. Elle roule sur la mort du prince Soderini, Gonfalonier perpétuel de Florence, qui fut déposé :

La notta che morì Pier Soderini
L'alma n'andò dell' inferno à la bocca,
E Pluto la gridò anima sciocca
Che inferno ! va nel limbo tra' bambini.

On peut la rendre ainsi :

De Soderini mort l'ame, sans s'en défendre,
De l'enfer franchissoit les soupiraux ardents :
Sotte, lui dit le Diable, ici pourquoi te rendre !
Aux limbes caches-toi, vas parmi les enfants.

22 *Octobre*. Dans l'*Avant-Coureur* du 22 octobre, on lit une lettre de M. Poinsinet, en forme de réponse à l'article du *Mercure* de M. D. L. G., où ce dernier rend compte *de la Soirée à la mode*. Ce petit homme, en remerciant monsieur de la Garde des éloges prodigués à sa piece, paroît avoir sur le cœur la critique qu'il en fait sur plusieurs articles ; il les défend tous, il veut sur-tout qu'on appelle *comédies lyriques* ses opéra comiques. Il nous apprend que M. de Champfort s'exerce dans le même genre, & vient sourire au *tripot d'Arlequin*.

30 *Novembre* 1764. Le sieur Fréron, toujours prêt à saisir les occasions de mortifier l'amour-propre de M. de Voltaire, vient d'insérer dans son numéro 35, une ode de ce poëte à Sainte-Genevieve. Il se fait adresser cet ouvrage par un anonyme, comme une piece rare & curieuse. Il est certain que cette ode, composée par M. de Voltaire dans sa jeunesse, est détestable : il en faut conclure qu'il avoit peu de disposition pour la poésie lyrique & sacrée.

1 *Décembre* 1764. M. le Miere, peu dégoûté de ses disgraces dramatiques, ne fait qu'avancer à plus grands pas dans la carriere. Depuis la chûte de son *Idoménée*, il vient déjà d'enfanter une nouvelle tragédie ; *Artaxerce* est son sujet.

On parle d'une *Gabrielle de Vergy*, autre tragédie de M. de Saint-Valier, colonel d'infanterie, qui a eu un *accessit* à l'académie. C'est une princesse à qui son mari fait manger le cœur de son amant.

Ces deux drames doivent être précédés du *Siege de Calais* de M. du Belloy, annoncé depuis long-temps.

3 Décembre. Les comédiens italiens ont donné aujourd'hui la premiere représentation du *Mariage par capitulation*, comédie en deux actes mêlée d'ariettes, les paroles de M. Dancour & la musique de M. Rodolphe. Quand au drame, rien de plus trivial & de plus plat; il est étonnant avec quelle facilité on hasarde sur ce théâtre des pieces aussi misérables. La musique n'a pas eu grand succès non plus; quelques ariettes seulement ont fait plaisir.

Le spectacle a fini par un ballet militaire de la composition du sieur Pitro. Le naturel de la pantomime, & sur-tout la précision, l'élégance, la durée d'un assaut exécuté par le mari & la femme qui se battent en duel, a fait grand plaisir.

5 Décembre. On lit dans le supplément de la gazette littéraire du deux décembre, l'extrait d'une lettre sur l'opéra à M. le B. D. H., qu'on nous donne comme d'un poëte philosophe connu par des pieces de vers pleines de graces & d'harmonie, & par des essais en prose fortement pensés & élégamment écrits; quoi qu'il en soit, il y a des vues neuves & vraies dans cette lettre; l'auteur y fait sentir les défauts des deux musiques, italienne & françoise: il les attribue en partie à la constitution des drames; & sur-tout à notre égard, il trouve que nous manquons de ces caracteres forts & vigoureux qui prêteroient beaucoup à la grande mélodie : il voudroit aussi que les décorations & les danses concourussent à l'unité du poëme & d'un ensemble parfait. Qu'on est encore loin de cette perfection !

Cet auteur est M. de Saint-Lambert.

10 *Décembre.* On voit dans l'avant-coureur d'aujourd'hui une lettre de M. Guichard à mademoiselle Clairon, en prose & en vers, pour la remercier de la protection qu'elle a bien voulu accorder à M. de Villiers, un nouveau débutant aux François dans les rôles de tyran. Malgré tout le zele que l'amitié peut inspirer, on ne peut pardonner le ton rampant & emphatique tour-à-tour, avec lequel cet auteur parle à cette héroïne du théâtre.

12 *Décembre.* On a repris *Timoléon* lundi 10 de ce mois. Il a essuyé une seconde chûte. Voici ce qu'a dit Fréron dans une note N°. 37, page 143.... « Tragédie nouvelle de M. de la
» Harpe, piece commune pour le fond, d'ailleurs froide, ennuyeuse, mal faite & mal
» écrite. Elle fut donnée la premiere fois le
» premier août dernier ; le peu de succès qu'elle
» eut, obligea l'auteur de la retirer après cette
» premiere représentation. Les changements qu'il
» y a faits depuis n'ont servi qu'à la rendre plus
» mauvaise. »

13 *Décembre.* Suivant la gazette littéraire N°. 50, mercredi 12 décembre, à l'article d'Angleterre, les Anglois forment les mêmes plaintes que nous sur la décadence de l'art dramatique ; excepté la tragédie de *Douglas*, par M. Hume, autre que l'historien, & la comédie de *la Femme jalouse*, par M. Colman, la scene angloise n'a rien

produit digne d'être cité. Leurs auteurs ne font plus que nous singer. On vient de donner sur le théâtre de Dury-lane un opéra comique Anglois, dont les paroles sont de M. Robert L. Loyd, & la musique de M. Nuch. Il est intitulé, *les Amants capricieux*. C'est l'imitation presque littérale de *Ninette à la cour*. L'auteur en convient dans sa préface. Cette nouveauté a eu beaucoup de succès.

22 *Décembre*. On est indigné de trouver dans un ouvrage, comme l'année littéraire, une annonce de toutes les frivolités que débitent dans ce temps-ci tous les marchands de Paris. Quoique l'auteur cherche à encadrer cela de son mieux dans une espece de lettre intitulée : *le Superflu, chose très-nécessaire, vers de M. de Voltaire*, on ne lui passera point de nous entretenir de ratafia, de dragées & de breloques. Quels noms à accoller avec ceux des gens de lettres, que les Macharts, les Diodets, les Chauvins ! Est-il possible qu'un journaliste s'avilisse à ce point-là, & s'imagine dérober aux soupçons du public le sordide motif qui le fait parler ?

28 *Décembre*. Il a débuté ces jours-ci aux François un nouvel acteur, ex-officier de cavalerie, dans les rôles de roi & de paysan. On l'avoit annoncé avec tant d'emphase qu'il n'a pas reçu tous les applaudissements auxquels il s'attendoit. Il est beau de figure, a beaucoup d'organe & beaucoup de sentiment. Il lui manque de la dignité, de la hardiesse, & d'être maître de son récit ; ce que l'usage lui donnera.

28 *Décembre*. On lit avec la plus grande envie de rire dans le premier volume du *Mercure* de ce mois, l'annonce qu'on y fait du *porte-*

feuille de l'homme de goût. Cette compilation de l'abbé de la Porte y est exaltée dans trois pages entieres d'éloges; on ne peut ignorer les liaisons que cet auteur a avec le *Mercure*; il est aisé de conclure quel est l'écrivain panégyriste.

31 *Décembre. Les Lettres de la campagne*, sont une petite brochure écrite par M. Tronchin, procureur-général du conseil de Geneve, pour faire l'appologie de la conduite des magistrats de cette ville envers Rousseau & son livre d'*Emile*. L'orage excité dans cette république à l'occasion du Diogene moderne a produit ce livre, peu recommandable par le fond & par la forme; mais il a donné lieu aux *Lettres écrites de la Montagne*, que nous avons annoncées & dont nous parlerons plus amplement.

2 *Janvier* 1765. *Almanach des Muses*; c'est un recueil de toutes les pieces de poésie faites dans le courant de l'année derniere, qu'on a rassemblées avec des notes. On se propose de continuer cet ouvrage, & de former ainsi une collection suivie de toutes les pieces fugitives éparses dans une infinité de volumes.

L'éditeur y joint des remarques critiques, quelquefois peu justes & futiles, quelquefois judicieuses. On peut lui reprocher de s'approprier le bien des gens pour en dire du mal, & de dévoiler les anonymes; on y trouve que M. Dorat est l'auteur de l'*Epître à Alexandrine*, (mademoiselle Fanier.)

3 *Janvier.* Les Italiens ont donné le 29 décembre, *la Matrone Chinoise*, comédie ballet en deux actes & en vers libres. L'auteur, M. le Monnier, n'a pas eu cette fois le même succès qu'ont éprouvé son *Maître en droit, & son Cadi*

dupé. Le fond du drame est tiré du journal étranger, du 10 décembre 1755. Les défauts du sujet en ont vraisemblablement empêché la réussite. Aucune matrone d'Ephese ou de la Chine ne tiendra long-temps au théâtre. La Fontaine a dit :

> S'il est un compte usé, commun & rebattu,
> C'est celui qu'en ces vers j'accommode à ma guise.

4 *Janvier*. Monsieur Bruyzet, jeune homme plein d'esprit & de talents, a bien voulu nous communiquer sa traduction de la tragédie allemande de M. Klopstock, intitulée *Salomon*, en cinq actes, que nous avons annoncée l'année derniere. Nous osons assurer que cette tragédie du plus grand poëte de l'Allemagne, ressemble bien moins à un drame qu'à un fragment d'Epopée Hébraïque, échappé aux injures du temps & mis en dialogue. Le sujet est la conversion de *Salomon*. Tous les incidents, tous les épisodes, bien loin de croiser l'action & de paroître retarder le dénouement, ne servent qu'à l'accélérer. *Salomon* est au désespoir dès le premier acte, & l'uniformité de son caractere, ainsi que celui des autres personnages entre eux, ne formant aucun contraste, la piece reste dénuée de cet intérêt qui fait l'ame d'une tragédie. Il y a dans les détails des beautés particulieres, des pensées, des images & des expressions vraiment dignes du pinceau mâle qui esquissa la *mort d'Adam*.

M. Bruyzet a enrichi sa traduction de notes judicieuses.

14 *Janvier*. L'opéra a remis jeudi dernier les *Talents lyriques*. Nous ne ferons aucune mention du mérite intrinseque de cet opéra

très-connu : nous nous contenterons de dire que le sieur le Gros a fait le rôle de *Mercure* avec une intelligence dont on ne l'eut pas cru susceptible ; il y a employé des talents qui ont émerveillé les spectateurs en petit nombre ; on prétend qu'il a reçu des leçons de Mlle. Dumesnil & du sieur Grandval. Quoiqu'il en soit, il en a très-bien profité, & l'on ne doute pas qu'il ne fasse faire foule aujourd'hui qu'il joue pour la seconde fois.

17 *Janvier*. On annonce dans la gazette littéraire d'hier 16 de ce mois, les œuvres de Jean-Elie Schlegel, le premier poëte tragique Allemand, dit le journaliste, dans les pieces duquel on ait vu l'expression répondre à la dignité du sujet. Cotsched l'avoit précédé dans cette carriere ; mais ses pieces, quoique régulieres, sont dégradées par une trivialité d'expressions difficile à imaginer. M. Schlegel est mort à Copenhague en 1749, à la fleur de son âge. Ses œuvres sont en trois volumes. Le premier contient six tragédies : *Oreste & Pylade*, piece qu'il composoit à dix-huit ans ; *Didon* fut faite à-peu-près dans le même temps, c'est à-dire, en 1739 : *les Troyennes*, imitées du Grec & du Latin : dans *Canut*, sa quatrieme piece, l'auteur peint les mœurs guerrieres des anciens Danois : il représente celles des Germains dans son *Arminius* : l'*Electre* d'Euripide est sa sixieme & derniere. M. Schlegel choisissoit bien ses sujets, ajoute le journaliste & les disposoit encore mieux. Ses caracteres sont soutenus ; ses situations, tragiques ; son expression, noble ; & sa versification pleine d'harmonie. Le deuxieme volume, à l'exception de *Lucrece*, tragédie en prose, ne

contient que du comique : *le Fainéant occupé*; *le Myſtérieux*; *le Triomphe des bonnes femmes*, comédie en cinq actes ; *la Beauté muette*, en un acte & en vers; *l'ennui*, prologue. *Le Myſtérieux & le Triomphe des bonnes femmes* ſont les deux pieces qui ont eu le plus de ſuccès. Elles font partie du très-petit nombre de bonnes pieces d'intrigue dont l'Allemagne ſe glorifie. Le troiſieme volume comprend des ouvrages critiques & moraux : un *Parallele* de Shakeſpear & de Griphe (ancien poëte Allemand ;) une *Diſſertation ſur l'imitation de la nature dans les beaux arts* ; des *Remarques critiques ſur les tragédies des anciens & des modernes* ; enfin des *Obſervations ſur la dignité & la majeſté de l'expreſſion dans la tragédie*. Les pieces morales ſont, en général, bien penſées & bien écrites : celle qui a pour titre *le Petit-Maître*, quoiqu'un peu trop diffuſe, ne laiſſe pas d'être amuſante.

18 *Janvier*. Un Suiſſe que la lettre du *comte de Cominges* a fait pleurer, vient d'adreſſer à M. Dorat une épître en vers trop longue à rapporter. L'auteur y déploie une ame ſenſible, une imagination franche & une harmonie douce de verſification. Ces vers ſont dans la maniere d'Ovide, d'une facilité peut-être trop abondante.

21 *Janvier*. Meſſieurs d'Arnaud & Dorat n'ont point les gants d'avoir traités les premiers le *comte de Cominges*. Nous apprenons qu'on trouve dans le *Mercure* du mois de mars 1755, une romance ſur le même ſujet, de M. le duc de la Valliere. Elle eſt en vingt-ſept ſtrophes ou ſtances, de huit vers chacune. Cette piece eſt écrite avec la vérité la plus touchante. M. le duc de la Valliere termine plus heureuſement

que les autres en faisant mourir *Cominges* de douleur, après avoir reconnu *Adélaïde* expirante.

26 Janvier. Avant-hier les comédiens italiens ont donné la premiere représentation de *l'Ecole de la jeunesse*, comédie en trois actes mêlée d'ariettes, par MM. Anseaume & Duni. Pour donner une idée de la bizarrerie de cette piece, il suffit de dire que ce sujet est celui de *Barnevelt*, ce drame anglois si pathétique & si terrible, pour lequel il ne faudroit pas moins que le pinceau du Dante & de Milton. Il ne pouvoit tomber dans la tête que d'un François, d'enjoliver d'ariettes cet ouvrage, le plus sublime de tous les drames. Le goût est tellement perverti qu'on court en foule à ce monstre bizarre.

28 Janvier. Il a débuté ces jours-ci aux François un jeune homme de seize ans & demi, fils d'un nommé Blainville, assez mauvais acteur de la comédie Italienne. Il joue dans les rôles de *Zamore*, d'*Orosmane*, &c. Cette noble hardiesse ne paroît pas encore soutenue d'un talent bien décidé ; il promet cependant.

3 Février 1765. M. Bertin, trésorier des parties casuelles & de l'académie des inscriptions & belles lettres, auquel on a déjà attribué *l'Isle des foux*, passe pour l'auteur de *l'Ecole de la jeunesse*, ou *le Barnevelt françois*; & l'on peut se douter aux éloges affectés que certains journalistes prodiguent à ce drame, que leur idole est cachée derriere le souffleur de la comédie.

4 Février. *Théâtre d'un inconnu*, contenant *la Suivante généreuse*, imitée de Coldoni ; *la Domestique généreuse*, *les Mécontents*. La premiere piece est en cinq actes & en vers, les deux autres sont en trois actes & en prose.

T 2

23 *Février*. L'académie royale de musique a remis hier *Castor & Pollux*. Le Gros a fait le rôle de *Castor* ; il contribue à merveille au grand succès de ce poëme, le chef-d'œuvre du théâtre lyrique. Il est, en général, fort bien remis ; mais il est à craindre que la remise trop fréquente de cet opéra ne lasse le public, qui préfere la nouveauté aux plus belles choses.

24 *Février*. L'ordre des avocats ayant trouvé mauvais que le sieur Fréron ait rendu compte, dans sa premiere feuille, du mémoire de Me. Vermeil sur l'hermaphrodite, quelque favorablement que ce journaliste en ait parlé, on lui a enjoint de ne plus faire mention d'aucun ouvrage de cette nature.

25 *Février*. Fréron dans sa quatrieme feuille se fait écrire une lettre par un avocat, au sujet du conseil qu'il avoit donné à M. de la Harpe de prendre cette profession. Il avoit cherché à se venger de l'ordre qui lui avoit fait interdire de parler de ses mémoires. Il profite de cette tournure pour plaisanter de nouveau ce jeune tragique ; & il finit par des réflexions, où il décharge un peu sa bile sur cet ordre superbe. Son premier projet avoit été de faire renvoyer par l'avocat M. de la Harpe à une autre profession, à celle d'architecte ou de médecin, par exemple. Il se seroit ensuite fait écrire une autre lettre par celui-ci ; & ainsi successivement M. de la Harpe auroit été déclaré inepte à tous les états.

26 *Février*. *Anthologie françoise*, ou *Chansons choisies*. M. Monnet, ancien directeur de l'opéra comique, vient de proposer par souscription ce recueil des meilleures chansons que la

nation Françoise ait produites jusqu'à nos jours. Il est à souhaiter que cet ouvrage souvent entrepris soit fait avec plus de choix & de soin que les précédents. Nous avons en ce genre les plus agréables matériaux & les plus abondants qu'aucune nation puisse offrir.

28 *Février. Idées sur l'opéra*, &c. Dans cette brochure d'un amateur il y a d'abord quelques réflexions fort judicieuses & pleines de goût sur les différentes parties de ce spectacle. L'auteur le trouve encore dans l'enfance à beaucoup d'égards. Il passe ensuite à la forme d'administration qu'il voudroit qu'on lui donnât. C'est un projet d'établissement d'une véritable académie de musique, qui auroit la direction de l'opéra & de l'opéra-comique. Par ces arrangements on trouveroit de quoi récompenser plus utilement & les auteurs & les acteurs. Il seroit à souhaiter que ce projet eût lieu ; il n'est pas douteux que l'opéra ne parvînt à un plus haut degré de perfection.

4 *Mars* 1765. Le *Mercure* de ce mois, après un long extrait de la piece du *Siege de Calais*, redemandée par S. M., rapporte que le roi a fait gratifier l'auteur d'une médaille qu'on appelle *du grand coin*, & d'une somme de mille écus d'argent comptant.

Malgré tous ces brouhaha la piece continue à passer pour très-médiocre aux yeux des connoisseurs. On ne peut mieux la caractériser que par le mot de M. le duc d'Ayen, qui ayant osé élever sa voix contre ce drame informe avant qu'il fût joué à la cour, s'est retranché au silence & convient que c'est une piece très-respectable.

Cette piece éleve les ames les plus viles. Elle

a réchauffé celle des comédiens. Les habitants de Calais ayant députe vers eux pour savoir ce qu'ils exigeoient pour venir la jouer dans cette ville pendant la quinzaine, ils ont répondu avec sublimité : *Un théâtre seulement.*

Enfin il est question de la donner *gratis* au peuple. C'est l'auguste Clairon qui en a ouvert l'avis.

6 Mars 1765. La gazette littéraire du 6 mars 1765, annonce les œuvres de poésie & de théâtre d'un nouvel auteur Allemand, Jean-Chrétien Kruger. Il naquit à Berlin de parents pauvres, fut obligé de se faire comédien. Les travaux de cet état & les traductions qu'il étoit obligé de faire pour vivre, l'ont empêché de donner à ses ouvrages, & sur-tout à ses comédies, la correction qu'il auroit pu y mettre. Ces dernieres sont semées de traits originaux, qui les feront passer à la postérité. Les principales sont *l'Epoux aveugle, les Candidats & le duc Michel.* Il a fait une traduction Allemande de Marivaux ; il est mort à Hambourg le 23 août 1760, âgé de 28 ans, & déjà consumé de travail.

7 Mars. Dans le supplément de la gazette littéraire du 3 mars 1765, on lit une lettre datée de Parme du 3 janvier, où l'auteur déplore le dépérissement des lettres & des arts de cette mere des sciences ; il en fait une description lamentable.

8 Mars. Nous ne pouvons omettre un trait dont nous sommes sûrs, & qui est trop propre à découvrir à nu l'ame du sieur Fréron pour l'oublier.

L'imprimeur Barbou étant allé voir ce journaliste au sujet de *l'Essai de la traduction de l'Iliade,* que vient de donner au public M de Rochefort, celui-ci lui demanda s'il s'intéressoit beaucoup à cet ouvrage ? Le libraire répondit que non, puisque l'auteur l'avoit fait imprimer à ses frais. « Cela posé, » répliqu'a-t-il, « ce n'est point la » peine de le lire, n'y d'en parler. » On sent facilement à ce langage quel ressort fait remuer sa plume, & le cas à faire de ses éloges ou de ses critiques.

15 *Mars*. M. Marin vient de faire imprimer son *théâtre*, composé de cinq pieces : les titres sont, *Julie*, *la fleur d'Agathon*, *Frédéric*, *l'Amante ingénue* & *l'Amant heureux par un mensonge*. De ces drames, le premier en trois actes est le seul qui ait été joué & disgracié du public. Les journaux s'efforcent d'encenser cet auteur ; on en découvre aisément la raison, en apprenant qu'il est censeur de la police & secrétaire général de la librairie de France. L'auteur, à l'exemple de Corneille, a donné l'examen de ses pieces ; reste à savoir si c'est pour se juger avec la même impartialité que ce grand homme, ou pour excuser ses défauts. Au reste, on doit l'applaudir de n'avoir point déshonoré son ouvrage par une dédicace basse, à l'exemple de tant de gens de lettres ; l'ouvrage est mis aux pieds de l'académie Françoise.

16 *Mars*. Les Italiens ont donné aujourd'hui la premiere représentation du *Tonnelier*, paroles de M. Anseaume. Cet ouvrage joué autrefois à la foire avec peu de succès, s'est reproduit aujourd'hui ; on n'a rien à en dire, sinon qu'on y a fait quelques changements ; on a ajouté des ariettes de la composition du sieur Audinot.

18 Mars. On voit dans différents ouvrages périodiques, & entre autres dans *l'Avant-Coureur* du 11 mars, une lettre à M. du Belloy sur la tragédie. On ignore si c'est lui-même qui s'est écrit cette lettre, mais on ne peut lire rien de plus plat, de plus absurde, de plus trivial, de plus faux & de plus bassement louangeur. Elle est datée du 25 février 1765.

19 Mars. Pour contre-balancer le coup que paroît avoir porté à la réputation de Mlle. Clairon l'éclat très-scandaleux qu'elle a fait à cet égard, les partisans de cette héroïne du théâtre viennent de faire paroître une brochure intitulée *lettre de M. le chevalier M.... à Milord K....* On y a rassemblé tout ce qu'on a pu ramasser d'éloges prodigués à cette divinité, & l'on en a formé un corps de défense, qui ne laisse pas moins subsister en entier toute la flétrissure empreinte sur sa personne.

20 Mars. On voit une *lettre de M. de la Harpe* du 8 mars, où ce jeune auteur se défend de l'imputation qu'on lui a faite dans l'ouvrage dont on vient de parler, de ne point aimer Mlle. Clairon, pour laquelle il affecte la plus grande indifférence. Quant à ses talents, il leur donne un juste éloge, mais persiste à les regarder avec les vrais connoisseurs de la belle nature comme très-artificiels.

23 Mars. La clôture des théâtres s'est faite aujourd'hui. Le compliment des François, de la composition d'un M. Meslé, rouloit la grande partie sur *le Siege de Calais*, & répétoit ce qu'on a déjà dit tant de fois là-dessus.

Les Italiens qui, en vertu de leur réunion à l'opéra comique, avoient le privilege de jouer encore toute la semaine de la passion, ont été obligés de finir aussi, au grand regret des amateurs du spectacle.

27 *Mars. Les Législatrices*, comédie en un acte & en vers libres, mêlée d'ariettes, par M. Moline.

On ne doit point omettre l'avertissement ci-joint, trop propre à déceler la manœuvre des deux tripots comiques.

« Ce poëme dramatique avoit été confié à un
» musicien, qui s'étoit engagé d'en composer la
» musique & de le faire représenter sur le théâtre
» de la commédie italienne. L'auteur, qui fait de
» la poésie un amusement qu'il consacre à ses
» loisirs, qui ne fut conduit par aucune vue
» d'intérêt & qui n'exigeoit pour prix de son poë-
» me que le seul plaisir de le voir représenter,
» ayant appris qu'il va bientôt paroître une piece
» nouvelle qui porte le même titre que la sienne,
» & dont le sujet littéralement suivi est la copie
» du sien, à la différence près que le dialogue
» est en prose, a jugé à propos de mettre au
» jour son poëme. »

29 *Mars.* Il n'est pas jusqu'à M. Marin dont la place le devroit mettre plus à même de jouir d'un libre accès auprès des comédiens, qui ne se plaigne de plagiat, faute d'avoir été joué à propos. Il prétend que *l'Amante ingénue*, comédie en un acte en prose, fut composée à l'occasion & pendant le début de Mlle. Doligny.

« J'en donnai, dit-il, une copie à un de ses
» admirateurs ; cette copie a passé de main en
» main, & on ne sait plus ce qu'elle est devenue.
» Je suis instruit qu'un homme qui jouit d'une
» réputation bien méritée pour le genre drama-

» tique, travaille sur le même sujet. Cette raison
» m'oblige à prendre acte avec le public. »

30 *Mars*. On assure que le succès de M. du Belloy encourage tous nos jeunes auteurs & que plusieurs traitent des sujets François. Il passe pour constant que M. Thomas a présenté aux François un *Pharamond*, qui a été reçu avec beaucoup d'acclamations. On prétend que M. de la Harpe traite *François I*.

30 *Mars*. L'abbé Arnaud, dans l'annonce qu'il fait du *Siege de Calais* imprimé, sentant bien qu'il se décréditeroit à jamais auprès des gens de goût, s'il entroit dans un éloge détaillé de cet ouvrage, s'imagine satisfaire à tout, en disant qu'il partage trop vivement l'enthousiasme qu'il a fait naître pour conserver la liberté de l'examiner d'un œil froid & critique.

7 *Avril* 1765. On voit dans le supplément de la gazette littéraire du 31 mars, une notice sur le commentaire des œuvres d'Horace de l'abbé Galliani, dont nous avons déjà parlé. Il seroit à désirer que ce commentaire fut imprimé dans toute son étendue. Rien de plus ingénieux, de plus naturel & de plus propre à restituer ce poëte philosophe, si étrangement défiguré par les commentateurs.

Il avance dans sa préface une proposition bien contraire à ce qu'on a cru jusqu'à présent. Il prétend qu'on ne doit avoir aucune obligation aux moines de la conservation des auteurs profanes ; qu'il faut leur savoir gré tout au plus de n'en avoir pas détruit tous les exemplaires.

12 *Avril*. Suivant une lettre de Berlin du 20 mars, le roi de Prusse a établi dans cette ville une académie de quinze jeunes gentilshommes,

qui doivent être élevés suivant le plan qu'il a donné. Les directeurs & professeurs sont tous François : le sieur Toussaint professe la philosophie.

23 *Avril.* La gazette littéraire va prendre une nouvelle forme. Les éditeurs ou auteurs, sous prétexte que leurs annonces sont trop seches dans une feuille aussi succinte que celle qu'ils donnent chaque semaine, se retranchent à fournir tous les quinze jours un cahier dans le goût du supplément ; de sorte que cet ouvrage va rentrer dans la forme qu'il avoit, à-peu-près, comme *journal étranger*, & après différentes chrysalides se trouvera revenir au point d'où il étoit parti. Le véritable objet de ce changement est la paresse des auteurs, qui se trouvoient trop astreints à donner une feuille tous les sept jours.

24 *Avril. Lettre & observations à une dame de province sur* le Siege de Calais, *orné d'une carte géographique de cette ville, par M. D....* L'auteur ne se nomme point, & a raison, dans un temps où l'on regarderoit comme traître à la patrie quiconque oseroit en faire la critique.

Nous trouvons dans cet ouvrage une anecdote qui nous apprend que M. d'Arnaud fera paroître l'hiver prochain un *Siege de Calais*, poëme commencé depuis plus de trois ans. On dit que ce poëte aura pour garants plusieurs personnes dignes de foi, entre autres un homme de grand mérite, M. de Villaret.

L'auteur ne paroît point des ennemis de M. d'Arnaud. Il le qualifie, après l'avoir nommé, l'auteur du drame intéressant du comte de Cominges, drame qui a fait verser des larmes & qui a pour partisans tous les cœurs sensibles.

27 *Avril*. La reprise de *Castor* est des plus brillantes ; il faut rendre justice aux directeurs ; ils n'ont rien épargné pour la magnificence & les graces du spectacle en tout genre. Le troisieme acte est renforcé de toute la pompe & de tout le terrible dont il est susceptible ; il fait le plus grand & le plus redoutable effet. Le quatrieme reçoit tout l'agréable, tout l'enchanteur d'un séjour divin. Ils en ont fait pour ainsi dire, un opéra tout nouveau. Les moindres chambrées jusqu'à présent ont passé mille écus de recettes.

29 *Avril*. Dans l'*Avant-Coureur* d'aujourd'hui on lit une lettre signée : *Auteur des Législatrices, reçues à la comédie Italienne*. Cet annonyme s'y défend de l'accusation de plagiat intentée contre lui par M. Moline : il prétend que sa piece est reçue depuis quinze mois à la comédie Italienne, & qu'il n'a jamais connu ni l'autre piece ni l'auteur. Il convient cependant que le dénouement lui a été suggéré par le musicien ; & il prétend que c'est tout ce que ces deux ouvrages ont de commun, ainsi que leur origine, puisque ce sujet a d'abord été traité par Aristophane.

30 *Avril*. *Œuvres de M. de la Noue*, où l'on a mis un précis de sa vie. Il étoit né à Meaux en 1701, & M. le cardinal de Bissy lui fit faire ses études ; il se fit comédien à vingt ans. On sait le succès qu'il a eu, malgré sa figure ingrate & son organe désagréable.

Ses ouvrages sont *les deux Bals*, joués à Strasbourg. En 1735 il donna son *Retour de Mars*, piece de flatterie allégorique, métaphysique, c'est-à-dire détestable. La tragédie de *Mahomet II* n'est pas sans beautés, mais c'est un drame à refaire. *Zélesca*, comédie-ballet, composée pour les fêtes du mariage de Mgr. le Dauphin; c'étoit entrer en commun avec M. de Voltaire, qui avoit fait pour le même sujet la *Princesse de Navarre* : le comédien l'emporta sur ce grand homme; le dernier ouvrage fut jugé pour le plan & pour l'exécution bien au-dessous de *Zélesca*. *La Coquette corrigée*, comédie spirituelle & froide. *L'Obstiné*, comédie en un acte & en vers, qui n'avoit pas encore parue, est absolument mauvaise. Les canevas des tragédies de *la Mort de Cléomene, roi de Sparte*; de *Traseas*, sénateur Romain; d'*Antigone*, sujet que l'auteur sembloit vouloir traiter dans le genre des Grecs, avec des chœurs & l'appareil qu'ils entraînent. La piece commence à-peu-près, où finit celle de l'illustre Racine.

En général, cet auteur manquoit de goût, avoit le style inégal, peu de correction, point de chaleur; il ne peut être mis qu'au second rang des poëtes dramatiques.

1 *Mai* 1765. D'infatigables auteurs ne se lassent point de s'évertuer en tout sens pour mettre le public à contribution. Il paroît un nouvel écrit périodique, intitulé : *Magasin Anglois*, ou *Recueil littéraire, instructif & amusant*. C'est une brochure de quatre feuilles d'impression. On se propose d'en faire paroître une tous les mois. On fait imprimer le texte original vis-à-vis la traduction, en faveur, dit l'auteur, de ceux qui apprennent la langue Britannique, &c. mais en effet pour gagner autant de terrain sans se donner de peine. Il n'est pas douteux que de pareils

ouvrages qui ne fortiroient point d'une main mercenaire, pourroient être très-bons.

3 Mai. Le chevalier de la Morliere, personnage très-renommé pour sa causticité & ses démêlés avec les comédiens & différents auteurs, après avoir essuyés diverses corrections de la police à cette occasion, avoit enfin reçu quelque temps avant la clôture des spectacles un ordre précis de M. de Sartines de ne plus s'y présenter : Mlle. Clairon avoit eu l'autorité de lui faire enjoindre cette défense inouïe, sous prétexte qu'elle ne pouvoit jouer à la vue de ce monstre.

Quoi qu'il en soit, le chevalier, après avoir présenté différents mémoires à M. le lieutenant de police & à M. de Saint-Florentin, veut faire un mémoire en forme de consultation, où, en exposant l'histoire de ses démêlés avec les comédiens, il demandera par quelle voie se pourvoir pour jouir du droit qu'a tout citoyen libre d'aller à ce spectacle ?

8 Mai. M. l'abbé Barthelemi, garde des médailles du roi, de l'académie royale des belles-lettres, avoit une pension de 5000 livres sur le *Mercure*, on ne sait trop pourquoi. On vient de lui en faire rapporter 2000 livres, sur lesquelles il en a demandé 1000 pour M. Marin, censeur royal de la police, secrétaire général de la librairie. Sa demande a été accordée : les autres 1000 livres sont éteintes au profit du *Mercure*, dont le bénéfice est extrêmement diminué depuis quelques années.

9 Mai. Les comédiens italiens ont donné hier une piece nouvelle, intitulée: *Les Amours de Gonesse*, comédie en un acte & en vers, mêlée d'ariettes : les paroles de M. de Champfort, &

la musique de M. de la Borde. Le premier n'a point soutenu la réputation que lui avoit faite *la jeune Indienne* aux François. Le second est encore éloigné d'être sur la ligne des Philidor & des Duni. Il faut qu'il se contente de briller à la tête des amateurs.

16 *Mai*. On lit dans le supplément de la gazette littéraire du 28 avril, & dans la gazette du 15 mai N°. 11, deux ouvrages d'une nouvelle Muse. Le premier est la traduction d'une *Elégie écrite sur un cimetiere de campagne*, traduite de l'Anglois de M. Gray. Le second est intitulé *Portrait de mon ami*. M. l'abbé Arnaud annonce le premier ouvrage comme le travail d'une jeune dame aimable, qui joint aux agrémens de son sexe des connoissances & des talents qu'un homme de lettres lui envieroit & qui ne lui ont pas permis de publier son nom.

Quant au *Portrait*, voici ce qu'il dit: " Le mé-
„ rite de la ressemblance sera perdu pour nos lec-
„ teurs ; mais il aura le sort des portraits du
„ Titien & de Vandyck ; il intéressera toujours
„ par la vivacité du coloris, la hardiesse du
„ dessein, la vie & l'expression. „

17 *Mai*. La cupidité ne cesse de s'agiter pour gagner de l'argent ; & sous prétexte de travailler au bien public, des milliers d'écrivains ne travaillent en effet qu'à duper le public. On répand le prospectus d'une gazette d'agriculture, de commerce & de finance, qu'on distribue dans le plus grand appareil & avec les vues les plus belles pour le bien du royaume & la prospérité de l'état. Ce nouvel ouvrage périodique se forme des débris d'une du même genre, appellée *Gazette du commerce*. Celle-là paroîtra deux fois par semaine, le mercredi &

le samedi. Elle contiendra les faits : moyennant un abonnement de 24 livres, tous les quinze jours on publiera un supplément, où se trouveront les extraits des ouvrages relatifs aux trois objets en question, & l'abonnement ordinaire sera de 18 livres.

21 *Mai.* On *Essai of the Constitution of England* : dans le supplément de la gazette littéraire du 28 avril & dans la feuille suivante du 15 mai, les journalistes discutent cet essai sur la constitution d'Angleterre, brochure, dit on, qui, quoique très-courte & assez superficielle, a fixé quelque temps l'attention du public Anglois & mérite en effet par la maniere ferme, ingénieuse & libre dont elle est écrite, qu'on en examine les principes en détail. On y trouve une assertion hardie sur la *grande chartre*, que les Anglois regardent comme le *Palladium* sacré de leur liberté politique. Aussi ont-ils traité de blasphême ce qu'en dit l'auteur, qui prétend qu'elle n'a jamais été faite en faveur de ce qu'on appelle la liberté naturelle de l'homme, mais seulement pour l'avantage du petit nombre de tyrans, qui l'avoient extorquée de leur foible monarque. L'auteur est M. de Ransay, peintre.

23 *Mai.* L'abus que la paresse des journalistes a introduit de faire faire par les auteurs eux-mêmes les annonces de toutes les analyses de leurs ouvrages, est poussé au point que ces messieurs se prodiguent sans pudeur les éloges les plus outrés. Voici comme M. d'Arnaud annonce dans l'*Avant-Coureur* la deuxieme édition prétendue de son drame du *Comte de Cominges.*

" Nous nous empressons d'annoncer la seconde
,, édition de ce drame, que le public a déja
,, vu avec tant de plaisir ; les corrections que
,, l'auteur

,, l'auteur vient d'y faire, lui assurent de nouveaux
,, applaudissements. Le véritable génie, toujours
,, modeste, se contente difficilement & cherche
,, sans cesse le mieux..... Ce drame d'ailleurs
,, est une de ces productions qui se fait lire &
,, goûter, & qu'on aime mieux voir toute en-
,, tiere que par morceaux..... M. d'Arnaud est
,, fait pour avoir les plus grands applaudissements
,, dans la carriere difficile du théatre.... On ne
,, sauroit trop l'exhorter à travailler dans ce
,, genre ; nous ne faisons que rendre les senti-
,, ments du public : il se manqueroit à lui-même
,, s'il négligeoit la gloire qui l'attend sur la scene...
,, En dépit des satiriques, le vrai mérite est en
,, lui accueilli. L'homme modeste ne doit jamais
,, se décourager, malgré les cris de l'envie : ne
,, faut-il pas que les réputations mûrissent ? ,,

25 *Mai*. Le procès entre les deux auteurs des *Législatrices* non encore jouées à la comédie Italienne, continue à s'instruire. M. Moline vient de publier un écrit, intitulé : *Mémoire en réponse à la lettre anonyme, insérée dans l'Avant-Coureur, n°. 17, au sujet de la comédie des Législatrices de M. Moline, adressée à M. M. D. A. P. R.*, avec cette épigraphe : *Hic ego versiculos feci, tulit alter honores.* M. Moline y prétend qu'il n'avoit jamais lu Aristophane, qu'on l'accuse d'avoir imité ; il ajoute qu'ayant à cette occasion consulté l'auteur Grec, il n'y a rien trouvé de semblable à son drame ; qu'enfin en supposant que lui & son adversaire eussent puisé dans la même source, il ne seroit pas possible de croire qu'Aristophane eût suggéré à l'anonyme le même plan,

la même conduite, les mêmes situations, le même titre & le même dénouement.

16 Mai. On a donné aujourd'hui pour la seconde fois au concert spirituel un petit motet à voix seule, de la composition de J. J. Rousseau. Malgré l'exécution rendue par Mlle. Fell, il paroît qu'on n'y a pas reconnu l'auteur du *Devin de village*. Cette production n'a point eu de succès.

27 Mai. On lit dans l'*Avant-coureur* d'aujourd'hui des vers de M. Poinsinet à M. Caillot en lui envoyant le rôle de *Western* corrigé. Ces vers sont d'un ridicule rare pour leur tournure & l'admirable modestie de son auteur; il est fâcheux que leur longueur ne permette pas de les rapporter. Quoi qu'il en soit, ce prélude annonce la reprise de *Tom-Jones*.

6 Juin 1765. Le sieur Ofrêne débutant aux François y a attiré beaucoup de monde : il a commencé par le rôle d'*Auguste* avec un succès mérité pour un talent unanimement reconnu supérieur à tout ce que nous avons vu depuis long-temps dans les débuts de ce théâtre. Il est noble, naturel, simple & pathétique. En un mot, il a fait la plus grande sensation.

Les connoisseurs ont conclu de là que s'il y a de pareils acteurs dans les provinces, on a eu raison dans les dernieres querelles de la comédie de penser qu'il étoit aisé de remplacer les mutins & d'élever un nouveau théâtre.

9 Juin. Les François annoncent encore une nouveauté. C'est une comédie en trois actes & en prose, intitulée : *Le Mariage par dépit*. Il paroît que ce drame imité des *Bourgeoise de qualité* n'a pas encore un pere bien reconnu. Les chûtes multipliées de nos auteurs leur ont suggéré la prudence de garder l'anonyme, & de se tenir derriere le rideau, jusqu'a ce que le succès leur ait permis de se montrer. On donne celui-ci à MM. Saurin, Brut, Palissot, &c.

13 *Juin.* La premiere représentation du *Mariage par dépit*, joué aujourd'hui, nous a offert la reprise d'un spectacle aussi tumultueux que celui de l'an passé à la premiere représentation du *Jeune-homme*. Un ton ignoble, ou ridiculement vain, a monté le parterre sur un ton de gaieté qui n'a pas permis de finir la piece, échouée au troisieme acte. La scene, appellée la *scene du gant*, a tellement indisposé le public, que l'indignation étant à son comble, on n'a pu aller plus loin. On prétend que le trait est arrivé à Marcel. C'est un maître à danser, qui après avoir donné différentes leçons à son écoliere sur les graces du maintient, &c. lui jette un gant par terre, pour lui apprendre à le ramasser d'une façon élégante. Enfin, dans une scene où se trouvoient en trio Belcourt, sa femme & Brisard, les brouhaha ne finissant point, ces trois acteurs se sont concertés entre eux, & Belcourt s'est avancé sur le bord du théâtre; il a demandé humblement au parterre s'il vouloit que la piece fût interrompue, ou continuée. A l'instant il est parti des oui assez soutenus, suivis de non, non, encore plus forts: on n'entendoit que oui, non, non, oui. Les trois acteurs paroissoient au supplice, sur-tout Brisard, qui avoit encore la mémoire fraîche de la correction essuyée pour son impertinence envers le public. Le tumulte a duré ainsi quelques minutes, & les

acteurs ne voyant point jour à se faire entendre, se sont retirés. On veut que la piece soit de M. Bastide, si bassoué pour son *Jeune-homme*.

Les comédiens jouerent ensuite *le double Veuvage*, comédie en trois actes de Dufreni; piece qui parut d'autant plus gaie qu'on sortoit d'une très froide & très-ennuyeuse.

18 *Juin*. L'académie royale de musique a remis aujourd'hui pour la premiere fois *les Fêtes de l'hymen*, ballet en trois actes, musique de Rameau, paroles de Cahusac. Ce spectacle venu après *Castor & Pollux*, quoique fort connu autrefois, n'a pas eu le même accueil. Le Gros, qui fait *Osiris* dans le premier acte, a causé peu de plaisir; Mlle. Arnoux dans le second n'a pas paru merveilleuse: enfin, M. le Gros qui a reparu dans le troisieme n'a produit aucune sensation. On a admiré dans le second la décoration des cataractes du Nil, & sur-tout un saut assez hardi que fait le Dieu. Mais on a trouvé de très mauvais goût & peu digne de sa majesté, qu'étant tombé du haut de la cataracte, il fît le plongeon & reparût sur le bord du fleuve.

En général, ce qui a fait le plus de plaisir est un pas de deux dansé dans le troisieme acte par Vestris & sa sœur, appellé *le pas de la guirlande*. Ces deux voluptueux personnages en s'entrelaçant de mille façons ont paru produire aux regards des spectateurs toutes les figures de l'Aretin. On sent bien que Mlle. Vestris ne peut briller qu'en pareil genre.

21 *Juin*. L'opéra a pensé tomber aujourd'hui vendredi & à sa seconde représentation. Le sieur le Gros n'a point chanté; Muguet l'a remplacé à faire mal au cœur; Mlle. Arnoux

a manqué son rôle : en un mot tout a été à la diable.

21 *Juin.* La nouvelle du *Pharamond*, tragédie de M. Thomas, se confirme : on assure que c'est la premiere piece que les François présenteront au public.

25 *Juin.* Freron toujours acharné contre M. de Voltaire, vient de faire imprimer dans son N°. 16, un extrait d'un ouvrage périodique Anglois, intitulé : *Critical review*, dans le N°. 3, avril 1765. Le journaliste y traite de la lettre de M. de Voltaire à M. d'Amilaville, & la donne comme l'ouvrage d'un homme qui s'applaudit lui-même. Il ajoute qu'un écrivain, pour peu qu'il eût eu de délicatesse dans les sentiments, auroit rougi de faire ainsi parade de son humilité vis-à-vis du public. Freron se félicite de s'être rencontré avec ce critique. Il en faut conclure seulement que ce dernier n'est pas plus ami de Voltaire que l'autre.

27 *Juin.* Les Italiens ont donné aujourd'hui la premiere représentation du *faux Lord*, comédie en trois actes, précédée d'un prologue & suivie d'un divertissement, mêlé d'ariettes & de danse, intitulé : *La Chasse*. L'auteur, M. Parmentier, a voulu rajeunir le tout par une forme nouvelle qui ne lui a pas réussi. Le prologue, qui contenoit des fadeurs très-plates, a eu des applaudissements. Par cette raison-la piece a paru glaciale depuis le commencement jusqu'au troisieme acte, que le parterre n'y tenant point, a montré sa mauvaise humeur d'une façon assez marquée pour faire juger aux comédiens qu'on ne la laisseroit pas finir. En conséquence, ils ont profité d'une scene

d'Arlequin pour en sortir avec honneur : après avoir lâché beaucoup de lazis relatifs aux circonstances, avoir même pris des licences qui auroient mérité correction dans toute autre bouche, il a profité des huées qui ont redoublé pour faire une gambade & abandonner le théâtre.

Le divertissement d'une musique assez agréable dans le commencement, est dégénéré en spectacle aussi plat & aussi ennuyeux que le reste.

Le sieur Grossec est auteur de la musique.

Il étoit de fort bonne heure & les comédiens n'avoient annoncé rien autre chose. Le public ne s'est point trouvé satisfait, il a fermenté à tel point que, pour le contenter, il a fallu donner une autre piece. Ils ont joué *les deux Chasseurs & la Laitiere*, & ont même ajouté de surcroît un ballet.

28 *Juin*. Dans la gazette littéraire N°. 13, on trouve une lettre de dom Ceserec Pozzi, en réponse à celle où l'on se plaint du dépérissement des arts & des sciences en Italie, dont nous avons parlé. L'auteur tente de réfuter les raisons données par l'auteur de la premiere sur ce changement. Il fait une question de droit d'une question de fait, & pour triompher plus sûrement, donne la liste des grands hommes, qui honorent actuellement l'Italie, supposé qu'il en existe.

29 *Juin*. Le nouvel acteur a continué ses débuts avec le même succès ; il a été reçu unanimement avec quart de part & l'autre quart en gratification, pour ne point faire de nouvelle planche, n'étant jamais d'usage de donner demi-part aux commençants.

8 *Juillet* 1765. Les comédiens François exigent

de Mlle. d'Oligny, cette actrice aimable, si chérie du public pour la candeur de ses rôles, encore plus de ses mœurs, qu'elle essaie ses talents dans le tragique : elle a tâché de se soustraire à ce genre de travail, auquel elle craint de n'être point propre ; mais elle est obligée de céder, elle apprend différents rôles & elle doit débuter dans *Britannicus* & fera le rôle de *Junie*. On sait d'avance que l'envie éleve une forte cabale contre elle. Mlle. Hus ameute de toutes parts ses créatures. Il est à craindre que l'organe de notre jeune actrice ne puisse suffire à des rôles au dessus du ton ordinaire de la comédie.

12 *Juillet*. L'opéra a substitué aujourd'hui à l'acte de *Canope* celui de la *Féerie*, tiré des *fêtes de Polymie*. On est fâché qu'ils aient retranché précisément le meilleur. Le fond du poëme de celui-ci intéresse & la musique en est variée, saillante & pittoresque ; les paroles sont de M. de Cahusac, la musique de M. Rameau.

15 *Juillet*. Les comédiens italiens ont donné aujourd'hui la premiere représentation de *la Réconciliation Villageoise*, comédie en un acte & en prose, mêlée d'ariettes. Ce drame très-commun, quant à l'intrigue & aux paroles, n'est pas plus saillant du côté de la musique qui n'a rien de neuf. Il n'est point tombé cependant, & pourra se traîner pendant quelques représentations. On attribue ce poëme à M. Seguier, avocat-général ; il est surprenant qu'il n'y ait pas en ce cas plus d'esprit. M. Poinsinet est le prête nom.

19 *Juillet*. Le sieur Ofrêne continue à attirer beaucoup de monde aux François. Il réussit dans tous les rôles qu'il entreprend. Il faut que son

talent soit bien supérieur pour faire une aussi grande sensation, malgré trois grands défauts que lui réconnoissent ses plus chers partisans. Il a la figure peu noble, la voix rauque & de grands bras, qui ne se concilient jamais avec les beaux gestes. Son grand mérite est le rare talent de posséder ses rôles, de les graduer, de les nuancer avec une intelligence supérieure ; de passer du sang-froid à la passion & de revenir de celle-ci au flegme qu'il doit avoir ; en un mot, un naturel unique : ce qui forme une disparate étonnante avec les aurtes acteurs, qui feroit presque regretter qu'il ne hurle pas comme eux, puisqu'ils ne peuvent acquérir son débit vrai & varié.

24 *Juillet*. Mlle. d'Oligny a débuté aujourd'hui dans le tragique, elle a fait le rôle de *Junie* dans *Britannicus*. Son air timide & embarrassé, sa voix entrecoupée & sortant à peine alloit assez bien au début du rôle qui doit être très-modeste ; mais son peu d'habitude & son organe mal ménagé lui ont fait manquer tout le reste. Elle a chanté son rôle. Malgré ce peu de succès, il n'est point décidé qu'elle ne puisse réussir, quand elle sera plus maîtresse d'elle-même, & qu'elle ménagera son organe.

31 *Juillet*. Le *Journal des dames*, dont madame de Maison-Neuve a le privilege à présent, arriéré depuis quelque temps, va reprendre faveur. A la fin du moi de mai, imprimé depuis peu, on lit cet *avis important*, dit la femme auteur : « Madame de Maison Neuve a eu vendredi 21 juin l'honneur de présenter au roi le volume d'avril du *Journal des dames*. On sent assez que ce succès, le plus flatteur pour elle,

„, va l'engager à de nouveaux foins & de nouveaux
„ efforts. Elle invite les meilleurs écrivains de
„ la nation à lui envoyer leurs ouvrages, & à
„ concourir à cette entreprise. Ce motif doit,
„ sans doute suffire pour animer leur zele,
„ la récompense la plus glorieuse pour des
„ François est de mériter les regards de leur
„ maître. „

5 *Août* 1765. Depuis que le célebre Goldoni est attaché à la cour, il ne travaille plus pour la comédie italienne, & ce vuide s'apperçoit sensiblement. Le théâtre est en proie au sieur Colalto, pantalon : il a donné pour la premiere fois, le 23 juillet un drame intitulé : *Les Perdrix*. Cette comédie, dont toute l'intrigue roule sur une supposition de sabots en place de perdrix, faite & refaite plusieurs fois, manque de cet imbroglio si propre aux jeux de théâtre, dont le premier égayoit ses pieces : il n'y a pas le moindre intérêt ; aussi le public ne s'est-il pas porté en foule à cette nouveauté.

10 *Août*. On vient d'imprimer les œuvres de théâtre d'un auteur peu connu, c'est M. de Launay. Ses œuvres dramatiques sont composées de trois pieces : *la Vérité fabuliste*, comédie en un acte en prose, avec un divertissement, représentée au théâtre Italien en 1731 : *le Complaisant*, comédie en cinq actes en prose, jouée pour la premiere fois au théâtre François. On prétend que M. de Launay n'est que le prête-nom de cette piece, attribuée à M. de la Marche, premier président du parlement de Dijon, à M. de Pont-de-Vele, & à madame de Tencin. Enfin, *le Paresseux*, comédie en vers en trois actes, représentée au même théâtre en 1731. Le re-

cueil finit par les fables de l'auteur, au nombre de cinquante. Il n'y a dans tout ce recueil que le *Complaisant* qui mérite quelque accueil, & ce qui justifie assez l'anecdote.

14 *Août*. Hier l'académie royale de musique a donné pour spectacle des fragments, composés du prologue *des Fêtes de Thalie*, de l'*Acte du bal* & du *Devin de village*. Le premier & le second sont de la Font & musique de Monet ; ils n'ont pas eu le moindre succès, l'acte sur-tout. Le prologue du bal est charmant, mais la musique ne répond point au reste. On a beaucoup critiqué une mascarade composée dans tous les genres de grottesque qu'on peut admettre en pareil cas. Le sieur Larrivée ayant chanté faux, a été hué dans une scene où il joue avec sa femme. Celle ci a été si sensible à cette disgrace, qu'elle s'est trouvée mal : elle n'a pu finir, & la symphonie a été obligée de suppléer à ce qu'elle devoit chanter. *Le Devin de village* a fait la plus grande sensation. Mlle. Durancy joue le rôle de *Colette* avec intelligence & une naïveté qui doivent la faire mettre au rang des premieres actrices.

Le public étoit de fort mauvaise humeur ce jour-là ; l'opéra ayant commencé plus tard qu'à l'ordinaire, il s'est fait une émeute dans le parterre; on a apostrophé Rebel & Francœur : « Rebel & Francœur, commencez, » leur a-t-on crié : » » Commencez, Rebel & Francœur. ,, Messieurs les cordons de Saint-Michel ont trouvé leur dignité compromise, mais il a fallu en passer par-là.

Paragraphe à rapporter à la *suivante du* 17 *août* 1765. Une veuve encore fraîche reçoit pendant la nuit des visites d'un amant, qu'elle voudroit bien n'avoir que sur le pied d'ami celui-ci ne se contente pas de cette qualité & voudroit l'épouser; elle lui résiste & se perd en grands sentimens sur les affections purement intellectuelles. D'autre part, le neveu de ce galant est amoureux d'une fille de *Dorimene*, (la femme philosophe) & s'introduit la nuit dans le jardin pour chercher à se découvrir à la jeune personne. Il résulte de là différens incidens. Surprise de l'oncle & du neveu, qui se rencontrent ensemble: surprise de la fille, qui trouve la veuve & son ami en tête-à-tête. La premiere fait accroire à *Isabelle* que cet homme est un *sylphe*, avec qui elle converse les nuits. Rencontre des deux amans & conversation neuve de la jeune personne, qui toute pleine des contes que lui vient de faire sa mere, le prend pour un *sylphe*. Une certaine madame *Furet*, voisine acariâtre, médisante de *Dorimene*, sert au dénouement: elle épie ce qui se passe, & ayant vu entrer des hommes chez son amie, accourt fort empressée s'imaginant trouver matiere aux médisances du lendemain : elle rencontre en tête-à-tête *Dorimene* & son amant, elle est au comble de sa joie. L'adresse de ce dernier les tire d'embarras, en déclarant qu'il vient voir sa future, qu'ils s'épousent cette nuit. Notre femme philosophe est obligée, malgré elle, d'adopter une tournure qui met son honneur à couvert: on marie aussi les jeunes gens. Le dialogue de cette piece ne répond pas en beaucoup d'endroits au tissu délicat dont elle étoit susceptible. On voit que l'abbé de Voisenon a laissé cette fois marcher seul son ami Favart; il n'a point, pour ainsi dire broyé son sel. La musique de *Blaise* est médiocre, monotone & sans force.

18 *Août*. Un critique en architecture vient de répandre un mémoire, où l'auteur attaque vivement l'exécution de la nouvelle église de Sainte-Geneviève ; il trouve cet édifice répréhensible jusqu'en tous ses points ; il en considère le péristile, la décoration, tant extérieure qu'intérieure, la disposition des différentes parties : tout est pour lui matière à censure. Il fait plus, il propose des changements qui, même dans l'état actuel des choses, remédieroient, dit-il, à tous ces défauts. Les connoisseurs ont déjà annoncé quelques-uns de ces reproches ; mais ils sont indécents dans la bouche d'un jeune homme, qui doit respecter ses maîtres & ne pas prononcer aussi hardiment sur leurs défauts. L'ouvrage est intitulé : *Mémoire contenant des observations sur la disposition de la nouvelle église de Sainte - Geneviève, par un des éleves de l'académie royale d'architecture*.

19 *Août*. Il passe pour constant que les plaintes élevées de différents endroits contre les auteurs de la *Gazette Littéraire* sur leur irréligion & les dangereuses conséquences de laisser répandre un ouvrage empoisonné, en ont enfin operé la suspension ; on ne sait même s'il sera continué.

23 *Août*. L'académie royale de musique se prête aujourd'hui au dégoût du public, & vient de substituer au prologue des *Fêtes de Thalie*, l'acte *de Bacchus & Erigone*, tiré des *Amours de Tempé*, paroles de Cahusac, musique de Dauvergne. Cet acte a été reçu favorablement du public.

27 *Août*. Le journal encyclopédique, dans le second volume du mois de juillet 1765, en rendant compte des œuvres de théâtre de M. de

la Noue, en parlant de *Mahomet II*, tragédie de cet auteur, ajoute l'anecdote suivante : « Quoique nous soyons bien éloignés de vouloir „ enlever la réputation à qui que ce soit, nous „ ne pouvons nous dispenser de dire ici qu'un „ homme en place, fils d'un grand magistrat, „ qui rend journellement des services à l'état „ nous a assuré que son pere étoit l'auteur de cette „ tragédie. „

5 *Septembre* 1765. Nous avons parlé de l'interdiction singuliere & inusitée que le sieur chevalier de la Morliere avoit reçue de la police, concernant la comédie Françoise, où il lui avoit été défendu d'aller, à la réquisition de Mlle. Clairon. Celui-là a fait tant de bruit & s'est plaint si amérement que son droit de citoyen lui a été rendu ; on a craint qu'il ne fît le mémoire dont on a parlé.

11 *Septembre*. On voit dans l'Avant-Coureur du 2 de ce mois une réclamation du sieur Silvy, architecte, contre le livre de l'abbé Laugier, intitulé *Observations sur l'architecture*, imprimé cette année. Il prétend que c'est l'extrait d'un manuscrit qu'il confia en 1758 à cet ex-jésuite, & pouvoir fournir les preuves de ce larcin littéraire, qu'il peut assurer n'être pas le seul de cet auteur ; il veut que tout ce qu'il a donné en ce genre ne soit pas de lui. M. Silvy annonce des pieces propres à sa justification.

12 *Septembre*. Nous avons parlé d'un mémoire contenant des observations sur la disposition de la nouvelle église de Sainte-Genevieve, production critique d'un nommé Desbœufs, qui prend le titre d'éleve de l'académie royale d'architecture. Cette académie, dans sa conférence du 19 août, après avoir examiné cette critique,

a décidé que la brochure étoit indécente, peu réfléchie & remplie de faussetés: en conséquence, elle a arrêté que dorénavant le nommé Desbœufs ne pourroit plus rentrer au nombre des éleves de l'académie & jouir des avantages qui leur sont accordés, & que son nom seroit rayé de ses registres.

13 *Septembre. Addition à l'article du 13 septembre, du mémoire historique.* Ce mémoire attribué à M. de Laverdy est plein de sophismes, écrit avec une modération affectée, à travers laquelle perce de temps en temps le fauteur de l'autorité arbitraire: il y a une discussion grammaticale très-ridicule sur les différentes dénominations des especes de constitutions.

16 *Septembre.* M. l'abbé Laugier a fait imprimer dans l'*Avant-Coureur* d'aujourd'hui une lettre, où il se défend vigoureusement de l'imputation de plagiat, dont le charge le sieur Silvy. Il fait l'histoire de cette anecdote, & traite très-mal ce particulier, tout-à-fait inconnu, dit-il, dans la littérature & dans les arts.

26 *Septembre.* On a donné aujourd'hui sur le théâtre de l'hôtel des Menus une répétition de l'acte du *Triomphe de Flore*, paroles de M. Vallier, musique de M. Dauvergne. Il a été fort accueilli par les amateurs. La musique en est également noble & agréable, elle réunit les deux genres; il y a des chœurs de la plus grande beauté & des ariettes délicieuses. Le plan du poëme est simple & peu neuf; l'ouverture est singuliere, elle commence pas un chœur. Il doit s'exécuter à Fontainableau.

30 *Septembre.* Les comédiens françois ont fait aujourd'hui une niche au public.... ils avoient

annoncé *Phedre*, & tout le monde s'étant rendu au spectacle, la toile s'est levée, & on a vu une décoration bien différente de celle de cette tragédie : le sieur Préville s'est avancé & a fait un compliment; il a avoué qu'ils se servoient d'une petite supercherie pour faire passer une piece nouvelle, dont l'auteur craignoit l'issue; qu'il étoit instruit d'une cabale formée contre lui, & qu'au danger déjà très grand que lui faisoit craindre la vue de sa foiblesse, il n'osoit y joindre celle d'une ligue ennemie, &c. Le parterre vendu à l'auteur & aux comédiens, au lieu de siffler l'acteur & l'auteur, a eu la bassesse d'applaudir, & la piece s'est jouée avec un succès médiocre. On ne peut encore asseoir aucun jugement vu les circonstances.

Il est d'autant plus étonnant que les comédiens se soient portés à cette impertinence, qu'il leur faut l'attache de la police. M. Marin, le censeur, ignoroit ce projet & se plaint amérement d'une pareille audace.

Les comédiens françois sentoient si bien leur torts, qu'ils étoient habillés, tout prêts à jouer *Phedre*, si le public eut témoigné son indignation.

1 *Octobre* 1765. La seconde représentation du *Tuteur trompé* n'a pas reçu aujourd'hui les mêmes applaudissements du public impartial. C'est un sujet tiré du second acte du *Soldat fanfaron*, comédie de Plaute. Soyons justes cependant, cette comédie, dans le goût de l'ancien théâtre, roule sur les fourberies d'un valet; il y regne un intérêt de curiosité qui occupe pendant les cinq actes. L'auteur a l'art de mettre souvent ses personnages dans un embarras que partage le spectateur, & pour l'ordinaire il les en tire d'une maniere imprévue. On croit que la piece va se dénouer long-

temps avant le cinquieme acte ; une ruse nouvelle remet toujours les choses dans le premier état. Une ressemblance parfaite de deux sœurs, une d'elles déguisée en amazonne, une porte secrette qui communique à deux maisons, un valet fourbe, & un maître sot à vingt-quatre karats, forment toute l'intrigue de cette comédie, très-ressemblante aux *Fourberies de Scapin*, moins gaie, moins énergique, mais dialoguée avec aisance & se soutenant assez bien malgré la prose : peut-être eût-on fortifié cette piece en la resserrant & en la réduisant en trois actes. Préville fait le rôle de *valet* supérieurement ; Mlle. Doligny fait le rôle des deux sœurs ; admirable pour le ton ingénu de la véritable *Emilie*, elle ne passe pas assez naturellement à l'étourderie, au ton sémillant & léger de sa sœur *Hortense*.

Cette piece est infiniment supérieure à celle de *la Présomption à la mode*, & l'auteur a, sans doute, beaucoup gagné depuis.

2 *Octobre*. Les comédiens françois avoient annoncé aujourd'hui la tragédie d'*Adélaïde du Guesclin*, demandée par les officiers du régiment de Chamborand. Cette annonce a parue ridicule.

7 *Octobre*. Les Italiens ont donné aujourd'hui la premiere représentation du *Petit Maître en province*, comédie en un acte & en vers, mêlée d'ariettes. Les paroles sont de M. Harni, & la musique de M. Alexandre. Quant au drame, c'est un croquis foible, estropié du *Méchant*. Il y a pourtant quelques endroits qui méritent des louanges. La scene du jardinier, & la lettre du dénouement sont des traits fort heureux. Ce dernier se fait par une lettre, ressort, trivial &

usé, mais dont l'auteur a tiré parti en homme de génie, en ménageant adroitement une suspension fondée sur le caractere même du héros principal. La musique n'a rien de caractéristique, & est d'un genre médiocre.

11 *Octobre*. On a donné aujourd'hui à Fontainebleau *Thétis & Pelée*, opéra de M. de Fontenelle. La musique de Colasse a été totalement refondue par un amateur; on conçoit aisément ce que cela veut dire. M. de la Borde n'a point les reins assez forts pour une pareille entreprise. Les gens de goût ont trouvé tout le fatras scientifique de son harmonie bien inférieure à la simple & sublime majesté du premier musicien. Mlle. Arnoux a chanté le rôle de *Thétis*, M. le Gros celui de *Pelée*, & Mlle. Aveneaux, de la musique de la reine, a figuré dans cet opéra & fait un rôle subalterne. Nous n'appuyons point sur les ballets brillants & bien caractérisés, non plus que sur la magnificence & la richesse totale du spectacle ; celui de la cour excelle sur-tout dans ces parties.

12 *Octobre*. M. Dandré Barbon, peintre dont nous avons déjà annoncé les ouvrages, a lu dans une assemblée de l'académie de peinture & de sculpture, le 7 septembre, l'*Eloge de Carle Vanloo*. Il paroît imprimé aujourd'hui : on n'y remarque aucun trait de l'éloquence des grands orateurs ; le style même auroit plus d'une chose à désirer, mais l'essentiel y est traité en maître de l'art. M. Dandré raisonne profondément sur les ouvrages de ce grand homme, & cet ouvrage contient des vues excellentes sur la peinture.

13 *Octobre*. Les comédiens italiens ont joué hier à Fontainebleau *Renaud d'Ast*, opéra comi-

que nouveau, en un acte & en vers, mêlé d'ariettes. Les paroles sont de M. Monnier, la musique de MM. Trial & le Vacher : cet ouvrage n'a point eu de succès.

18 *Octobre*. On a joué hier à Fontainebleau *Sylvie*, ballet héroïque nouveau, paroles de M. Lanjou, musique de MM. Trial & le Breton. Nous parlerons d'abord du poëme : il est précédé d'un prologue & composé de trois actes.

Les principaux acteurs du prologue sont *Vulcain*, *Diane* & l'*Amour* ; le théâtre représente l'antre de *Vulcain* ; on voit les Cyclopes occupés à leurs travaux ; l'*Amour* descend des cieux & vient demander à *Vulcain* de nouvelles armes pour soumettre une nymphe de *Diane*. *Vulcain* le lui promet. Celle-ci arrive à son tour & vient demander une égide pour garantir la nymphe, & *Vulcain* avoue son impuissance.

Le corps du poëme est imité de l'*Amynte* du Tasse, mais l'auteur y a introduit plus de machines & d'appareil. Le style est très-lyrique & l'ouvrage est dans un genre presque neuf, qui pouvoit occasionner sur la scene des innovations très-avantageuses. Le rôle de *Sylvie* étoit chanté par Mlle. Arnoux, celui d'*Amyntas* par M. le Gros & celui d'*Hylas* par M. Larrivée.

Mlle. Aveneaux faisoit le rôle de *Diane* dans le prologue, & n'a point eu un grand succès. La musique ne répond point à la grande opinion que le Breton avoit donné de lui par sa *belle Chaconne*.

20 *Octobre*. *Lettre à M****, *relative à Jean-Jacques Rousseau*, où l'on détaille toutes les tracasseries qu'il a essuyées, & son histoire de Neuchâtel. On en découvre les ressorts secrets.

24 *Octobre*. Les nouveautés de Fontainebleau continuent ; on y a donné aujourd'hui *Palmire*, opéra en un acte, dont les paroles sont de M. le duc de la Valliere & la musique de M. Bury. Un grand prêtre, qui abuse de la crédulité d'une jeune princesse, pour se substituer à un jeune héros qu'elle aime, forme le fonds de toute l'intrigue, qui donne lieu à quelques traits hardis sur les prêtres. En général, les paroles ne sont point mauvaises. La musique a eu besoin de tout le secours de l'art de Jeliotte pour se soutenir : elle est médiocre & pas neuve. A la suite s'amene un ballet pantomime héroïque, intitulé : *Diane & Endimion, ou la vengeance de l'Amour*. On y remarque une intelligence & une exécution intéressante, qui font beaucoup d'honneur à l'invention de l'auteur & aux danseurs. Les décorations en sont charmantes & très-bien entendues ; la premiere qui représente les Amours forgeant, quoique bien inférieure à la richesse & à l'élégance du *Temple de la Lune*, offre des détails neufs, très-agréables & plus piquants pour les gens de goût.

On a mis sur le livre : *Paroles de M. de Chamfort*, que Mlle. Arnoux appelle plaisamment le *Manteau ducal*.

25 *Octobre*. Le discours de M. Castillon, avocat-général au parlement de Provence, fait le plus grand bruit ; ce magistrat est obligé de le désavouer & en a écrit à la cour. Le premier président l'a appuyé de son témoignage. Malgré cela on sent ce que veut dire un pareil désaveu.

29 *Octobre*. On a donné aujourd'hui à Fontainebleau une comédie de M. Vallier en intermedes, intitulée : *Eglé ou le Sentiment*. Cette

piece étant destinée pour les François, il a voulu en donner les prémices à la cour. C'est une piece allégorique. Point d'élégie plus assoupissante! La cour même n'a pu y tenir, & les bâillements tenoient lieu de sifflets.

A cette comédie a succédé le *triomphe de Flore*, ballet héroïque en un acte, du même auteur; musique de Dauvergne. Il paroît que c'est ce qui a le mieux réussi jusqu'aujourd'hui à Fontainebleau. Quant à cette derniere partie, le Gros a déployé dans son jeu & dans son chant une chaleur qu'on ne lui connoissoit pas encore.

31 *Octobre*. Le sieur Slingsti, premier danseur du théâtre de Drury-lane à Londres, a débuté ces jours-ci aux Italiens; il a de la vigueur, mais il manque de cette précision & de cette exactitude qui constituent la vraie danse.

18 *Novembre* 1765. Les comédiens françois ont donné aujourd'hui *l'Avare*, & Bonneval qui faisoit ce rôle, y a montré une présence d'esprit dont il faut conserver l'anecdote. Acte III, scene septieme, après le troisieme couplet où *Cléante* insinue d'une maniere équivoque son regret que *Marianne* devienne sa belle-mere, au lieu de sa femme, *Harpagon* ayant témoigné sa surprise du compliment, *Marianne* répond à son tour. Mlle. Doligny qui faisoit ce rôle, étant restée court, & le souffleur n'y étant point, le sieur Bonneval a repris sur le champ, au moment où les trois acteurs paroissoient stupéfaits & sur-tout *Marianne*: *Elle ne répond rien, elle a raison; à sot compliment point de réponse*. Tout le public connoisseur a senti la finesse de la reprise, & l'on a fort applaudi l'intelligence de l'acteur.

20 *Novembre. De tout un peu, ou les Amu-*

sements de la campagne , par l'auteur de Rese. (M. Desboulmiers). L'auteur de cette brochure nous apprend qu'il étoit en province & dans un vieux château. Cette vérité paroît s'être étendue jusque fur l'ouvrage : il n'offre rien de neuf. Ce font de ces hiftoriettes répétées mille fois dans les foupers provinciaux. Au refte , on y trouve contes , couplets , épigrammes , fables , impromptus , fonges , épîtres , envois , & jufqu'à un alphabet philofophique. Heureufement il y a fort peu de tout cela ; on doit tenir compte à l'auteur de fa difcrétion.

21 *Novembre.* Dans le gazette littéraire du premier novembre on lit une lettre , où l'on diffeque *la Belle-Mere ambitieufe* , une des meilleures pieces de Rowe , le poëte tragique que les Anglois eftiment le plus après Shakefpear & Otway.

Nous fommes bien trompés , ou cet extrait eft de M. de Voltaire : on y reconnoît fon ftyle , fa critique fine , fes plaifanteries légeres , cet art de répandre du ridicule fur les meilleures chofes , & malheureufement auffi l'envie qui , telle que le vautour de Promethée , le ronge fans ceffe & le dévore implacablement.

22 *Novembre.* Ofrêne , cet acteur célebre , reçu il y a peu de temps à la comédie Françoife , qui fembloit devoir y faire une révolution & ramener la déclamation à fon ton naturel , n'eft plus à ce fpectacle ; la jaloufie de fes camarades a miné fourdement & l'a enfin emporté. On a fait regarder aux gentilshommes de la chambre la prétention qu'il avoit d'avoir part entiere comme infoutenable ; il a été obligé de quitter & de partir pour la Ruffie , où l'impératrice l'appelle.

25 *Novembre.* La comédie italienne vient de

perdre une actrice célebre, dejà fort agréable au public & qui pourroit le devenir davantage. C'est Mlle. Collé. Sa figure, sa voix, son naturel, son ingénuité la rendoient un pendant très-agréable de madame la Ruette la premiere coryphée de ce spectacle.

27 Novembre. Dans la disette où les François sont d'actrice principale, par la retraite toujours menaçante de Mlle. Clairon, ils ont fait sonder Mlle. Durancy, cette chanteuse de l'opéra qui a déployé les plus grands talents dans *Hypermenestre* & dans le *Devin de village*; ils lui offrent part entiere en débutant. Etrange contradiction avec leur conduite vis-à-vis Ofrêne, que tous les connoisseurs éclairés regrettent journellement. On ne sait pas encore quel parti prendra Mlle. Durancy.

28 Novembre. On doit donner incessamment à l'opéra le *Thésée* de Lully, c'est-à-dire qu'il ne sera point question de celui de M. Mondonville. Cependant, comme les accessoires & le fond du sujet sont les mêmes dans l'un & l'autre ouvrage, rien n'empêcheroit de les jouer alternativement; le public seroit en état de prononcer entre le travail des deux artistes; &, quoique l'ouvrage du dernier ne soit pas goûté généralement, il y a de grands tableaux de musique, des effets frappants & analogues au sujet, des airs de danse charmants, &c.

9 Décembre 1765. On lit dans le *Mercure* de décembre un portrait de Préville, par un Anglois, le plus heureusement dessiné. L'auteur y a saisi toutes les nuances de son jeu dans le plus grand détail: si cet éloge a quelque défaut, c'est d'être trop fort; il fait infiniment d'honneur au panégyriste & au comédien. Reste à savoir si ce n'est pas une charlatanerie si à la mode dans tous les genres.

19 *Décembre*. Il s'éleve un nouvel ouvrage périodique, intitulé: *Journal des Romans*. Il ne s'agit pas seulement de dessiner la notice de ces sortes de livres qui paroissent tous les jours ; les auteurs embrassent une carriere plus vaste , ils veulent remonter jusqu'aux plus anciens des romans , & descendre successivement jusqu'à nos jours. Ils divisent leur ouvrage en trois parties. Ce projet promet beaucoup.

21 *Décembre*. On nous envoie de Berlin une tragédie bourgeoise en cinq actes, intitulée *Charles Drontheim*, ou *les Dangers du vice*. Cette piece morale y a été jouée en 1764 avec le plus grand succès ; elle est d'un jeune homme, à peine âgé de vingt-trois ans. Elle décele dans son auteur des talents rares & décidés, mais sur-tout une ane forte, généreuse & vraiement philosophe.

Dans le premier acte, *Drontheim*, le héros de la piece, revenu de ses égarements, rentre au sein de sa famille, & résiste aux nouvelles séductions de *Blackeville*, jeune scélérat dont il a jusque-là suivi les mauvais exemples.

Dans le second acte *Blackeville* joue l'hypocrite ; il propose à *Drontheim* de l'aider à délivrer une sœur qu'il a, des persécutions & de la tyrannie d'un tuteur infame. Celui-ci se laisse aller à une action qu'il croit généreuse.

Tout le troisieme acte se passe en inquiétudes de la part de la mere sur le départ de son fils ; enfin elle apprend son retour par un valet affidé qu'elle a mis à sa poursuite.

Le quatrieme acte contient le détail de l'expédition de *Dronthein* & de *Blackeville*; il est inquiet de ne point voir cet ami : le valet de ce dernier lui apprend que sous le voile d'une belle action il a commis le crime le plus atroce. *Dronthein* part pour se venger du scélérat. Cinquieme acte. Cette jeune personne que *Dronthein* avoit enlevée, & dont il est devenu éperdument amoureux, est la même que lui destinoit sa mere. Le vieillard qu'il a blessé dangereusement en est l'oncle, pere de madame Dronthein, ainsi le grand-pere du jeune homme. Celui-ci, après avoir enlevé la jeune personne des mains du scélérat *Blackeville*, lui donne la vie qu'il pourroit lui ravir. L'infame abuse de cette générosité, au point de la ravir à celui dont il tient la sienne : poursuivi, il se tue lui-même, &c.

Ce drame est rempli de sentiments, de chaleur & d'action.

24 *Décembre*. Fréron, dans sa feuille N°. 36, met à la fin un avertissement, où il rend compte que des affaires de famille l'ont obligé d'aller dans sa province, & qu'une maladie de six semaines survenue ensuite l'a mis hors d'état de donner à ses feuilles toute l'attention qu'il doit au public. On sent ce que cela veut dire, & qu'il cherche dans ce moment à se concilier des souscripteurs pour l'année suivante. En conséquence, dès la feuille 37 il donne un morceau très-travaillé. C'est une critique des nouveaux contes de Marmontel, où il rappelle celle des anciens. Rien de plus judicieux, de plus adroit, de plus méchant & de plus vrai cependant ; tant il est facile de jeter du ridicule & de déprimer avec une sorte de justesse les meilleurs ouvrages ! Ces opuscules de M. Marmontel ont plu généralement, & l'on ne peut,

peut, malgré cela, ne pas souscrire au jugement du journaliste.

25 *Décembre*. M. Dorat vient d'enrichir son recueil d'opuscules légers, d'un nouveau poëme intitulé *les Tourterelles*. Cette bagatelle ne vaut pas à beaucoup près le *Vert-vert* ; ce sont des vers amoncelés avec beaucoup de facilité, mais nulle invention. La préface est assez bien écrite, quoique avec un peu trop de maniere. D'ailleurs, elle contient beaucoup d'assertions fausses, celle entre autres de prétendre que nous n'avons point de poëme héroïque dans notre langue.

31 *Décembre*. Les auteurs du *Mercure* ont présenté un mémoire à M. le lieutenant de police, dans lequel ils se plaignent des entreprises de *l'Avant-Coureur* & du *Journal des Dames*. Ils prétendent que ces journalistes empietent sur leurs droits, en insérant dans leurs ouvrages quantité de pieces fugitives dont ils réclament la possession ; ils disent aussi qu'en donnant des extraits prématurés des pieces, ils ôtent tout le mérite des leurs, &c. Le journal des savants a signé ce mémoire. C'est aujourd'hui M. de la Dixmerie qui tient *l'Avant-Coureur*. MM. Mathon de la Cour & Sautreau sont les colporteurs en chef du *Journal des Dames*. Cet ouvrage périodique, commencé il y a sept ans, & qui, par état, doit être toujours sous le nom d'une dame, a pour prête-nom madame de Maisonneuve. Cette dame a eu cent pistoles de pension sur la cassette du roi, pour quelques vers présentés à S. M. à l'occasion de la cinquantieme année de son regne. Le *Journal des Dames* étoit très-tombé & n'avoit que sept souscripteurs, lorsqu'il a passé entre les mains

des nouveaux directeurs. Ils prétendent en avoir aujourd'hui trois cents.

7 Janvier 1766. L'*Avant-Coureur*, dans sa premiere feuille de cette année, met un avertissement, qui paroît annoncer son triomphe des persécutions du *Mercure* : après s'être glorifié d'une existence de huit années, d'avoir survécu à quantité de journaux nés & morts depuis ce temps, il continue à se donner pour la gazette des arts, des sciences & de la littérature. Il promet une notice ou même un précis prématuré de toutes les pieces de théâtre. Cet article chatouilleux est ce qui offense sur-tout les auteurs du *Mercure*, sur lequel ils ont, sans doute, perdu leur procès. Il finit par promettre de l'exactitude & de l'impartialité ; deux qualités auxquelles il manquera souvent.

19 Janvier. Les Italiens ont donné hier la premiere représentation du *Braconnier & du Gardechasse*, comédie en un acte, mêlée d'ariettes. Elle a été trouvée détestable, & l'on a dit plaisamment qu'on avoit envoyé le braconnier aux galeres.

8 Février 1766. On désespere absolument de voir jouer le *Barnevelt*. Aux inquiétudes du gouvernement se joignent les instances de l'ambassadeur de Hollande ; il a réclamé les égards dus au Stadhouder actuel, descendant d'un prince d'Orange qui ne joue pas le plus beau rôle dans cette tragédie. M. le Miere est presqu'aussi glorieux de ces obstacles, que d'un succès bien complet.

14 Février. On lit dans le *Journal Encyclopédique* du 15 janvier une lettre de M. de la Condamine à M. Rousseau, auteur de ce journal, par laquelle il se disculpe d'un *post-scriptum* inséré après sa lettre du 6 novembre, dont nous avons parlé, où il est fait mention de M. Guettard, le grand antagoniste de cet académicien, & le confrere qu'il regarde comme l'auteur de la défense qu'a reçue celui-ci de lire son mémoire à la derniere assemblée. Il se défend aussi très poliment de l'oubli involontaire d'un M. avant le nom de ce médecin. Cette attention fait honneur à l'adversaire, c'est une belle leçon dans ce *siecle des injures*, comme l'appelle M. de Voltaire.

17 *Février*. Dans les *affiches de provinces*, feuille sixieme du 5 février 1766, article II, à l'occasion du livre intitulé : *Les pensées de J. J. Rousseau, citoyen de Geneve*, on lit un éloge assez détaillé de cet ouvrage. L'auteur ajoute : « L'annonce insérée dans
» le premier volume du *Mercure* de janvier 1766,
» met cet ouvrage fort au dessous du livre inti-
» tulé : *Esprit, maximes & principes de M. Rousseau*.
» Mais il est très-aisé de voir que ce n'est point un
» jugement porté par l'auteur du *Mercure*; il est
» trop judicieux & trop éclairé pour décider de
» cette maniere une pareille préférence, sans en
» indiquer les motifs. On sait qu'il se sert assez
» souvent pour rédiger quelques annonces de livres
» d'un certain *distillateur d'esprit*, devenu fameux
» par sa seule fécondité. Or, comme il est très-
» vraisemblable que ce compilateur éternel, au-
» teur de l'*esprit de M. Rousseau*, est l'homme
» qui précisément juge ici l'ouvrage de son con-
» current, on voit de quel poids est son témoi-
» gnage : *Faber fabri invidex*. » Ce distillateur d'esprit est l'abbé de la Porte, & l'auteur des *affiches* est M. Meunier de Querlon.

20 *Février*. M. Meunier de Querlon, dans sa huitieme feuille du 19 février, à l'article des

livres nouveaux, fait une nouvelle sortie contre M. l'abbé de la Porte, sur les plaintes de ce dernier de n'avoir pas assez loué *le Porte-feuille d'un homme de goût*, compilation de cette espece, du facteur littéraire : il donne à entendre que l'éloge du *Mercure* que cet éditeur met en opposition avec celui du feuilliste provincial, est sans doute plus fade, puisqu'il est vraisemblablement de la façon de cet abbé. M. Meunier révele à cette occasion une charlatanerie trop connue, par laquelle un auteur est le panégyriste de son propre ouvrage. Il étoit réservé en effet à notre siecle de montrer cette impudence, dont ne s'étoit pas encore avisé l'amour-propre de nos auteurs, quelque grand, quelque châtouilleux qu'il ait toujours été.

28 *Février.* Nous avons annoncé les œuvres de M. Guyot de Merville, mais nous revenons sur sa vie, où il se trouve des détails trop intéressants pour être omis.

Michel Guyot de Merville étoit né à Versailles, le 1 février 1696. On sait peu de chose de sa vie privée jusqu'au temps où il présenta trois tragédies aux comédiens françois, qui les refuserent avec leur morgue & leur insolence ordinaire : le jeune Merville en fut indigné ; & c'est la source des querelles qu'il eut avec plusieurs gens de cette troupe, querelles très-vives qui le dégoûterent du théâtre & peut-être même de sa patrie ; il voyagea & vint en Suisse vers 1750, ou 1751. Il y apporta une tristesse, occasionnée en grande partie par sa mauvaise fortune. Il ne recevoit plus ses petites rentes par l'interruption des fonctions des cours de justices ; les comédiens l'avoient traversé & lui avoient ôté ses ressources. Une gouvernante infidelle avoit abusé de sa confiance ; il avoit une femme & une fille qu'il aimoit tendrement, dont l'état malheureux augmentoit son chagrin. Elles avoient donné lieu à sa comédie du *Consentement forcé*, qu'il ne lisoit jamais sans répandre des larmes. Il sut que M. de Voltaire venoit s'établir auprès de Geneve : il s'étoit brouillé avec lui au sujet d'une piece que Rousseau & l'abbé des Fontaines lui avoient suggérée : il fit des démarches pour se réconcilier & lui adressa des vers ; ils furent sans effet. M. de Merville ne se rebuta pas, il alla rendre visite à M. de Voltaire, qui le reçut froidement : voyant qu'il n'y avoit aucune ressource de ce côté, il revint à Geneve, mit ordre à ses affaires, fit un bilan de ses dettes & de ses meubles ; l'un compensoit & acquittoit l'autre : il mit ce bilan sur la table le 13 de mai 1755, n'emporta qu'une mauvaise capote, &, après quelques autres dispositions, il sortit en disant qu'on ne l'attendît pas le lendemain. Le bruit a couru qu'il s'étoit noyé. Quelques gens ont assuré qu'il s'étoit retiré dans un couvent au pays de Gex. On a vendu ses effets, comme il l'avoit ordonné & ses dettes ont été acquittées.

Il avoit fait une critique des œuvres de M. de Voltaire, un autre ouvrage qu'il appelloit les *Epîtres d'Horace* & les *Veillées de Vénus*. Ces trois morceaux ne sont point dans ses œuvres.

TOME TROISIEME.

13 *Mars* 1766. M. du Rozoy vient de faire imprimer un poëme en vers libres, intitulé *les six Sens*. Ce gros volume orné d'estampes, de vignettes, est très-bien imprimé. L'ouvrage est très-médiocre, dénué d'imagination; & l'on a dit plaisamment qu'il y manquoit encore un sens.

13 *Mars*. Un nouvel ouvrage périodique, commencé depuis quelque temps, se soutient & remplit la destination de l'auteur, qui est de gagner de l'argent; c'est la *Gazette des Gazette*, c'est-à-dire un extrait de tout ce qui a paru dans les différents écrits politiques. Ce journal paroît tous les quinze jours.

15 *Mars*. Mlle. de R.... *à son fils, ouvrage philosophique en vers*. Ce titre peu édifiant pourra surprendre & même scandaliser les lecteurs. C'est une amante qui, devenue mère, se propose de racheter sa foiblesse par toutes les vertus & sur-tout par les soins qu'elle donne à l'éducation de son fils. Il y a de belles choses & sur-tout beaucoup de sentiment dans cette espèce d'épître.

16 *Mars*. Les spectacles ont fait hier leur clôture. L'opéra qui n'avoit pas joué jeudi à l'occasion du catafalque pour Dom Philippe, s'est réparé aujourd'hui samedi par *Armide*.

Les comédiens françois ont fait à l'ordinaire un compliment fade & ennuyeux : on a été scandalisé qu'il n'ait pas rappellé leur manquement au public à la rentrée des pâques ; c'étoit le cas de renouveller leur amende honorable.

La comédie Italienne a mis son compliment en action & en couplets, chantés alternativement par différents acteurs ; on en a remarqué deux pour leur familiarité & leur impertinence : l'un, où ces histrions se mettent de niveau avec les auteurs de la façon la plus indécente ; l'autre encore plus indécent, où ils traitent de camarade à camarade avec le public, & lui font une déclaration d'amitié très-ridicule. On a beaucoup applaudi tout cela suivant l'usage.

13 *Mars.* Il paroît trois nouveaux volumes de M. de Voltaire, pour servir de suite à la collection de ses œuvres. C'est un recueil de toutes les brochures d'espèces différentes qu'il a prodiguées depuis quelques années ; il y a peu de nouveau.

24 *Mars.* Mlle. Beauvais a débuté hier au concert spirituel par l'*Us quoque*, motet à voix seule de Mouret : c'est une voix de la plus belle qualité & de la plus grande étendue.

25 *Mars.* La paresse ou la vénalité des journalistes est poussée à tel point, qu'aujourd'hui pour peu qu'un auteur sache faire céder l'intérêt à l'amour-propre, il est sûr d'être annoncé avec toute l'emphase qu'il voudra ; on insère l'extrait fait par lui-même. Entre plusieurs exemples nous allons proposer celui du modeste, M. d'Arnaud ; voici comme il s'exprime dans l'*Avant-Coureur* N°. 1 , du lundi 24 mars, sur un roman obscur qu'il a composé depuis quelque temps.

« *Sidnei & Silli, ou la bienfaisance & la reconnoissance, histoire Angloise, &c.* Cette petite
» histoire est de l'auteur célèbre de *Fanni* ou *l'Heureux repentir*. On y trouvera le feu, le sensible,

» qui caractérisent jusqu'aux moindres produc-
» tions de M. d'Arnaud. Nous ne connoissons
» rien de plus intéressant & de mieux écrit ; nous
» regrettons que les bornes que nous nous som-
» mes prescrites ne nous permettent pas de ren-
» dre un compte détaillé de cet ouvrage ; il est
» fait pour plaire aux ames honnêtes, pour faire
» aimer la vertu ; il fait répandre de ces douces
» larmes qui pénetrent le cœur sans le déchirer,
» qui lui en font admirer la cause, le ramenent
» sur lui-même & l'élevent aux grandes actions
» en l'attendrissant sur leur récit. Cet ouvrage est
» suivi d'une petite collection d'odes anacréon-
» tiques que l'on lit avec plaisir, &c. »

30 *Mars*. M. le Miere se flatte que sa piece de *Barnevelt* pourra être jouée après pâques ; l'ambassadeur de Hollande a paru satisfait des changements & notre ministere semble peu éloigné de tolérer cette piece.

31 *Mars*. M. Marin, le censeur de l'oraison funebre du pere Fidele de Pau, pour répondre à toutes les plaintes qui s'élevent contre la publicité de ce discours extravagant, a fait inférer une lettre dans l'*Avant-Coureur* d'aujourd'hui, où il s'excuse assez mal de ses torts ; il n'est pas à présumer qu'on soit satisfait de ses très-mauvaises raisons. La lettre est plate, entortillée, mal écrite & aussi mal conçue que digérée : elle ne peut que servir à le rendre plus coupable.

4 *Avril* 1766. On répand une épître à Mlle. Clairon sur l'indécision de sa rentrée au théâtre. Elle est trop longue pour la rapporter ici. Il y regne beaucoup d'aisance, de la bonne plaisanterie, une légere teinte d'impiété, qui la fait goûter au grand nombre : on l'attribue à M. Dorat.

5 *Avril*.

5 *Avril*. M. l'abbé Arnaud, dont la plume paroiſſoit devoir remonter le *Journal Etranger*, & le porter à un point de ſplendeur beaucoup plus élevé, a la douleur de voir cet ouvrage ſe perdre dans ſes mains; il avoit cru le réhabiliter en le faiſant changer de forme, en le produiſant ſous le nom de *Gazette Littéraire*. Il a rempli encore plus mal ce ſecond titre; l'année derniere n'eſt pas encore finie, & l'on ne doute pas qu'il ne ceſſe. Il paroît que ſa pareſſe & ſon peu de ſoin à s'établir de bonnes correſpondances dans les pays étrangers ſont cauſe de cette chûte humiliante pour un pareil coryphée.

10 *Avril*. Le *Mercure* a gagné ſon procès contre l'*Avant-Coureur* en partie; il eſt défendu à ce dernier d'inſérer aucune piece fugitive. Quant à la partie des ſpectacles, il en eſt reſté en poſſeſſion. C'eſt toujours M. de la Dixmerie qui eſt le rédacteur de cet ouvrage périodique. MM. de Villemer & d'Aquin y ont auſſi quelque intérêt.

11 *Avril*. L'académie royale de muſique a remis pour ſon début *Hypermeneſtre*. Ce rôle n'a pu être exécuté par Mlle. Duplant qui a remplacé Mlle. Durancy. On ſent que le vuide de cette actrice célèbre, ne doit pas contribuer au ſuccès d'un opéra déjà foible de muſique, & dans un genre oppoſé à celui qui plaît aujourd'hui.

Mlle. Duplant a un grand volume de voix, une figure aſſez théâtrale; mais ſa machine lourde ne peut figurer dans un pareil rôle.

12 *Avril*. Hier les comédiens françois ont remis l'*Important de Cour*, comédie en cinq actes, de l'abbé Bruys. Cette piece, qui n'eut que neuf repréſentation dans ſa nouveauté, a de très-bonnes choſes: le principal rôle eſt agréable quoique

défectueux ; c'est plutôt un *Chevalier d'industrie* qu'un *Important*. Il paroît que ce drame n'a pas fait fortune à la remise.

14 Avril. On est vivement affecté de la perte que l'opéra peut éprouver d'un de ses sujets les plus importants en la personne de Mlle. Durancy. Son accident est trop mémorable pour l'omettre. Mlle. Durancy, d'une figure peu agréable, mais d'un talent rare, étoit entretenue par un financier nommé Collet, frere du fameux Collet d'Hauteville. Cet homme soupçonneux avoit mis un laquais dans ses intérêts, un jour que sa princesse étoit couchée avec M. de Louvois, mâle d'une grosseur énorme, qui avoit tellement & à tant de reprises fêté sa douce amie, qu'elle en étoit sur les dents, & que ses regles provoquées couloient abondamment : le grison sort & va tout conter à l'entreteneur ; celui-ci furieux écrit une lettre de rupture la plus énergique & la plus financiere ; elle arrive à la demoiselle, encore toute émue de la pénible nuit qu'elle avoit passée : elle la lit. Quelle nouvelle & quelle surprise ! La révolution est si grande que tout rentre ; une fievre diabolique succede, un rhumatisme goutteux universel arrive; en un mot, cette grande actrice est dans l'état le plus déplorable.

19 Avril. On continue à dire beaucoup de mal de l'opéra nouveau & à s'y porter en foule ; il y a tant d'envieux, de jaloux, de gens qui jugent sur parole, que tout cela n'est point étonnant : on ne peut disconvenir que cet opéra ne soit d'une maniere inférieure au genre traité jusqu'à présent sur le théâtre lyrique. Le premier acte est triste & peu chantant. L'ouverture du second acte est des plus harmonieuses, des plus agréable; elle peint tout ce qui accompagne la naissance du jour: le cri du coq est sur-tout exécuté avec une grande vérité. L'auteur n'a pas encore répandu toute la richesse d'images qu'il pouvoit y mettre: toute la musique de ce second acte est charmante. Le troisieme a de très bonnes choses aussi: en un mot, le genre du récitatif, quand il ne seroit pas parfait, doit être encouragé; il est propre à faire tomber malheureusement celui de tous les anciens opéra & même des modernes, qui ne sera plus supportable si l'on s'habitue à trouver les chanteur variant les modulations, & suivant les passions diverses qui l'agitent successivement.

Le Gros a chanté aujourd'hui pour la premiere fois une ariette qui termine le troisieme acte; elle paroit avoir été faite dans le goût de celle du *Dieu des cœurs*. On l'a trouvée bien chargée de note & chantée on ne peut mieux.

20 *Avril*. M. Bastide conserve toujours un ressentiment de la maniere peu flatteuse dont sa comédie du *Jeune Homme* a été reçue autrefois: en conséquence il l'a fait imprimer en pays étranger où il est, avec des apologies, des commentaires & sur-tout des satires, des libelles contre ses ennemis.

23 *Avril*. Les comédiens italiens ont donné aujourd'hui la premiere représentation des *Pêcheurs*, comédie en un acte, mêlée d'ariettes, paroles du marquis de la Salle, musique de Gossec. Cette derniere a paru bonne: quant au drame, il est détestable, tant pour la forme que pour le fond; nulle invention & nulle saillie. Il y a une déclaration d'amour du bailli en termes de pratique, mise en musique, qu'on a applaudie comme originale.

6 *Mai* 1766. On lit dans le *Journal Encyclopédique*, du 15 avril, une lettre de M. le chevalier de S...., meftre de camp de cavalerie, chevalier de l'ordre de Saint-Jean de Jérufalem, bien fingulière par le préjugé où paroît être cet obfervateur judicieux & de bon fens; il prétend avoir enchanté un gros lézard, parce qu'en le fixant des yeux il l'a tenu en arrêt pendant cinq quarts-d'heure.

Les journaliftes lui répondent très-bien & lui donnent la folution de fon problême, en attribuant à la peur l'efpece de paralyfie où s'eft d'abord trouvé l'animal qui, raffuré peu-à-peu & voyant qu'on ne lui faifoit aucun mal, a recouvré l'ufage de fes membres & en a profité, dès qu'il l'a pu, pour fe fouftraire au danger.

8 *Mai*. On voit dans le *Journal Encyclopédique*, du 15 avril, un *Effai de traduction libre de Lucrèce*, qu'on annonce comme n'ayant point été entreprife pour être donnée au public. Ce font, dit-on, les études d'une perfonne qui aime l'hiftoire naturelle, & qui s'eft vue obligée de le traduire pour l'entendre; mais on promet, fi cet effai plaît, de revoir l'ouvrage & de le publier en entier vers la fin de l'année. Ce que nous en lifons eft fort élégamment traduit & doit faire défirer la fuite du refte : il y a en effet beaucoup de liberté dans le traducteur, mais on ne peut faire ce travail fans s'affranchir de l'efclavage du copifte fervile. L'auteur doit joindre à ce poëme en profe un difcours préliminaire, dont la premiere partie contiendra l'extrait de la philofophie de Lucrece, & la feconde une réfutation ; en indiquant d'ailleurs ce qu'il y a de vrai & ce qui mérite d'être confervé.

9 *Mai*. Malgré les clameurs de l'envie & les

airs fastidieux des contempteurs du nouvel opéra, il va toujours son train. On ne peut attribuer ce succès qu'au récitatif d'un genre neuf sur le théâtre lyrique: c'est la partie de nos opéra sur laquelle nous avons le plus à faire; &, sans entrer dans le degré de mérite du musicien moderne, c'en est un très-grand d'avoir ouvert la carriere. Cet opéra fait d'autant plus d'honneur au sieur Monsigny, que le poëte n'y est pour rien du tout dans le succès, qu'il fait même un tort marqué à l'autre par ses vers durs, prosaïques & sans harmonie. Qui le croiroit! ce drame a pourtant coûté un an de travail à M. Sedaine.

11 *Mai*. Nous avons parlé du projet de M. Palissot de Montenoy, qui a la *Gazette des deuils de Cour*, & qui, pour rendre cette frivolité plus intéressante, y a joint une espece d'ouvrage littéraire, appellé *Ordre chronologique des deuils de cour, qui contient un Précis des ouvrages des auteurs qui sont morts dans le courant de l'année 1765, suivi d'une observation sur les deuils*.

Jusqu'ici ce nécrologue avoit peu de consistance, & les deux premiers volumes, faute de mémoires, étoient très maigres & très-dénués de faits. Le troisieme a acquis plus d'étendue. Il contient les éloges historiques de MM. Roi, poëte, par M. P. D. M.; Deshayes, peintre, par M. Fontaine; Carle Vanloo, par le même; Guyot de Merville, auteur comique, par M. Castilhon l'aîné, un des auteurs du journal encyclopédique; Balechou, graveur, par M. P. D. M.; Clairon, géometre, par M. Fontaine; Panard, poëte, Par M. Castilhon, Leclair, musicien par M. le C. D. B.; Siodtz, sculpteur, par M. Castilhon; & Crevier, historien, par M. P. D. M. La plupart de ces éloges sont encore fort secs, soit que les héros n'aient pas prêté, ou que les rédacteurs aient été mal servis.

26 *Mai*. Les débuts de Mlle. Sainval ont suivi dans *Aménaïde*, où elle continue à se distinguer : c'est toujours la même affluence de monde, & les succès de cette actrice se soutiennent & même augmentent.

17 *Juin*. 1766. On a remis aujourd'hui à l'opéra des fragments, composés de l'acte *Turc* & de celui de *l'Italie*, tirés des *Indes Galantes*, paroles de M. de la Mothe, musique de Campra ; & de l'acte de *Zelindor* de M. de Moncrif, musique de MM. Rebel & Francœur. Ce spectacle gai & varié a pris favorablement ; on a renforcé la musique des deux premiers actes. Mlle. Durancy devoit jouer le rôle d'*Olimpe* dans l'acte du Bal : une indisposition lui a fait substituer Mlle. Dubreuil. Mlle. Arnoux fait celui de *Zirphé* dans *Zelindor*. Le Gros fait oublier *Jeliotte*. Les danses sont remarquables. Dauberval dans *l'acte Turc* exécute une pantomime, qu'il charge d'une façon très-agréable au public.

Les ballets du premier acte sont de M. Lani, ceux du second de M. Laval, & ceux du troisième de M. Laval & de M. Lani.

19 *Juin*. Madame la veuve Duchesne vient d'écrire une lettre circulaire aux auteurs, où elle les invite de vouloir bien envoyer la notice de leurs ouvrages, de leur pays, de leurs qualités, &c. pour concourir à la perfection d'une nouvelle édition de la *France Littéraire*, qu'elle se propose de faire paroître au 1 janvier 1767. Il est à souhaiter qu'on apporte à cet ouvrage-ci plus de choix & d'examen ; rien de plus informe, de si peu exact, que la première édition !

22 *Juin*. Les compilateurs, éditeurs, contrefacteurs, tous hommes affamés & qui font de la littérature le métier le plus vil & le plus sordide, ne cessent de duper le public & de reproduire le même ouvrage sous plusieurs formes différentes. On vient d'imprimer les *Indiscrétions galantes, amusantes & intéressantes*, deux parties in-12. Les différents contes qui forment ce recueil, sont tirés des contes moraux de Mlle. Unzi & d'autres recueils plus anciens : mais non-seulement on n'a point avoué ce larcin, mais on a cherché à déguiser les titres des contes & les noms des personnages. Il y a entre autres *l'Enfant abandonné pour un temps*, qui se trouve d'abord dans le *Mercure* de Janvier 1719, pris dans le choix des mercures & autres Journaux, tome IV, page 47, sous le titre d'*Histoire de Mlle. Cathos*. De là il a passé dans le recueil de Mlle. Unzi. Le compilateur a métamorphosé le nom de *Cathos* en celui de *Reine*, le nom de madame *Grosse-tête* en celui de madame *la Chapelle*, & sans faire aucun autre changement dans le cours de l'ouvrage, il a donné le vieux conte comme une histoire neuve.

23 *Juin*. Mlle. Durancy a remplacé hier à l'opéra Mlle. Dubois dans le rôle de la *Sultane Jalouse*; quoiqu'elle n'ait pas le timbre aussi beau à beaucoup près que la première, elle est infiniment plus actrice; elle a reçu dans ce rôle des applaudissements universels dus au feu, à l'ame, avec lesquels elle fait sentir tout ce que le poëte & le musicien ont prétendu mettre de pathetique dans cette scene de ballet.

M. Caffaignade, basse-taille, chante les paroles franques si connues : *Visir, Visir, grano Sultano*, &c. Il joue le rôle de *Grand Bostangi* avec noblesse, & laisse toute la pantomime au sieur Dauberval qui s'en acquitte avec profusion.

17 *Juin.* Nous n'avons pas encore fait mention de Mll. Duperrei, jeune sujet qui paroît à l'opéra depuis quelque temps, & s'y distingue singuliérement par les dispositions les plus rares : c'est une danseuse qui remplacera & surpassera peut-être les Guimard & les Puvigné ; elle excelle dans le genre noble & gracieux ; elle a des attitudes de tête les plus séduisantes, des bras très-voluptueux & une justesse de précision des pas détachés, digne de madame Geïin. Elle est d'une figure très-analogue au caractere de ses danses, & n'est encore qu'un enfant.

2 *Juillet* 1766. M. Maillet du Clairon, auteur de la tragédie de *Cromwel*, s'étant mis dans la tête qu'il étoit un grand politique pour avoir fait cette tragédie, a trouvé le secret de le persuader aux autres. Il vient d'être nommé consul de France & commissaire de la marine à Amsterdam. C'est Mlle. Dangeville, à laquelle il fait sa cour assidûment depuis nombre d'années, qui a obtenu pour lui cette grace de M. le duc de Praslin, son amant depuis trente ans.

Fin du seizieme volume.

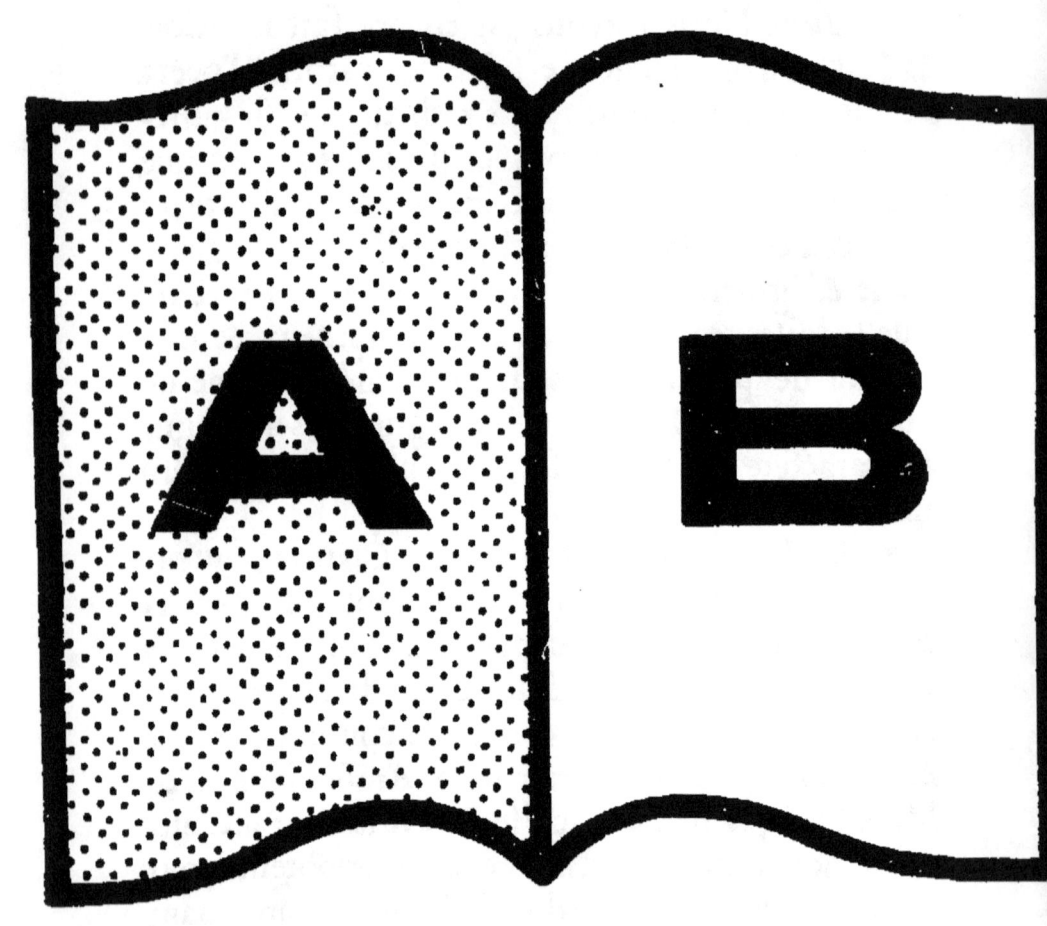

Contraste insuffisant

NF Z 43-120-14

www.ingramcontent.com/pod-product-compliance
Lightning Source LLC
Chambersburg PA
CBHW050328170426
43200CB00009BA/1508